WAS IST WAS
MINERALIEN UND GESTEINE
Funkelnde Schätze
DER MENSCHLICHE KÖRPER
Wunderwerk der Natur
AUTOS
PS, Hybrid und Turbostars
EISENBAHN
DAS ALTE ROM
Weltmacht der Antike
VULKANE
Feuer aus der Tiefe
WIKINGER
KATZEN
Flinke Jäger auf Samtpfoten
DIE ALTEN GRIECHEN
Götter, Helden, Dichter
NATUR
Erforschen und schützen
FOSSILIEN
DAS ALTE ÄGYPTEN
PIRATEN
Schrecken der Meere
HAUSTIERE
Unsere liebsten Freunde
SPINNEN
Jäger am seidenen Faden
NATUR-GEWALTEN
GELD
Vom Tauschhandel zum Bitcoin
DIE SIEBEN WELTWUNDER
Schätze der Antike
WALE UND DELFINE
Die sanften Riesen
ELEFANTEN
RITTER
Burgen, Turniere, edle Frauen
REGENWALD
Grüner Schatz der Erde
HAIE
Im Reich der schnellen Jäger
KRIMINALISTIK
Dem Täter auf der Spur
UNIVERSUM
Geheimnisse des Weltalls
TESSLOFF

Dr. Manfred Baur

DINOSAURIER

UND ANDERE URZEITTIERE

TESSLOFF

Inhaltsverzeichnis

Was man wissen muss

4 Was man wissen muss
6 Interview mit T. rex
8 Wie Fossilien entstehen
10 Arten von Fossilien
12 Nach Dinosauriern graben
14 Moderne Dino-Forschung
16 Wo findet man Dinos?

Leben vor den Dinos

18 Leben vor den Dinos
20 Evolution – Leben verändert sich
22 Geschichte des Lebens – Erdaltertum
24 Erdmittelalter und Erdneuzeit
26 Planet des Lebens
28 Erste Zellen – das Leben beginnt
30 Jetzt neu – Zellen mit Kern!
32 Fotosynthese – die Welt wird grün
34 Gene mischen – Sexualität
36 Vom Einzeller zum Vielzeller
38 Ediacarium – es tut sich was
40 Kambrium – das Leben explodiert
42 Das Zeitalter der Fische
44 Pflanzen besiedeln das Land
46 Tiere gehen an Land
48 Und jetzt auch Wirbeltiere an Land
50 Das Karbon und das neue Ei
52 Riesenlibelle Meganeura
53 Ammoniten
54 Die Welt des Perms
56 Dimetrodon – das Tier mit dem Segel
58 Das große Sterben

Mesozoikum – Zeitalter der Dinos

60 Mesozoikum – Zeitalter der Dinos
62 Das Erdmittelalter
64 Die Welt der Dinosaurier
66 Stammbaum der Dinosaurier
68 Was Dinosaurier fraßen
70 Pflanzenfresser – grünes Futter
72 Fleischfresser – wir lieben Fleisch
74 Warmblütig oder wechselwarm?
76 Die Sinne der Dinosaurier
78 Quiz: Vor den Dinos
80 Die Welt der Trias
82 Gefährlicher Postosuchus
84 Placerias
86 Die frühen Dinosaurier der Trias
88 Coelophysis
89 Effigia
90 Prosauropoden
92 Plateosaurus
94 Pterosaurier – fliegende Reptilien
96 Eudimorphodon – einer der Ersten
98 Liopleurodon
100 Nothosaurus
102 Ichthyosaurier werden geboren
104 Die Welt des Juras
106 Diplodocus

Wo ist hier Wasser? Spinosaurus hatte ein Kroko-Maul und konnte schwimmen, wenn auch nicht allzu gut. Lieblingsspeise: Fisch. Ist ja klar!

108 Gigantismus und Inselverzwergung
110 Stegosaurus und Co
112 Allosaurus – der mit den Höckern
114 Archaeopteryx – der Urvogel
116 Flugsaurier des Juras
118 Weg da!
120 Die Welt in der Kreide
122 Microraptor
124 Psittacosaurus – Papageienschnabel
126 Citipati und seine Eier
128 Tarbosaurus – mit Fleischhunger
130 Therizinosaurus - mit den Riesenklauen
132 Troodon – der mit viel Hirn
134 Euoplocephalus – der Gepanzerte
136 Triceratops – der mit den Hörnern
138 Pachycephalosaurus – Dickkopf
140 Titanosaurier
142 T. rex und seine Geheimnisse
144 Kampf der Titanen
146 Spinosaurus – der Größte
148 Ornithomimosaurier – Vogelnachahmer
150 Megazostrodon – klein und putzig

Das Leben und Verhalten der Dinos

152 Das Leben und Verhalten der Dinos
154 Verliebte Dinos – Paarungszeit
156 Eier und Nester
158 Brutpflege
160 Waren Dinosaurier gute Eltern?
162 Wie tönten Dinosaurier?
164 Jagd im Rudel
166 T. rex – Junge und Alte jagen anders
168 Armer, kranker Dino!
170 Schon gewusst? Kurioses über Dinos
172 Quiz: Zur Zeit der Dinos

Der Einschlag und was danach kam

174 Der Einschlag und was danach kam
176 Der Asteroid
178 Der Tag des Einschlags
180 Die Überlebenden
182 Dinos aus dem Labor
184 Quiz: Nach den Dinos
186 Mit Dinosauriern leben?

188 Lösungen der Quizseiten

Seite 190 **Glossar**

Hier findest du wichtige und kniffelige Begriffe kurz erklärt.

Ein Maul wie eine Staubsaugerdüse hatte Nigersaurus. Der Sauropode fraß am liebsten niedrige Pflanzen, etwa Farne. Für einen Sauropoden war er mit neun Metern Länge eher klein.

Was man wissen muss

Das Ende

Vor 66 Millionen Jahren endete das Zeitalter der Dinosaurier mit einer weltweiten Katastrophe. Ein gewaltiger Asteroid traf die Erde und löschte viele Pflanzen und Tierarten aus, darunter Tyrannosaurus rex und andere große Dinosaurier. Doch einige kleinere Dinos überlebten …

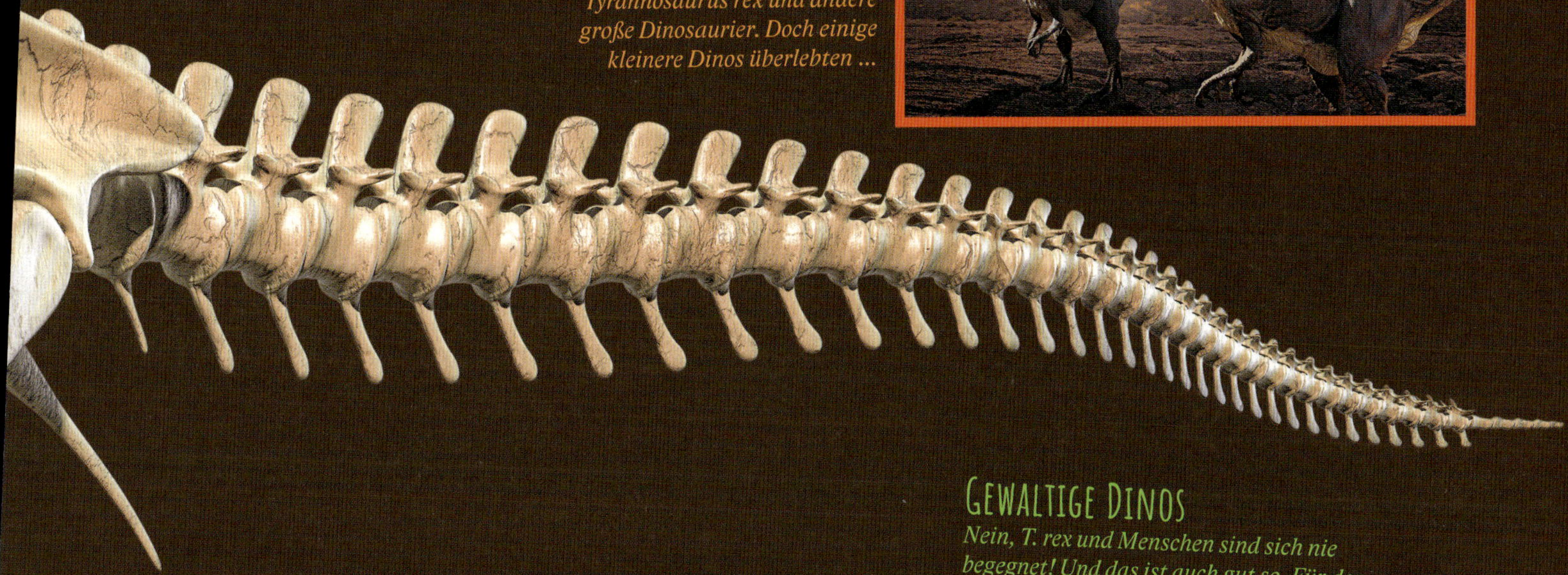

Gewaltige Dinos

Nein, T. rex und Menschen sind sich nie begegnet! Und das ist auch gut so. Für den riesigen Fleischfresser wären wir wohl nur eine Zwischenmahlzeit gewesen. Allerdings lebten zur Zeit der großen Dinosaurier bereits unsere Vorfahren. Sie waren klein und pelzig und die meisten waren gerade mal so groß wie ein Eichhörnchen. Der Homo sapiens konnte sich erst viele Millionen Jahre nach dem Aussterben von T. rex und Co entwickeln.

Dinosaurier sind faszinierende Tiere. Es gibt kleine und große Dino-Fans. Sie alle sind begeistert von diesen unglaublichen Tieren der Urzeit. Dinosaurierfiguren bevölkern Kinderzimmer und manchmal auch Büros. Dinos fressen Menschen – allerdings nur in Kinofilmen.
Die meisten Dinosaurier kennen wir nur von versteinerten Knochen und anderen Fossilien, also totem Material. Dennoch haben wir eine ungefähre Vorstellung davon, wie sie ausgesehen und gelebt haben. Aber Dinos waren nie allein auf der Erde. Sie konnten nur existieren, weil es Pflanzen und andere Tiere wie Säugetiere, Wirbellose und Fische gab. Und da waren noch andere riesige Reptilien, die zwar wie Dinosaurier aussahen und oft auch für solche gehalten werden, obwohl sie keine sind. Trotz der Unterschiede haben all diese Lebewesen einen gemeinsamen Ursprung und sind letztlich miteinander verwandt: mal mehr, mal weniger, mal direkt und mal indirekt über mehrere Ecken.

Die Erde, die Dinos und wir

Um die Dinosaurier zu verstehen, muss man wissen, wie unser Heimatplanet funktioniert und wie Leben darauf entstehen konnte. Um die Herkunft der Dinosaurier zu verstehen, muss man wissen, wie sich das Leben vor den Dinos entwickelt hat. Um zu verstehen, warum es so viele unterschiedliche Dinosaurierarten gibt, muss man wissen, wie Evolution funktioniert und wie diese mit Vulkanismus und Klimawandel zusammenhängt. Und um zu verstehen, warum es heute keinen T. rex und auch keinen Diplodocus mehr gibt, muss man wissen, wie Veränderungen der Lebensbedingungen den Lauf der Evolution oft drastisch beeinflussen. Wenn man all das und noch viel mehr weiß, dann versteht man auch, warum es heute keine großen Dinosaurier mehr gibt, sondern Vögel und Säugetiere. Diese spielen eine wichtige Rolle in der Geschichte der Dinosaurier. Vögel, weil sie überlebende Dinosaurier sind, und Säugetiere, weil ihnen die Dinosaurier Platz gemacht haben. Es ist eine Geschichte vom Aussterben und vom Überleben, von Katastrophen und von wundersamen Zufällen. Du wirst erstaunt sein, was die Dinosaurierforschung in den letzten Jahren alles herausgefunden hat – und was die Geschichte der Dinosaurier mit uns Menschen zu tun hat.

Interview mit T. rex

Er gilt als einer der schrecklichsten Dinosaurier, die je auf dem Planeten gelebt haben: Tyrannosaurus rex, kurz T. rex. Sein Name bedeutet »König der Schreckensechsen«. Wo auch immer der gewaltige Fleischfresser auftrat, verbreitete er Furcht und Schrecken. Aber auch T. rex hatte einen ganz normalen Dino-Alltag, mit ganz normalen Dino-Problemen. Fragen wir ihn einfach!

STECKBRIEF

Tyrannosaurus rex

Zeit: Kreidezeit

Zuletzt gesehen: vor 66 Mio. Jahren

Vorlieben: Fleisch, was denn sonst!

Moment, Stopp, Halt! Hätten Sie Zeit für ein kurzes Interview?

Kannst mich ruhig duzen. Eigentlich wollte ich gerade einen Happen essen gehen. Einen Moment hätte ich aber schon. Aber eines vorneweg: Keine doofen Fragen über zu kleine Arme. Das hab' ich nämlich mächtig satt.

Wie sieht dein typischer Tag aus?

Ich geh ins Büro und mache Dino-Kram. Nein, nicht wirklich. War nur Spaß.

Dachte ich mir schon, dass Dinos auch Humor haben.

Also gut, mein Tag: Ich stehe auf und gehe frühstücken, so wie jetzt.

Es geht ein Gerücht um, du wärst Aasfresser. Du stehst also wirklich auf altes, vergammeltes Fleisch?

Wer sagt denn so was? Ich verstecke mich am Waldrand und lauere meinem Frühstück auf.

Und was gibt es zu essen?

Triceratops-Babys. Zumindest mit etwas Glück.

Die kleinen Dino-Babys? Du bist ein Babykiller?!

Sie sind lecker und zart. Was also spricht dagegen?

Sie sind hilflos. Und sie sind doch so süß.

Du bist albern. Ich bin Fleischfresser und kann mir solche Gedanken nicht leisten.

Du könntest ja wenigstens eine Triceratops-Mutter oder besser noch ein alleinstehendes Männchen fressen? Da wäre doch mehr dran.

Regel Nummer 1: Finger weg von Müttern. Sind zu schwierig zu essen, oft wütend und der ganze Tamtam um die lieben Kleinen geht mir so was auf die Nerven. Regel Nummer 2: Finger weg von Essen, das sich wehrt. Gilt auch für Männchen. Übrigens … hab' ich dir schon gesagt, dass du ziemlich gut riechst? Irgendwie lecker, hmmm.

Nun ja, äh … du hast einen guten Geruchssinn … außerdem gibt es ja pflanzliche Nahrung.

Das sind nun wirklich Dinge, um die ich mich als Fleischfresser nicht kümmern kann. Pflanzen, pah! Die verursachen nur Blähungen. Guck dir mal die Sauropoden an. Was die den ganzen Tag herumpupsen. Dieser wunderbare kraftvolle Körper – ja, sieh ihn dir nur genau an –, dieses Wunderwerk verlangt nach Fleisch. Darf ich noch einmal an dir schnuppern?

Wenn du das bitte lassen könntest. Reporter auffressen geht nun wirklich nicht.

Gut, frag weiter, Kleiner!

Was hältst du von Hühnern? Hühner sollen ja auch Dinos sein.

Da hat die Evolution nicht den richtigen Weg eingeschlagen. Dieses alberne Gegackere. Also, ich weiß ja nicht.

Gibt es etwas, vor dem du Angst hast?

Ich bin der Größte, ich bin der King, ich bin der »König der Schreckensechsen«. Damit das klar ist. Mir kann keiner was!

Was ist mit Asteroiden?

Neumodischer Kram. Ich fürchte nichts!

Schon mal daran gedacht, wie es ist auszusterben?

Halte ich nicht viel davon. Aussterben ist eine sehr schlechte Sache. Sag mal, gibt es da etwas, von dem ich wissen sollte?

Nun ja, wir sind dann, glaube ich, durch mit den Fragen. Weiterhin viel Glück für die Zukunft. Und einen schönen Tag noch. Ich muss jetzt aber dringend weg.

Komische Leute, diese Reporter. Aussterben, also ne, so ein Quatsch aber auch.

Wir haben das Gespräch vor 66 Millionen Jahren geführt, kurz bevor ein Himmelskörper den Planeten Erde empfindlich traf, und finden, dass es nun an der Zeit ist, das Gespräch zu veröffentlichen.

Wie Fossilien entstehen

Tod eines Lebewesens

Ein Dinosaurier stirbt durch Alter, Krankheit, durch den Angriff eines Räubers oder durch ein Unglück. So mancher Dinosaurier ist in sumpfiges Gelände geraten und konnte sich nicht mehr befreien. Wenn der Körper rasch in Seesediment versinkt oder auf andere Art von Sediment bedeckt wird, ist der Körper vor Aasfressern geschützt. Durch das schnelle Einpacken in Sediment verzögert sich auch die Zersetzung durch Bakterien und Pilze. Die Wahrscheinlichkeit, dass Knochen, Zähne oder Klauen erhalten bleiben, ist groß.

Sedimentablagerung

Im Laufe der Zeit lagert sich immer mehr Sediment über dem eingebetteten Körper ab. Der Druck lässt die anfangs losen Sedimente zu hartem Gestein werden. Zum Teil werden die Knochen plattgedrückt.

Das meiste, was wir über Dinosaurier und andere Urzeitlebewesen wissen, beruht auf Fossilien. Das sind zunächst die Überreste von Tieren und Pflanzen, die meist in sogenannte Sedimentgesteine eingebettet sind. Durch den Vorgang des Fossilisierens – die Umwandlung eines toten Organismus in ein dauerhaftes Fossil – verändert sich der Körper. Nicht alle Körperteile bleiben dabei erhalten. In den meisten Fällen wird ein totes Tier vollständig aufgelöst, nämlich durch Aasfresser, Insekten, Maden, Pilze und Bakterien. Weichteile werden gefressen und zersetzt. Sollten härtere Körperteile wie Knochen, Klauen und Zähne übrig bleiben, so werden diese möglicherweise von Tieren zertrampelt oder von Wind und Wetter zerstört. Dass ein toter Körper also zu einem Fossil wird, ist eher die Ausnahme.

Glücksfall

In einigen seltenen Fällen jedoch bleiben Teile des Körpers erhalten – und das über Zehntausende, ja Millionen von Jahren. Im Wasser lebende Tiere oder Landtiere, die zum Beispiel nach ihrem Tod in einen See gespült werden, wo sie mit Sand oder anderen Sedimenten, also feinen Ablagerungen, bedeckt werden. Vollständig in Sediment gepackt, sind die toten Körper zu einem Großteil vor Verwesung geschützt. Auch werden die Knochen eines Skeletts nicht verstreut, sondern verbleiben an Ort und Stelle. Selbst wenn Weichteile, wie innere Organe oder die Haut, durch Bakterien und andere Mikroorganismen zersetzt werden, bleiben oft Knochen, Zähne und Klauen übrig. Über die Zeit wird das Material, aus dem diese harten Körperteile bestehen, durch andere Mineralien ausgetauscht – die Tiere und Pflanzen versteinern schließlich.

Fossilisierung

Durch das Sedimentgestein sickert Wasser und löst Minerale aus dem Gestein. Dieses mineralhaltige Wasser dringt in die Knochen ein und ersetzt das ursprüngliche Knochenmaterial durch festere Mineralien. Deshalb sind fossile Knochen immer schwerer als die ursprünglichen, noch nicht versteinerten Knochen.

Entdeckung des Fossils

Die Zeit vergeht. Durch Erosion und andere geologische Vorgänge wie Hebung und Auffaltung gelangen die fossilführenden Sedimentschichten an die Oberfläche. Manche Fossilien entdeckt man in Bergwerken oder beim Straßenbau. Wenn das Fossil rechtzeitig von Paläontologinnen und Paläontologen entdeckt wird, können sie es freilegen und konservieren. Viele Fossilien bleiben jedoch unentdeckt und zerfallen unter dem Einfluss von Wind und Wasser.

Arten von Fossilien

© Senckenberg Naturmuseum

GEFÄLSCHTE FOSSILIEN

Diese eigentümlichen Tiere hat ein unbekannter Fälscher im 18. Jahrhundert in Kalkstein geschnitten und in einer Sandgrube vergraben. Dort wurden sie vom Naturforscher Adam Beringer gefunden. Er fiel auf die Fälschungen herein und schrieb 1726 sogar eine Veröffentlichung darüber. Doch der Schwindel flog auf. Die gefälschten Fossilien wurden als Beringer'sche Lügensteine weltberühmt.

Fossilien können höchst unterschiedlich aussehen. Bei den versteinerten Körperteilen spricht man von Körperfossilien – das können Muschelschalen, Schneckengehäuse oder die Knochen von Wirbeltieren sein. In seltenen Fällen sind die Abdrücke von Federn, Fell oder Weichteilen wie Haut oder inneren Organen erhalten. Manchmal sind ganze Tierkörper oder Pflanzenteile in hart gewordenes Baumharz, also Bernstein, eingeschlossen. Körperfossilien können auch im Permafrost tiefgefrorene Tiere sein, bei denen sogar Weichteile erhalten sind. Fossilien sind also nicht nur Versteinerungen.

KÖRPERFOSSIL

Häufig zu findende Körperfossilien sind die schneckenförmigen Gehäuse von Ammoniten. Ammoniten sind keine Schnecken, sondern Kopffüßer wie die Tintenfische. Die Weichteile des eigentlichen Tieres sind aber nicht erhalten.

Spurenfossilien

Spurenfossilien hingegen sind jene Spuren, die zum Beispiel Dinosaurier als Fuß- oder Kratzspuren im Boden hinterlassen haben. Aber auch Riesenhundertfüßer haben mit ihren Füßchen meterlange Spuren im Schlamm oder Würmer Bohrgänge im Meeresboden hinterlassen. Zu den Spurenfossilien zählen auch Koprolithen, das ist versteinerter Kot. Darin enthalten sind die Spuren von Mahlzeiten, etwa Knochensplitter, und sogar Darmparasiten, die die Tiere zu Lebzeiten plagten.

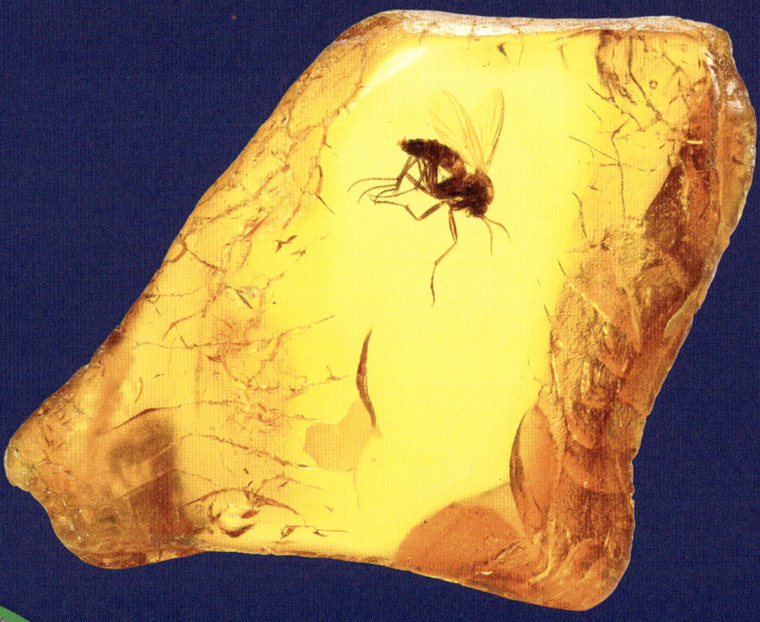

KÖRPERFOSSIL

Insekten und andere kleinere Tiere, etwa Teile von Echsen, die in zähflüssiges Baumharz geraten sind, werden zu Bernstein ausgehärtet.

SPURENFOSSIL

Bei diesem Spurenfossil handelt es sich um den dreizehigen Fußabdruck eines Theropoden. Aus dem Abstand zweier Abdrücke kann man auf die Geschwindigkeit schließen und aus der Tiefe der Spur auf das Körpergewicht.

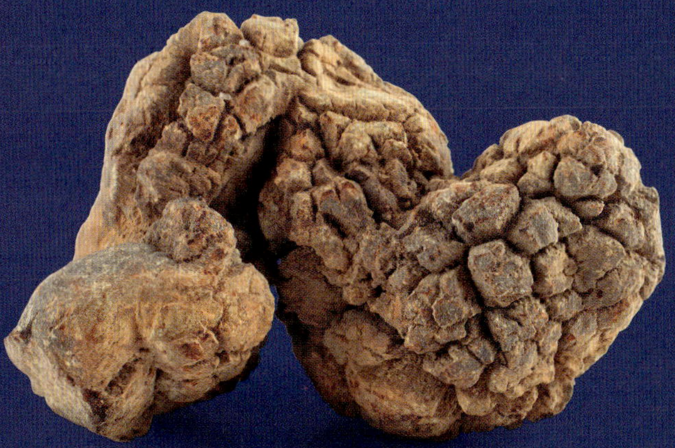

SPURENFOSSIL

Dinohäufchen, sogenannte Koprolithen, verraten, was Dinos und andere Tiere gefressen haben. Es wurden auch schon Koprolithen von Neandertalern gefunden.

KÖRPERFOSSIL

Hier stand vor Jahrmillionen ein Wald. Das bezeugen die versteinerten Baumstämme.

KÖRPERFOSSIL

Mammuts wurden im Permafrostboden Sibiriens mit Haut, Haaren und Weichteilen konserviert. Oft findet sich im Magen der Urzeittiere noch die letzte Mahlzeit.

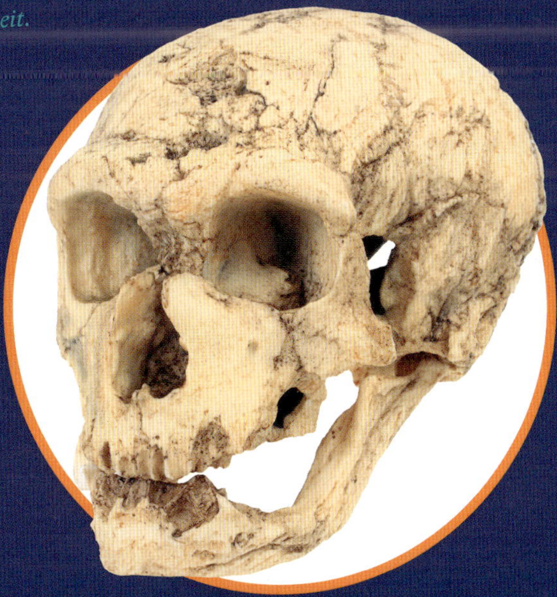

KÖRPERFOSSIL

Neandertaler haben bis vor etwa 30 000 Jahren gelebt. Aus dem Schädel kann man auf die Gehirnmasse schließen. Dieser Neandertaler, mit dem wir den Stammbaum der Gattung Homo teilen, hatte im Durchschnitt sogar mehr Hirn als ein moderner Mensch.

Richtig alt!

Doch nicht alle alten Überreste von Lebewesen sind auch Fossilien. Von einem Fossil spricht man, wenn die Überreste von Tieren, Pflanzen oder anderen Lebewesen mindestens 10 000 Jahre alt sind. Diese Zeit ist nicht willkürlich gewählt. Denn vor etwa 10 000 Jahren endete die letzte Kaltphase der Eiszeit. In der darauffolgenden Warmphase, dem Holozän, wurde der Mensch sesshaft. Er gründete Siedlungen, Städte und Zivilisationen. Mumifizierte oder im Frostboden konservierte Tiere, die jünger sind, zählen demnach nicht zu den Fossilien. 30 000 Jahre alte, im Permafrostboden tiefgefrorene Mammuts hingegen schon.

Nach Dinosauriern graben

So viele Dinosaurier!
Diese Wand voller Dinosaurierfossilien befindet sich im Dinosaur National Monument in Utah, USA. Am Ausgrabungsort wurden eine Reihe von verschiedenen Dinosaurierarten der Jurazeit freigelegt. Darunter sind Allosaurus, Apatosaurus, Camarasaurus, Diplodocus und Stegosaurus. Deren Knochen wurden von einem prähistorischen Fluss zusammengeschwemmt und abgelagert.

Wo liegt was?
Eine Zeichnung ist oft besser als ein Foto. Immer wieder wird die Anordnung der freigelegten Knochen in einer Zeichnung festgehalten. Dabei helfen Schnüre, die die Grabungsstelle in Quadrate einteilen.

Fossilien findet man an den unterschiedlichsten Orten. In Gebirgen wie den Alpen kann man Meerestiere wie Ammoniten und Muscheln finden. Denn was heute Berge sind, ist nichts anderes als aufgefalteter Meeresboden, etwa aus der Zeit des Jura. Um einen Dino zu finden, muss man dort suchen, wo Sedimente aus dem Erdmittelalter offen liegen. Weil Paläontologen und Paläontologinnen auch immer gut in Geologie – der Wissenschaft der Gesteine – sind, wissen sie, wo solche Sedimente leicht zugänglich sind. In regelmäßigen Abständen führen sie Expeditionen zu diesen Orten durch.

Dinos überall

Um einen T. rex oder einen Triceratops aus der Kreidezeit zu finden, sucht man am besten in den USA oder in Kanada. In Argentinien kann man besonders große Sauropoden und im Nordosten Chinas gefiederte Dinosaurier finden. Aber auch in Europa gibt es Fundstellen für Sauropoden oder Urvögel, etwa in Süddeutschland. Wenn man in einem Kalksteinbruch die Kalkplatten spaltet, stößt man hin und wieder auf einen kompletten Dinosaurier. Die dabei gefundenen Fossilien sind meist klein, so wie der taubengroße Archaeopteryx. Größere Dinosaurier wie einen Sauropoden oder einen Tyrannosaurus muss man allerdings in mühsamer Handarbeit freilegen. Oft dauert es mehrere Jahre, bis ein solches Fossil ausgegraben ist.

Fundstelle

Jede Versteinerung ist anders und jede Fundstelle hat ihre Besonderheiten. Mal ist sie in feines Sediment wie Wüstensand eingebettet. Den Sand kann man meist schon mit Bürste und Pinsel entfernen. Manchmal liegt die Fundstelle in einem Bach, der vor den Ausgrabungsarbeiten umgeleitet werden muss. Dann wieder wird in Polargebieten gegraben, wo man nur wenige Wochen im Jahr Zeit hat zu arbeiten. Andere Fossilien sind in hartes Gestein eingebettet, das man zunächst mühsam abtragen muss. Manchmal werden sogar große Gesteinsblöcke aus dem Felsen gesägt und ins Labor transportiert. Dort wird das Sediment Stück für Stück entfernt, bis die versteinerten Knochen vom Sedimentgestein befreit sind.

KLEBEN UND GIPSEN

Dinosaurierknochen sind sehr empfindlich. Bereits bei der Ausgrabung werden sie mit Klebstoff stabilisiert. Oft werden größere Brocken wie Oberschenkelknochen oder ganze Schädel in Gips gepackt. Anschließend kann man sie ins Labor transportieren, wo sie in monatelanger Arbeit präpariert werden.

Vorsicht, zerbrechlich!

Selbst dicke Dino-Knochen sind sehr empfindlich, und können leicht auseinanderbrechen. Für diesen Fall steht immer ein Fläschchen mit Klebstoff bereit. Die Grabungsstelle wird zudem mit Fotos und Zeichnungen dokumentiert. Hat man das Glück, ein nahezu vollständiges Skelett gefunden zu haben, dann kann die Arbeit daran mehrere Jahre dauern. In einem solchen Fall kommt das Grabungsteam jedes Jahr erneut zur Fundstelle zurück.

Splitter – Knochen – Skelette

Einzelne Splitter versteinerter Knochen sind oft so klein, dass sie keine wissenschaftlichen Informationen liefern. Manchmal aber findet man ganze Knochen, etwa den riesigen Oberschenkelknochen eines Sauropoden. Am liebsten sind den Paläontologen aber Skelette. Dazu gehören zerfallene Skelette, die in der näheren Umgebung zerstreut liegen. Denn in den meisten Fällen kann man trotzdem erkennen, dass sie zu ein und demselben Dinosaurier gehören. In der Regel sind solche Skelette aber nicht vollständig und es fehlen viele Knochen. Mit etwas Glück gräbt das Team auch mal ein Skelett aus, bei dem die Knochen noch so daliegen, wie sie im Tier miteinander verbunden waren. Sogar bei solchen Skeletten fehlen häufig einzelne Knochen. In ganz seltenen Fällen kann man ganze Gruppen von Dinosauriern finden, die gemeinsam umgekommen sind und versteinert wurden.

DAS BRAUCHST DU ALS PALÄONTOLOGIN

Die wichtigsten Werkzeuge einer Paläontologin oder eines Paläontologen sind Geologenhammer, Meißel, Spaten und Spachtel. Mit Bürste und Pinsel werden das feinere Sediment und der Staub entfernt.

Moderne Dino-Forschung

Unglaublich!

Jedes Jahr werden etwa 50 neue Dino-Arten entdeckt. Das ist eine neue Art pro Woche.

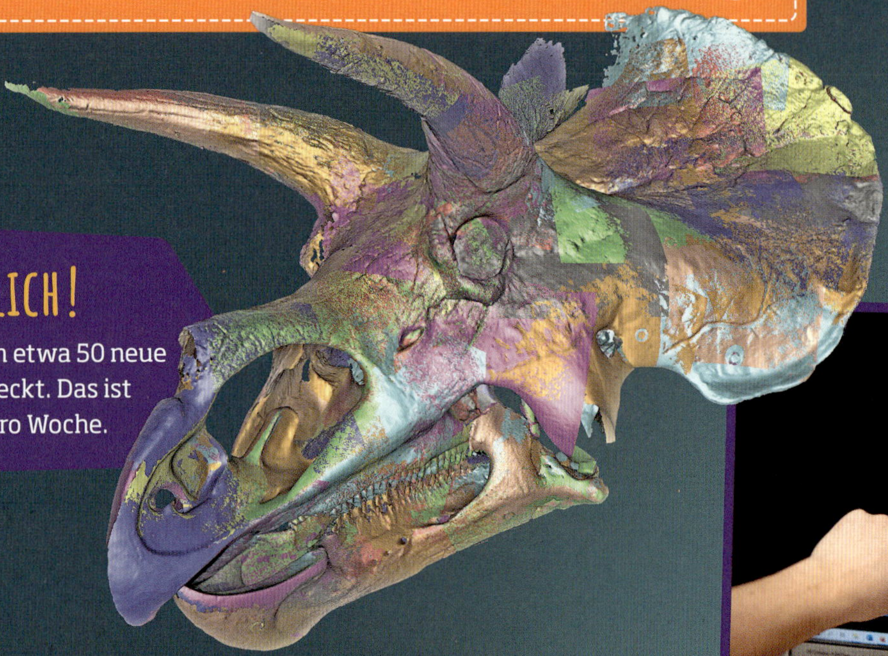

Röntgenblick

Mit dem Computertomografen kann man in Fossilien hineinblicken. Dieses Ei eines Entenschnabeldinosauriers zeigt die zarten Knochen des heranwachsenden Embryos.

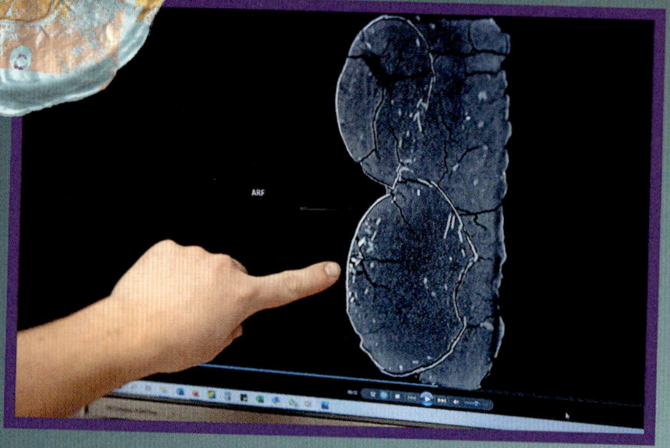

Früher sahen sich Paläontologen und Paläontologinnen die versteinerten Knochen und Zähne der Dinosaurier sowie anderer ausgestorbener Urzeittiere ohne moderne Hilfsmittel an. Sie versuchten, die Knochen bestmöglich zusammenzusetzen. Hatten sie ein fast vollständiges Skelett vor Augen, bekamen sie eine ungefähre Vorstellung von der Größe des lebenden Tieres. Heute kann man die Fossilien mit neueren wissenschaftlichen Methoden sehr viel genauer untersuchen. Man erhält sogar Hinweise darauf, wie sich die Tiere bewegten, wie sie sich ernährten und wie alt sie wurden. Die Forschenden erfahren auf diese Art und Weise so einiges über die Entwicklung eines Dinosauriers vom Ei bis zum Erwachsenenalter. Manchmal sind sogar Aussagen über das Leben in der Gruppe, über Sinnesleistungen und über das Jagdverhalten möglich.

Durchblick behalten

Früher musste man sich mit feinen Werkzeugen vorsichtig bis zum fossilen Knochen vorarbeiten. Heute helfen moderne Verfahren, etwa die Magnetresonanztomografie, kurz MRT, in den Stein hineinzublicken und ein dreidimensionales Bild von der Lage der einzelnen Knochen anzufertigen. Es ist die gleiche Methode, mit der man im Krankenhaus ins Körperinnere blicken kann. Dreidimensionale Bilder eines Fossils erhält man auch mit der Computertomografie, kurz CT-Scan. Bei dieser Methode blickt man mit Röntgenstrahlen zum Beispiel in den versteinerten Schädel eines Dinosauriers. In manchen Fällen ist es dann gar nicht mehr notwendig, das Fossil aufwendig freizulegen. So kann man auch in das Innere von Dinosauriereiern blicken und das darin enthaltene versteinerte Skelett eines Embryos sehen.

Näher hingucken

Anfangs hat man vor allem fossile Knochen und Zähne gefunden. Seit einigen Jahren kennen wir auch versteinerte Hautstücke und Federn von Dinosauriern. Mit dem Elektronenmikroskop kann man darin sogar Pigmente finden und diese mit den

Druckluftstichel

Fitzelarbeit

Sieht aus wie beim Zahnarzt. Mit dem Druckluftstichel werden die fossilen Knochen vom umgebenden Sediment befreit.

Pigmenten moderner Tiere vergleichen. Daher wissen wir zum Beispiel, wie die Dinos gefärbt waren. In den versteinerten Knochen von ausgestorbenen Tieren kann man zudem Moleküle nachweisen, die zeigen, ob die Tiere warmblütig oder wechselwarm waren. Andere Moleküle in Zähnen verraten, ob die Jungtiere einer Dinosaurierart sich anders ernährten als die erwachsenen Tiere. Mikroskopisch feine Wachstumslinien verraten zudem, wie lange Dinos im Ei zubrachten und wie alt sie zum Zeitpunkt ihres Todes waren.

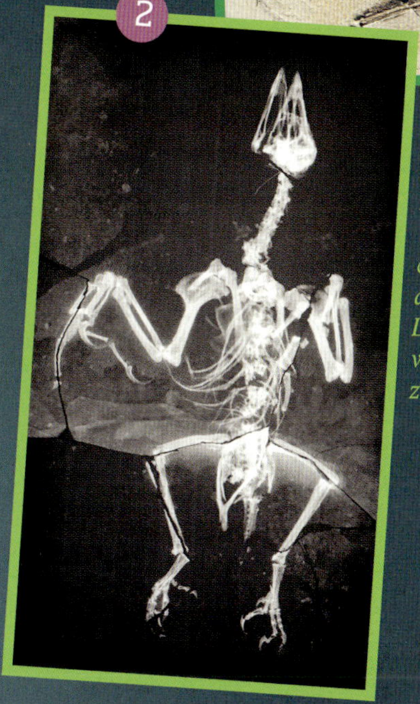

Confuciusornis

Der Urzeitvogel Confuciusornis ist hier noch im Sedimentgestein eingebettet **(1)**. *Die Röntgenaufnahme zeigt seine genaue Lage* **(2)** *und hilft, das Fossil vorsichtig freizulegen, ohne es zu beschädigen.*

Altersbestimmung

In der Anfangszeit der Dinosaurierforschung konnte man das Alter der Fossilien nicht genau bestimmen. Aus der Abfolge der Sedimentschichten und den darin enthaltenen Leitfossilien – wie zum Beispiel Ammoniten – konnte man aber zumindest sagen, welche Fossilien älter und welche jünger waren. Heute kann man sogar das absolute Alter der gefundenen Fossilien in Jahrmillionen angeben.

Vergleiche mit heutigen Tieren

Im Erdmittelalter sahen die Landschaften anders aus als heute. Wir können deshalb davon ausgehen, dass damals auch andere Lebensbedingungen herrschten. Durch Vergleiche mit heute lebenden Tieren können wir auf das Aussehen und das Verhalten ausgestorbener Tiere schließen. Damals wie heute mussten die Tiere Nahrung finden, sich vor Fressfeinden schützen und einen Partner zur Fortpflanzung finden. Dinosaurier dürften sich also ähnlich wie heute lebende Tiere verhalten haben.

Dinos drucken!

Mit den 3-D-Daten von Dinosaurierfossilien können Forschende auf der ganzen Welt arbeiten und die Skelette ihrer Funde ergänzen. Auch Dinoparks können so realistische Rekonstruktionen herstellen.

Und was ist mit Dino-DNA?

2004 wurde ein 68 Millionen Jahre altes Stück eines T. rex-Knochens in Säure aufgelöst – zurück blieb eine braune, elastische Substanz, die Proteine, also Eiweiße, und anderes organisches Material enthielt. Größere Bruchstücke von Dino-DNA hat man bislang nicht gefunden. Das liegt daran, dass das Erbmolekül DNA sehr empfindlich ist und rasch zerfällt. Brauchbare Dino-DNA werden wir wohl auch in Zukunft nicht finden.

Wo findet man Dinos?

Dinosaurier und andere Tiere der Urzeit lassen sich auf allen Kontinenten finden. Auf der Karte sind nur einige der wichtigsten Fossilienfundstellen genannt. Eine besondere Rolle spielt Afrika, wo sich auch entscheidende Schritte der Menschheitsentwicklung vollzogen haben. Aber das war viele Millionen Jahre nach dem Aussterben der Nichtvogel-Dinosaurier.

Selbst Steine klopfen!

Du hast Lust auf Fossilien bekommen? Dann suche einfach nach dem nächsten Steinbruch mit Klopfplätzen. Dort kannst du mit Hammer und Meißel gegen eine geringe Gebühr selbst Steinplatten aufklopfen. Auf jeden Fall solltest du dabei eine Schutzbrille tragen!

USA

Berühmt ist die Hell-Creek-Formation in South Dakota. Dort wurden schon viele Fossilien von T. rex und Triceratops sowie die berühmten Brutkolonien von Maiasaura gefunden.

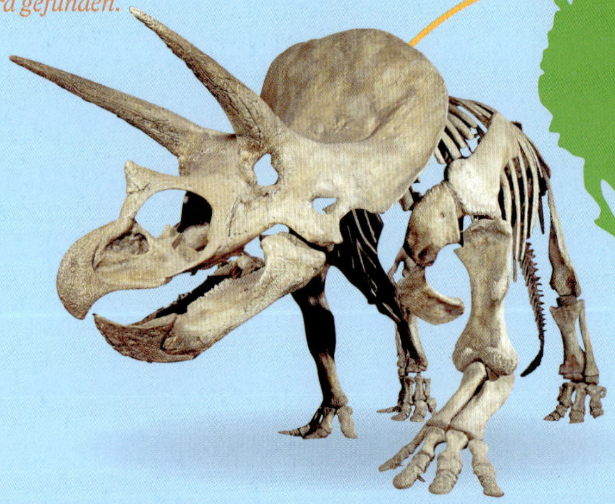

Argentinien

In der Provinz Mendoza in Argentinien wurden die fossilen Überreste von Titanosauriern entdeckt – den größten Landtieren, die je auf dem Planeten gelebt haben. Etwas südlich davon wurden Argentinosaurus, Giganotosaurus und viele andere Dino-Arten gefunden.

Deutschland

In Deutschland wurden mehrere Dinosaurier gefunden, darunter der Sauropode Europasaurus. Im Süden Deutschlands wurden mehrere Exemplare des berühmten Urvogels Archaeopteryx entdeckt, ebenso Compsognathus und andere Tiere des Jura.

China und Mongolei

In China wurden viele gefiederte Theropoden und Urvögel ausgegraben. Der brütende Oviraptor auf seinem Nest wurde in der Wüste Gobi in der Mongolei gefunden.

Australien

Auf dem ganzen australischen Kontinent finden sich Fossilien von Ichthyosauriern, Plesiosauriern sowie Nichtvogel-Dinos wie Diamantinasaurus und Wintonotitan. Aber auch Skelette von Moas, den flugunfähigen Riesenvögeln, gibt es hier.

Afrika

In Nordafrika wurde der Fischliebhaber Spinosaurus mit dem großen Rückensegel entdeckt.

Antarktis

Auf dem eisigen Kontinent gibt es viele Fossilien von Pflanzen und Tieren. Im Jura lebte dort der Fleischfresser Cryolophosaurus. Allerdings können die Paläontologen und Paläontologinnen nur an eisfreien Orten graben.

Leben vor den Dinos

Leben gibt es seit etwa vier Milliarden Jahren auf unserem Planeten. Wo genau das erste Leben entstanden ist, gehört zu den großen Rätseln. Sicher ist nur, dass das erste Leben kein Dino, kein Hund und auch kein Mensch war. Es waren sehr einfache, einzellige Lebensformen, die heutigen Bakterien geähnelt haben. Die erste Zelle, also die kleinste Baueinheit des Lebens, dürfte irgendwo entstanden sein, wo es Wasser gab. Vielleicht in den Tiefen der Urmeere. Aus diesem ersten Leben entwickelten sich alle Lebensformen: die bereits ausgestorbenen wie auch die heute noch existierenden. Es gehört zu den Eigenheiten des Lebens, dass es sich an immer neue Lebensbedingungen anpasst und alle möglichen Lebensräume besiedelt.

Vom Einzeller zum Dino

Im Lauf der Zeit wurden aus Einzellern Zellkolonien. Aus den Zellkolonien wurden Mehrzeller, Pilze, Pflanzen und Tiere. Manche Tiere legten sich harte Schalen und Beißwerkzeuge zu, andere ein Innenskelett aus Knochen. Die Tiere entwickelten Sinnesorgane und verschiedene Methoden der Fortbewegung. Sie lernten schwimmen. Manche Tiere entwickelten Flossen und aus diesen Flossen wurden schließlich Beine. Einige Tiere besiedelten das Land und lernten mit der Trockenheit umzugehen. Und einige dieser Tiere waren Dinosaurier.

Evolution braucht Zeit

Es brauchte also viele Entwicklungsschritte und Anpassungen, bis Dinosaurier die Kontinente besiedelten. Diese Anpassungen benötigten Zeit – ungeheuer viel Zeit: mehr als dreieinhalb Milliarden Jahre. Um die Dinos zu verstehen, muss man zunächst wissen, welche Lebewesen vor den Dinosauriern auf dem Planeten existierten. Die Geschichte des Lebens beginnt also mit einem öden Planeten und der ersten Zelle. Jener Zelle, von der alles Leben abstammt.

FRÜHE ERDE

So könnte die Erde vor rund 2,5 Milliarden Jahren ausgesehen haben. Die seltsamen Gebilde im flachen Meer sind Stromatolithen, die von Cyanobakterien aufgebaut wurden. Sie produzierten Sauerstoff und ohne sie hätten sich nie Dinosaurier entwickeln können.

Evolution – Leben verändert sich

Ein wichtiges Merkmal von Leben ist, dass es sich an neue Umweltbedingungen anpassen kann. Leben verändert sich, es macht also eine Evolution durch. Es war Charles Darwin, der Mitte des 19. Jahrhunderts erklärte, wie sich neue Arten bilden. Er fand die Grundprinzipien der Evolutionstheorie auf seiner fünf Jahre andauernden Reise um die Welt. Während dieser Zeit entdeckte er auch Fossilien von längst ausgestorbenen Tieren wie Riesenfaultieren und Riesengürteltieren. Allerdings grub er keine Dinosaurier aus.

Veränderte Lebensbedingungen

Die Fossilien urzeitlicher Tiere zeigen, dass sich das Leben ständig verändert. Einige Arten sterben aus, ohne neue hervorzubringen. Andere Arten entwickeln sich weiter und werden zu neuen Arten. Die treibende Kraft sind dabei Veränderungen der Lebensbedingungen. Es wird wärmer oder kälter, trockener oder feuchter. Das Nahrungsangebot verändert sich, indem neue Pflanzenarten entstehen oder alte aussterben. Die Tiere passen sich diesen Veränderungen an. Nicht das einzelne Tier für sich, sondern die ganze Tierart.

Sexuelle Selektion

Manchmal verändert sich der Körper der Tiere auf ungewöhnliche Art und Weise. Als Folge dessen bilden sich Merkmale wie die besonderen Schmuckfedern des Pfaus heraus. Sie behindern das Pfauenmännchen beim Wegfliegen vor Fressfeinden und doch haben sich diese prächtigen Federn durchgesetzt. In diesem Fall haben die weiblichen Pfauen immer das Männchen mit den prächtigeren Federn ausgewählt und es hat seine Gene an die nächste Generation weitergegeben. Man nennt dies sexuelle Selektion. Wahrscheinlich ist der lange Giraffenhals auch zu einem gewissen Teil durch die sexuelle Selektion entstanden. Viele Merkmale wie Kämme bei Dinosauriern, die bunten Federn der Papageien, die Geweihe von Hirschen und die Mähne der Löwenmännchen beruhen ebenfalls darauf.

Natürliche Selektion

Darwin erkannte, dass nicht alle Tiere einer Art gleich aussehen. Es gibt bei Giraffen Tiere mit längeren Hälsen und Tiere mit kürzeren Hälsen. Die Vorfahren der Giraffen hatten noch ganz kurze Hälse. Die Tiere mit etwas längeren Hälsen kamen aber besser an die Blätter in den Baumkronen heran. Sie hatten also einen Vorteil bei der Futtersuche. Die Chance, dass sie länger lebten und selbst Kinder zur Welt brachten, war größer als bei Tieren mit kürzeren Hälsen. Weil die Eigenschaft »längerer Hals« in den Genen festgeschrieben ist, wurde diese Eigenschaft an den Nachwuchs vererbt. Die Tiere mit den kürzeren Hälsen waren im Nachteil und brachten weniger Nachkommen zur Welt. Und so ging das von Generation zu Generation weiter bis zu den heutigen Giraffen mit ihren langen Hälsen. Das ist die Kurzfassung der natürlichen Selektion: Nachkommen mit günstigeren Merkmalen, die beim Überleben helfen, geben diese an die nächste Generation weiter. Immer wenn es zu Veränderungen in den Lebensbedingungen kommt, kommt es zu solchen Anpassungen.

Die Giraffen mit den längeren Hälsen bekamen mehr Futter und auch die meisten Jungen. Da der lange Hals im Erbgut der Giraffen festgeschrieben ist, wurde das Merkmal an die Nachkommen weitervererbt.

Darwin und seine Finken

Auf den Galapagosinseln sammelte Darwin unterschiedliche Vögel ein, die heute als Darwinfinken bekannt sind. Vor Urzeiten gelangte eine kleine Gruppe Vögel dorthin. Wahrscheinlich wurden die Tiere vom südamerikanischen Festland während eines Sturms auf das Meer hinausgetragen, wo sie dann auf einer der Galapagosinseln landeten. Von dort breiteten sie sich auf die anderen Inseln aus, auf denen es unterschiedliche Nahrungsangebote gab: harte Körner, weiche Früchte, Insekten oder Maden. Je nachdem, was sie vorzugsweise fraßen, bildeten sich aus den Vögeln verschiedene Arten mit unterschiedlichen Schnäbeln heraus.

DARWINFINKEN

Je nach Nahrungsangebot entwickelten sich auf den verschiedenen Galapagosinseln Finken mit unterschiedlicher Schnabelform.

Archaeopteryx hatte Federn und konnte bereits fliegen. Er hatte aber noch die Zähne, Krallen und den Schwanz seiner Dinosauriervorfahren.

Übergangsformen

Evolution braucht viel Zeit, sodass man sie in einem Menschenleben meist nicht mitverfolgen kann. Aber unter den Fossilien findet man manchmal Übergangsformen. Archaeopteryx zum Beispiel hat Merkmale seiner Dino-Vorgänger wie Zähne im Schnabel, einen langen knöchernen Schwanz und Krallen an den Flügeln. Er hat aber auch typische Vogelmerkmale wie Federn.

Ökologische Nischen besetzen

Manchmal sorgen große Katastrophen für Massenaussterben. Dann werden Nischen frei, die über Generationen hinweg von neuen Arten besetzt werden. Diese Arten enwickeln sich aus den Überlebenden der Katastrophe. So sind die vielen Dinosaurierarten entstanden. Später sind die meisten Dinosaurier infolge einer Katastrophe auch wieder ausgestorben. Die frei gewordenen Plätze wurden von überlebenden Vögeln und Säugetieren besetzt.

Evolution bei den Dinos

Die ersten Dinosaurier waren relativ klein. Aus ihnen entwickelten sich aber die heute bekannten mehr als 1 000 Dinosaurierarten, darunter Velociraptor, Tyrannosaurus, Diplodocus, Triceratops und Gallimimus. Ihre Angriffs- und Verteidigungswaffen, langen Hälse, Tarnfarben, Nackenschilde, Hörner und schnellen Beine sind die Produkte der natürlichen und der sexuellen Selektion.

DIE BESTEN KOMMEN DURCH!

Frösche legen Hunderte Eier. Aber nur wenige werden so alt, dass sie selbst Nachkommen haben. Meist sind die Überlebenden die mit den besten Genen. Ähnlich war es auch bei den Dinos.

Geschichte des Lebens – Erdaltertum

Kaum hatte sich die Erde gebildet und sich so weit abgekühlt, dass sich flüssiges Wasser auf ihr halten konnte, entstand schon das erste einzellige Leben. Zunächst blieb es im Wasser. Drei Milliarden Jahre lang gab es nur Einzeller – bestenfalls kleinere Kolonien aus zusammenhängenden Einzellern. Komplexere Organismen entstanden erst vor einigen Hundert Millionen Jahren. Auch die Besiedlung des Landes durch Pflanzen und später durch Tiere begann erst vergleichsweise spät. Das Erdaltertum endete vor etwa 252 Millionen Jahren mit dem größten Massenaussterben der Erdgeschichte. Vom Anbeginn des Lebens bis zum Ende des Erdaltertums machte das Leben verschiedene Stationen durch.

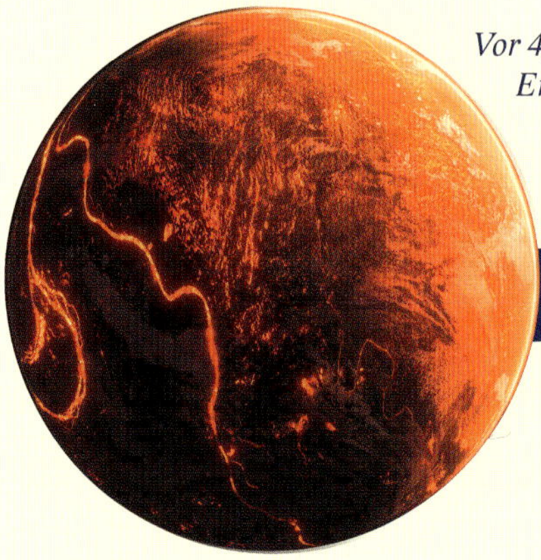

Vor 4,6 Mrd. Jahren: Die Erde entsteht und beginnt, sich abzukühlen.

Kambrium (vor 541 bis 485 Millionen Jahren)

Im Kambrium, dem Beginn des Erdaltertums, entstehen Tiere mit harten Schalen und Fresswerkzeugen sowie Tiere mit einer Art Wirbelsäule. Letztere sind die Vorfahren der Wirbeltiere, also auch der Dinosaurier, der Vögel sowie der Säugetiere.

Zu den ersten Tieren, die eine Art Wirbelsäule hatten, gehören die sogenannten Chordatiere Pikaia beziehungsweise Haikouichthys. Diese Tiere erschienen vor rund 510 Millionen Jahren und waren nur circa zweieinhalb Zentimeter lang. Sie sind die Vorfahren aller Säugetiere und der Dinosaurier. Auch wir Menschen verdanken den Chordatieren unsere Existenz.

Devon (vor 419 bis 359 Millionen Jahren)

Bis zum späten Devon entwickeln sich baumgroße Pflanzen wie Achaeopteris. Pflanzen verändern den Boden und bilden zugleich die Nahrungsgrundlage für die Tierwelt, die ebenfalls vom Wasser an Land geht.

Gegen Ende des Devons wagen sich die ersten Tetrapoden – Vierfüßer – an Land.

Karbon (vor 359 bis 299 Millionen Jahren)

Im Karbon tummeln sich bereits erste Reptilien wie Westlothiana in den Wäldern, wo sie Insekten jagen. Die abgestorbenen Pflanzen der Sumpfwälder des Karbons wandeln sich später in Kohle um.

Vor 3,8 bis 4 Mrd. Jahren: Das erste einzellige Leben entsteht. Möglicherweise bildete es sich an heißen vulkanischen Quellen in der Tiefsee – das jedenfalls glaubt die Mehrzahl der Forscherinnen und Forscher.

Neben Bakterien und Archaeen – die wie Bakterien aussehen, aber keine sind – bringt die Evolution auch komplexere Einzeller hervor: etwa Cyanobakterien, die Sonnenlicht einfangen und nutzen können, sowie Amöben, Einzeller mit Zellkern und anderen Organellen. Aus diesen komplexeren Zellen entstehen zunächst Zellkolonien, später dann richtige vielzellige Organismen.

Präkambrium (vor 4 600 bis 541 Millionen Jahren)

Frühes Leben. In dieser langen Zeit entsteht einzelliges und mehrzelliges Leben.

Gegen Ende des Präkambriums tauchen erste seltsame Wesen auf. Wir wissen noch nicht, wie diese eigentümlichen Organismen mit späteren Lebensformen verwandt sind und welche ausgestorben sind, ohne Nachfahren hervorzubringen.

Ordovizium (vor 485 bis 443 Millionen Jahren)

Pflanzen schaffen den Weg vom Wasser an Land. Zunächst wachsen sie in den Gezeitenzonen nahe am Ufer, wo es ausreichend feucht ist. Es entstehen moosartige, niedrig wachsende Pflanzen und im Silur auch höher wachsende Pflanzen.

Silur (vor 443 bis 419 Millionen Jahren)

Perm (vor 299 bis 252 Millionen Jahren)

Im Perm entstehen verschiedene Reptiliengruppen und sterben auch wieder aus. Zu ihnen gehören Synapsiden, zu denen das mehr als vier Meter lange Dimetrodon mit seinem auffallenden Rückensegel zählt. Ein Massensterben beendet das Perm und damit das Erdaltertum.

Erdmittelalter und Erdneuzeit

Das Massenaussterben am Ende des Perms trennt zugleich Erdaltertum und Erdmittelalter voneinander. Das Erdmittelalter, auch Mesozoikum genannt, ist das Zeitalter der Dinosaurier. Die ersten Dinosaurier entstanden während der Trias. Sie setzten sich gegen andere Reptilien durch und brachten eine Vielzahl von Arten hervor, darunter wahre Riesen wie die Sauropoden und natürlich T. rex. Bereits im Erdmittelalter gab es erste Säugetiere, die jedoch ein Leben im Schatten der Dinosaurier führten. Wieder mischte ein Massenaussterben vor 66 Millionen Jahren die Karten neu und die meisten Dinosaurier starben aus. Es überlebte nur ein Teil der Vogel-Dinosaurier, aus denen die modernen Vögel hervorgingen. Diese brachten es in der Erdneuzeit zu einer unglaublichen Artenvielfalt. Durchstarten konnten nun auch die Säugetiere. Es entwickelten sich unter anderem Riesensäuger und Primaten, zu denen auch wir Menschen zählen. Die Gattung Mensch gibt es seit 2,8 Millionen Jahren, die Spezies Homo sapiens erst seit 300 000 Jahren. Wir Menschen sind also eine sehr junge Entwicklung in der Geschichte des Lebens.

TRIAS (VOR 252 BIS 201 MILLIONEN JAHREN)

Mit der frühen Kreidezeit beginnen sich neue Pflanzen auszubreiten: die Nacktsamer, die wir auch als Blütenpflanzen bezeichnen. Gegen Ende der Kreidezeit haben einige von ihnen prächtige Blüten, wie die Magnolien. Vor 66 Millionen Jahren kracht ein Asteroid in die Erde und löscht einen Großteil der Tiere und Pflanzen aus.

KREIDE (VOR 145 BIS 66 MILLIONEN JAHREN)

Zurück ins Wasser

Während im Erdaltertum Wirbeltiere das Wasser verließen und an Land gingen, wählten im Erdmittelalter einige Landwirbeltiere den umgekehrten Weg zurück ins Wasser. Dort passten sie sich wieder vollständig an ein Leben im Wasser an. Es entwickelten sich Meeressaurier, darunter Fischsaurier und Mosasaurier. In der Erdneuzeit machen es ihnen die Säugetiere nach. Aus den Säugetieren, die zurück ins Wasser gingen, entwickelten sich Meeressäugetiere wie Robben oder Wale und Delfine. Und auch einige Vögel fühlten sich im Wasser wohler als in der Luft. Ein Beispiel dafür sind die Pinguine.

NEOGEN (VOR 23 BIS 2,6 MILLIONEN JAHREN

Im Neogen entwickeln einige Primaten den aufrechten Gang – eine wichtige Voraussetzung bei der Menschwerdung. Die ersten Vertreter der Gattung Mensch erscheinen vor 2,8 Millionen Jahren und stellen einfache Steinwerkzeuge her.

In der Trias entstehen aus den Archosauriern die ersten noch recht kleinen Dinosaurier. Diese laufen auf zwei Beinen und ernähren sich von Insekten und kleineren Tieren. Sie tun sich anfangs noch schwer gegen größere, krokodilartige Reptilien. Ebenfalls aus urtümlichen Archosauriern gehen Flugsaurier und Meeressaurier hervor.

Im Jura entwickeln sich Dinosaurier in allen Größen. Darunter sind die gefiederten Theropoden, die Vorgänger der Vögel, aber auch Riesen wie der pflanzenfressende Diplodocus und der fleischfressende Allosaurus. In der Luft herrschen Flugsaurier und im Meer gigantische Meeressaurier. Die Säugetiere hingegen bleiben klein.

Jura (vor 201 bis 145 Millionen Jahren)

Paläogen (vor 66 bis 23 Millionen Jahren)

Im Paläogen bringt die Evolution die größten Landsäugetiere hervor, die jemals auf dem Planeten gelebt haben.

Im Quartär, das durch einen Wechsel von Kalt- und Warmzeiten bestimmt wird, entstehen verschiedene Menschenformen. Zu ihnen zählen Homo habilis, Homo erectus, Neandertaler und vor 300 000 Jahren der Homo sapiens, der moderne Mensch.

Quartär (vor 2,6 Millionen Jahren bis heute)

Planet des Lebens

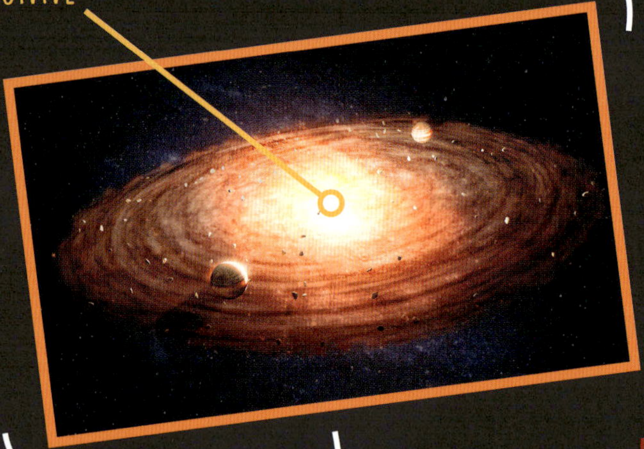

Schon gewusst?

Höllenzeitalter: Die Zeit vor 4,6 bis 4 Milliarden Jahren wird Hadaikum genannt. Hades ist der griechische Gott der Unterwelt. Im Laufe des Hadaikums stabilisierten sich die Schichten, aus denen sich die Erde zusammensetzt.

Die Urerde im Hadaikum

Der Mond stand damals noch näher, sodass gewaltige Gezeitenkräfte die Erde durchkneteten. Der Planet war einem ständigen Beschuss durch Meteoriten und Asteroiden ausgesetzt. Die Oberfläche war ein riesiger Magmaozean.

Die Erde entstand zusammen mit den anderen Planeten und der Sonne aus einer riesigen Gas- und Staubwolke – das war vor 4,6 Milliarden Jahren. Das Material für unser Sonnensystem entstand im Urknall vor 13,8 Milliarden Jahren. Diese Materiewolke klumpte zusammen und bildete die Sonne und die Planeten, darunter die Urerde. Die Oberfläche bestand aus geschmolzenem Gestein. Es gab weder Wasser noch Leben.

Höllische Erde

Die Urerde war ein ungemütlicher Ort. Die Oberfläche bestand aus flüssiger Lava, die Atmosphäre enthielt keinen Sauerstoff, Meere gab es nicht. Meteoriten, Asteroiden und Kometen schlugen laufend ein. Vermutlich 50 Millionen Jahre nach Entstehung der Erde schlug zudem ein Planet von der Größe des Mars ein! Aus der ins All geschleuderten Trümmerwolke bildete sich der Mond, der seitdem die Erde begleitet. Ein Glücksfall für das Leben, das später auf der Erde entstehen sollte. Der Mond stabilisierte die Erdachse – ohne ihn würde die Erde unkontrolliert hin- und hertorkeln, was zu dramatischen Verschiebungen der Klimazonen führen würde. Außerdem durchmischten die Gezeiten Ebbe und Flut die Meere und halfen, die Wärme am Äquator zu den Polen zu transportieren.

Frühe Erde

Mit der Zeit kühlte die Lava ab und erstarrte zu einer festen Erdkruste. Doch an einigen Stellen spuckte die Erde weiterhin glühende Lava und Gase aus. So bildete sich eine Gashülle, die Atmosphäre. Das Material hat sich in einen metallischen Kern, einen glühend heißen Erdmantel und eine wenige Kilometer dicke Urkruste getrennt.

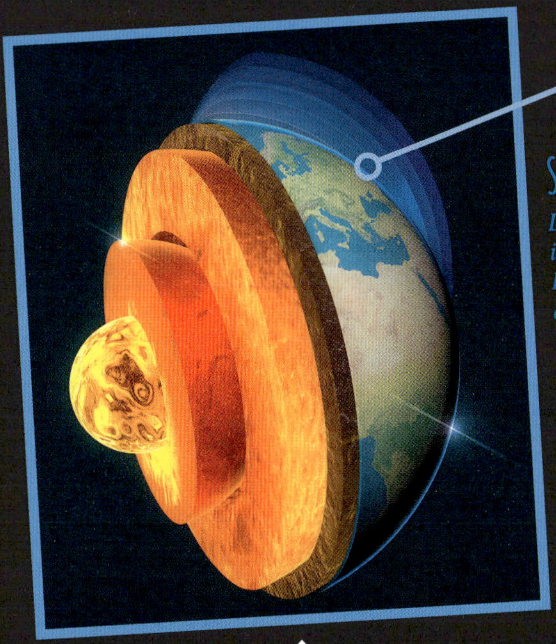

Schützende Hülle

Der Erdkern trennt sich in einen festen inneren und einen flüssigen äußeren Kern. Die Strömungen im flüssigen äußeren Kern erzeugen das Erdmagnetfeld. Dieses schützt später das entstehende Leben vor gefährlicher Strahlung aus dem All.

Bewegte Kruste

Angetrieben durch die Magmaströme des Erdmantels, tauchen die ozeanischen Böden unter die Kontinente. An anderer Stelle kommt dafür neues Material nach oben und bildet eine neue ozeanische Kruste. Auf ähnliche Weise brechen an einigen Stellen die Kontinente auseinander und es bilden sich Grabenbrüche (ganz rechts).

Geburt der Kontinente

Aus der Urkruste bildeten sich kleinere, etwas dickere Inseln. Diese wurden durch die Magmaströmungen zu größeren Landmassen, den Kratonen, zusammengeschoben und die wiederum zu den ersten Kontinenten. Die Erdkruste teilte sich so in einen leichteren Teil mit den Kontinenten und den schwereren Meeresboden.

Ozeane

Als die Erde kalt genug war, dass Wasserdampf zu flüssigem Wasser werden konnte, bildeten sich die ersten Ozeane. Das Wasser stammte zum Teil aus vulkanischen Gasen, zu einem anderen Teil aus Asteroiden und Kometen. Die leichtesten Stoffe, die Gase, bildeten die Uratmosphäre. Sie bestand hauptsächlich aus Kohlendioxid, Stickstoff, Wasserdampf und Argon. Sauerstoff enthielt die Uratmosphäre noch nicht.

Immer in Bewegung

Die Erdkruste besteht somit aus mehreren kontinentalen und ozeanischen Platten, die sich gegeneinander bewegen. Im Laufe der Erdgeschichte bildeten sich so mehrmals größere Superkontinente, die auch wieder auseinanderrissen. Bis heute ist die Erdkruste in Bewegung. Wo ozeanischer Boden unter die Kontinente abtaucht, kommt es zu Vulkanismus und Erdbeben. Dabei sind auch Inselbögen wie die japanischen Inseln, die Philippinen oder die karibischen Inseln entstanden.

Bereit für Leben

Die Erde bot alles, um Leben hervorzubringen. Kontinente und Wasser, ein schützendes Magnetfeld, einen stabilisierenden Mond und eine Uratmosphäre. Als aktiver Vulkanplanet mit sich bewegenden Kontinentalplatten verändert sie ständig ihr Gesicht und vor allem die Lebensbedingungen, sodass sich das Leben ständig anpassen und neue Lebensformen hervorbringen wird. Immer wieder sorgten große vulkanische Ereignisse für Massenaussterben, sodass neue Lebensformen entstehen konnten – so auch die Dinosaurier.

Erste Zellen – das Leben beginnt

Was für ein Glück! Die Erde nimmt eine günstige Position im Sonnensystem ein. Sie ist nicht zu nah an der Sonne und nicht zu weit entfernt von ihr. Es ist nicht zu kalt und nicht zu heiß, sodass Wasser in flüssiger Form vorliegen kann. Wasser ist das ideale Lösungsmittel für Leben, so wie wir es kennen. Im Wasser lösen sich verschiedenste Stoffe und können miteinander chemisch reagieren. Nur so konnten sich auch Moleküle bilden, die sich selbst vervielfältigen. Das ist eine wichtige Voraussetzung für Leben.

Element des Lebens

Die Erdkruste besteht aus Dutzenden chemischen Elementen. Aber nur wenige dieser Elemente sind die Hauptzutaten des Lebens. Die wichtigsten sind Kohlenstoff, Wasserstoff, Sauerstoff und Stickstoff. Von diesen Elementen ist eines ganz besonders wichtig: Kohlenstoff. Es bildet gerade Ketten, verzweigte Ketten und ringförmige Moleküle. Kohlenstoff verbindet sich auch mit anderen chemischen Elementen wie Wasserstoff, Sauerstoff, Stickstoff, Schwefel und Phosphor. Auf Kohlenstoff basiert alles Leben auf der Erde.

Moleküle des Lebens

Leben braucht komplexe Moleküle wie Riesenmoleküle, die sich selbst vervielfältigen können. Das Erbmolekül Desoxyribonukleinsäure wird kurz DNS oder häufiger DNA genannt. Das A in DNA steht für Acid, das englische Wort für Säure. Alles Leben, von Bakterien, Gänseblümchen, Triceratops bis hin zum Menschen, basiert auf dieser DNA. In ihr sind die Bauanleitungen für Proteine oder Eiweißmoleküle gespeichert. Mithilfe bestimmter Proteine kann man diese Bauanleitungen auslesen und sogenannte Aminosäuren zu anderen Proteinen zusammenbauen. Proteine steuern das Leben in jeder unserer Zellen. Aus Proteinen bestehen auch Sehnen, Haut und Muskeln. Sie sind also enorm wichtig.

RNA-Welt

Damit man die Information aus der DNA auslesen kann, braucht es Proteine. Diese aber sind in der DNA gespeichert. Die DNA kann also nicht das allererste Molekül gewesen sein, das sich selbst kopieren konnte. Doch es gibt noch ein anderes Molekül, das sich ohne Hilfe von Proteinen selbst auslesen kann: die Ribonukleinsäure, kurz RNA. Vor der DNA war also die RNA, die von sich selbst Kopien anfertigen und Proteine herstellen konnte. Man spricht deshalb auch von der RNA-Welt. Später stellte sich die DNA als das stabilere und damit bessere Erbmolekül heraus.

SCHON GEWUSST?

Das erste Leben hatte sich spätestens bis vor 3,8 Milliarden Jahren gebildet. Es gibt aber auch Hinweise darauf, dass es bereits vor vier Milliarden Jahren entstanden sein könnte.

SCHWARZER RAUCHER

In der Tiefsee tritt an einigen Stellen Wasser in die ozeanische Kruste ein und erhitzt sich dabei. An anderer Stelle tritt das heiße Wasser wieder aus. In der Hitze gelöste Mineralsalze fallen beim Kontakt mit dem kalten Wasser als wasserunlösliche Stoffe aus. Das sieht dann aus, als ob die Schlote rauchten – daher der Name Schwarze Raucher.

Noch ohne Hülle

Das erste Leben war also eine Ansammlung von RNA-Molekülen und anderen Molekülen wie Aminosäuren und Aminosäureketten, den Proteinen. Wahrscheinlich entstanden die ersten sich selbst vervielfältigenden Moleküle in der Nähe heißer Tiefseequellen, wie Schwarzen Rauchern. Die Tiefsee war ein geschützter Ort. Hier gab es keine Meteoriteneinschläge und auch nicht die schädliche UV-Strahlung der Sonne. Die heutige Atmosphäre enthält Sauerstoff und Ozon. Ozon verhindert, dass die UV-Strahlung bis zum Boden gelangt – es ist also ein natürlicher UV-Schutzfilter. Diesen gab es in der Atmosphäre der Urerde noch nicht. Leben hätte sich also nicht an der Oberfläche der Meere bilden können.

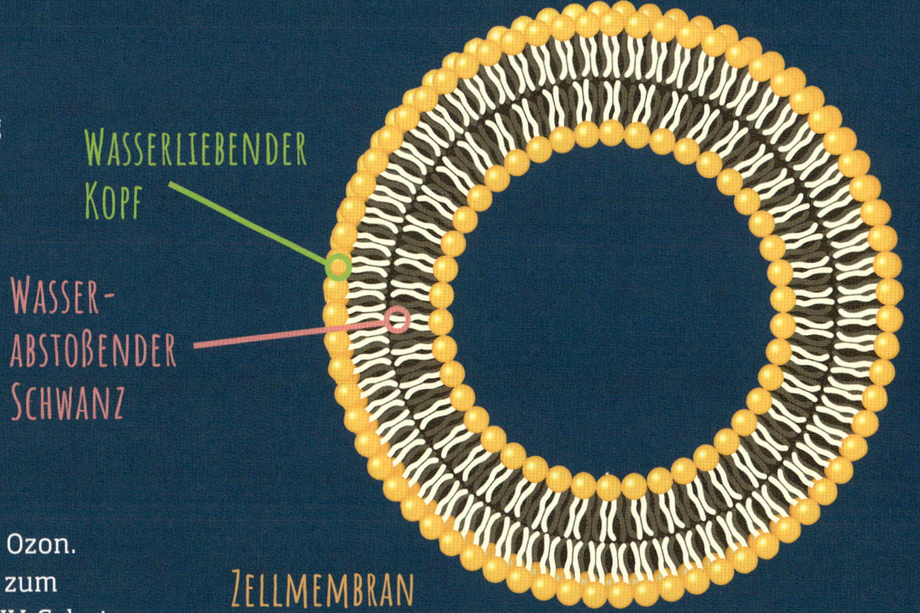

Zellmembran

In solchen kugelförmigen Hüllen können alle lebenswichtigen Stoffe eingeschlossen werden.

Leben ohne Hülle

Allerdings gibt es in der Tiefsee kein Sonnenlicht und auch keine Sonnenwärme. Das erste Leben bezog seine Energie also nicht von der Sonne, sondern aus der chemischen Energie von Stoffen, die aus den heißen Schloten austraten. Damit die Moleküle miteinander reagieren konnten, durften sie nicht extrem verdünnt im Ozean umhertreiben. Wahrscheinlich befanden sich die Moleküle auf bestimmten Mineraloberflächen oder in kleinen Poren von Gesteinen. Die RNA-Moleküle hafteten also an Oberflächen, konnten sich aber verdoppeln. Dieses Leben war sehr einfach: einfacher als etwa die ohnehin schon einfach gebauten Bakterien, die immerhin eine Hülle haben. Wie aber kam das Leben zu seiner Hülle?

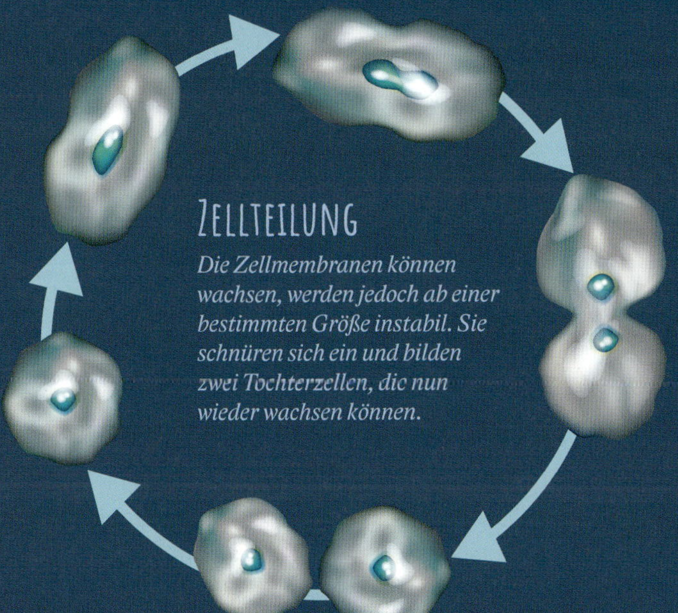

Zellteilung

Die Zellmembranen können wachsen, werden jedoch ab einer bestimmten Größe instabil. Sie schnüren sich ein und bilden zwei Tochterzellen, die nun wieder wachsen können.

Neu mit Hülle

Einige Moleküle sind wie Streichhölzer aufgebaut. Sie haben einen kleinen wasserliebenden Kopf und einen längeren wasserabstoßenden Schwanz. Solche Moleküle können dünne Doppelschichten bilden, sogenannte Membranen. Die Membranen können im Wasser kleine Bläschen bilden und darin alle lebenswichtigen Moleküle, darunter RNA oder auch DNA, einschließen. Durch diese Membran wird alles zusammengehalten – nun konnte man auch von einer Zelle sprechen, dem Baustein des Lebens. Ausgestattet mit einer Membran, konnten sich die ersten Zellen auch freischwebend im Wasser verbreiten. Eine solche Zelle konnte wachsen, indem immer mehr Bausteine in die Membran eingesetzt wurden. Die Bausteine dafür wurden in der Zelle hergestellt. Mit der Zeit wurden die Membranen immer größer.

Reproduktion

In der Zelle fertigte die RNA eine Kopie von sich an. Die Zelle wuchs weiter und war ab einer bestimmten Größe nicht mehr stabil – sie brach auseinander. Im Idealfall hatte jede Tochterzelle eine Kopie der RNA sowie jede Menge Proteine, Aminosäuren und anderes Baumaterial. So stellt man sich vereinfacht die ersten Zellen oder Protozellen vor. Wie aber wurden aus diesen Einzellern Quallen, Dinosaurier und Menschen?

Jetzt neu – Zellen mit Kern!

Die ersten Protozellen und Bakterien waren sehr einfach gebaut. Ihr Zellinneres war unaufgeräumt und unordentlich. Das Erbmolekül, die DNA, lag als Knäuel vor. Wenn man sich die Zellen von heutigen Pflanzen, Pilzen und Tieren ansieht, dann erkennt man, dass es einen Zellkern gibt, in dem die DNA ordentlich und geschützt verpackt ist. Außerdem besitzen sie andere kleinere organartige Strukturen, die sogenannten Organellen. Alle Pflanzen, Tiere, Pilze und viele Einzeller wie Amöben und Pantoffeltierchen bestehen aus diesem Zelltyp – der eukaryotischen Zelle. Damit Dinosaurier entstehen konnten, musste die Evolution also erst diese neuen Zellen hervorbringen. Aber zuvor gab es noch eine andere wichtige Neuerung. Sie war so genial, dass sie die Energie der Sonne anzapfen konnte.

Bakterium

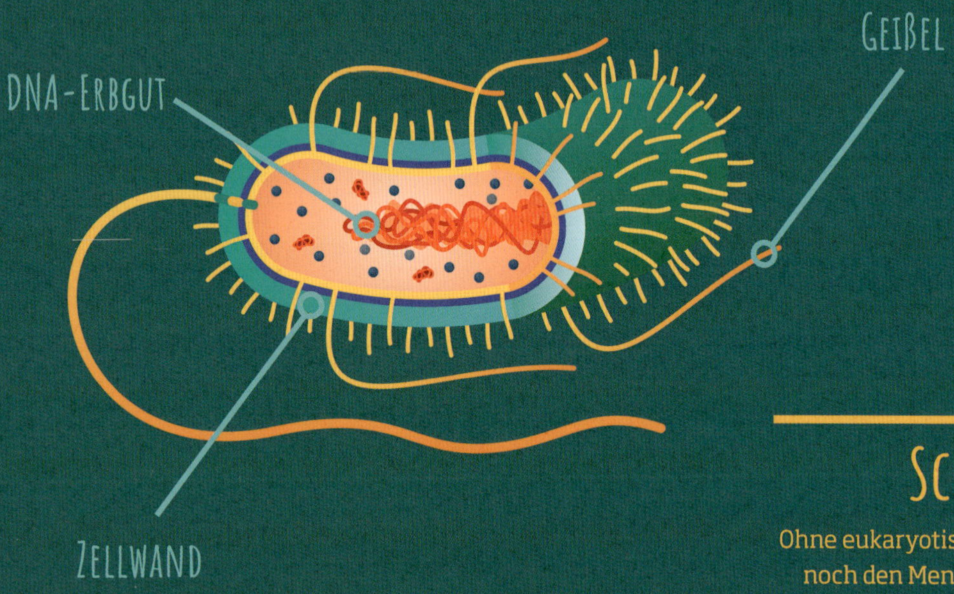

Einfach gebaut

Bakterien sind einfach gebaut. Sie haben nicht einmal einen Zellkern. Die DNA liegt als Knäuel vor. Umhüllt ist alles von einer dünnen Zellmembran und einer dickeren Zellwand. Die feinen Anhängsel dienen der Kontaktaufnahme zu anderen Bakterien und der besseren Haftung an Oberflächen. Manche Bakterien haben als Antrieb eine oder mehrere Geißeln.

Schon gewusst?

Ohne eukaryotische Zellen gäbe es weder Dinosaurier noch den Menschen – sondern nur mikroskopisch kleine Bakterien sowie Archaeen, die auf den ersten Blick wie Bakterien aussehen.

Eukaryotische Zelle

Mehr Inhalt

Eukaryotische Zellen haben im Vergleich zu Bakterien sehr viel mehr »Einrichtungsgegenstände«. Neben dem Zellkern mit der DNA sind das das Endoplasmatische Retikulum für Transport und Proteinherstellung sowie Mitochondrien, die die Energie für den Betrieb der Zelle bereitstellen – und vieles andere mehr.

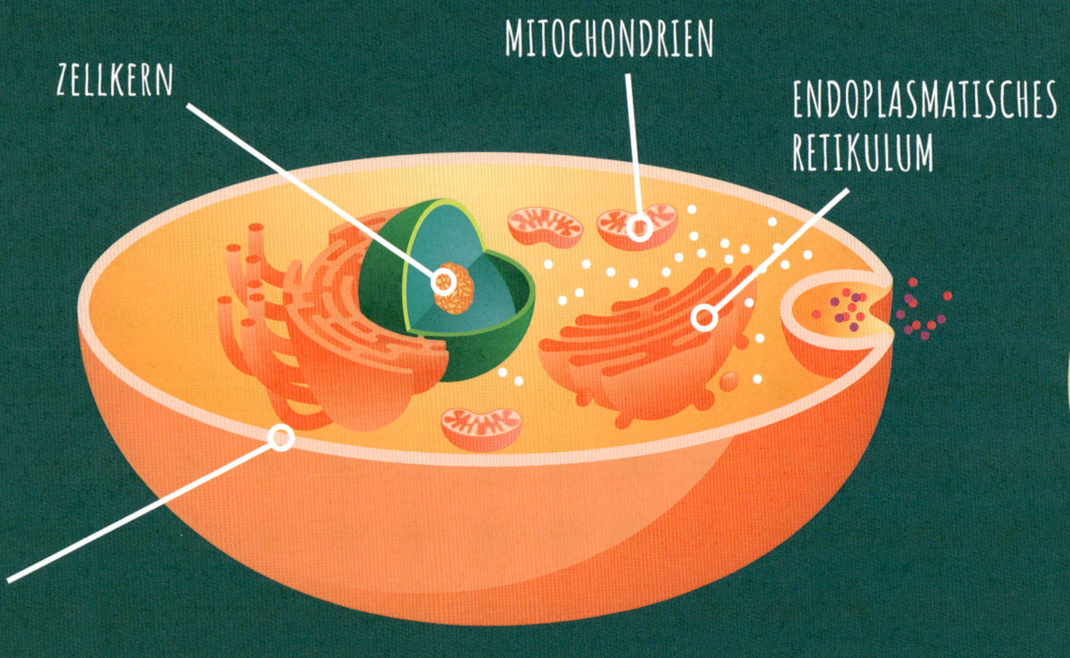

Bakterien lieben Licht

Vor etwa 3,5 Milliarden Jahren entstehen besondere Bakterien: die Cyanobakterien. Diese Bakterien können die Energie des Sonnenlichts nutzen und aus Kohlendioxid und Wasser – zwei sehr einfachen Molekülen – die etwas größeren und energiereicheren Zuckermoleküle herstellen. Man nennt diesen Prozess Fotosynthese. Bei der Fotosynthese entsteht als Abfallprodukt Sauerstoff. Dieser war zunächst im Wasser der Ozeane gelöst, reicherte sich immer mehr an und entwich schließlich in die Erdatmosphäre. Für viele Organismen jener Zeit war diese Entwicklung eine Katastrophe, denn Sauerstoff war für sie giftig. Doch Leben ist wandelbar. Es passte sich auch an den giftigen Sauerstoff an. Ein neuer Zelltyp bildete sich heraus, der fähig war, Sauerstoff nicht nur zu ertragen, sondern ihn zu nutzen.

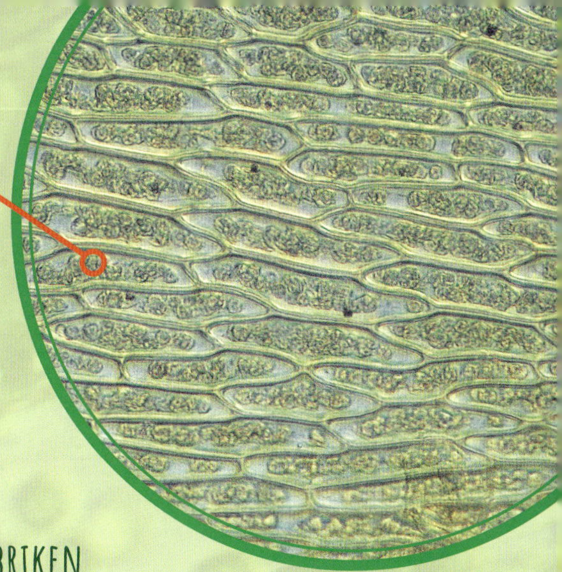

Solarfabriken

Aus Cyanobakterien hat die Evolution die grünen Farbkörperchen der Pflanzen, die Chloroplasten hervorgebracht. In diesen winzigen Zuckerfabriken findet mithilfe von Sonnenlicht die Fotosynthese statt.

Zellkern und mehr!

Es ist nicht ganz geklärt, wie dieser neue Zelltyp entstanden ist. Wahrscheinlich hat sich die Zellhülle eingestülpt und es hat sich ein Transportsystem gebildet, das einem Labyrinth ähnelte. Dabei entstand auch eine Art Kammer, in der die DNA eingeschlossen wurde. Dieser Zellkern war ein besonders geschützter Ort für das empfindliche Erbmolekül. Außerdem entstanden kleinere Mitochondrien, die Kraftwerke der Zelle. Das geschah nicht etwa durch Mutationen, sondern durch eine außergewöhnliche Begegnung zweier bakterienartiger Zellen. Die kleinere Zelle wurde von der größeren aufgenommen. Ein häufiger Vorgang, der meist damit endet, dass die kleinere Zelle verdaut wird. Aber nicht in diesem Fall. Denn die aufgenommene Zelle wurde zu einem Zellorganell und war von da an für die Energieversorgung zuständig.

Größer und vielfältiger

Diese neuen Zellen, die mit Kraftwerken ausgestattet waren, konnten nun größer wachsen und mit mehr Innenleben ausgestattet werden. Mehr noch: Es war nun auch eine Vielzahl von Zellen möglich, die unterschiedliche Aufgaben übernehmen konnten. Und das ist wichtig, wenn es darum geht, vielzellige Organismen hervorzubringen. Deshalb sind alle vielzelligen Lebewesen aus eukaryotischen Zellen aufgebaut. Pflanzen, Pilze und Tiere sind sogenannte Eukaryoten – auch alle ausgestorbenen Vielzeller wie Dinosaurier, Panzerfische und Mammuts gehören zu ihnen.

Endosymbiose

Wenn zwei Organismen eine Lebensgemeinschaft bilden, die für beide Partner Vorteile hat, dann spricht man von Symbiose. Eine Endosymbiose ist eine Symbiose, bei der der kleinere Partner im größeren Wirt lebt. Endo bedeutet innen. Die Bildung von Mitochondrien, den Kraftwerken der Zelle, wird als Endosymbiontentheorie bezeichnet.

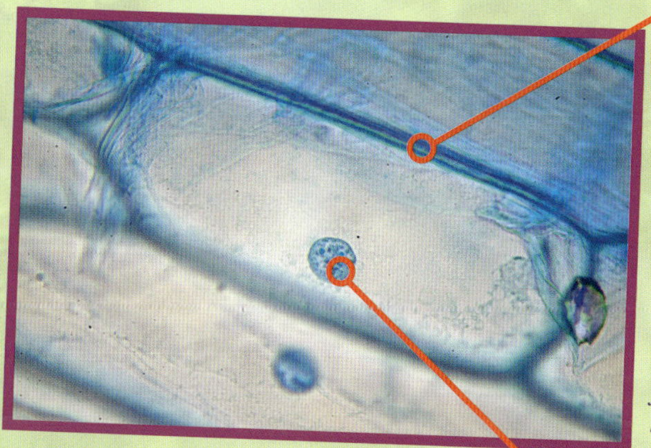

Zellkern

Mit einem einfachen Mikroskop kann man Zellkerne ganz leicht beobachten: einfach ein dünnes Zwiebelhäutchen mit Tinte einfärben. Darin enthalten ist die ganze DNA der Zwiebel. Pflanzenzellen sind neben der feinen Zellmembran von einer starren Zellwand umgeben.

Fotosynthese – die Welt wird grün

Die wichtigste Energiequelle der meisten heutigen und früheren, bereits ausgestorbenen Lebewesen ist die Sonne. Die Pflanzen nutzen die Sonnenenergie direkt. Pflanzenfressende Tiere beziehen ihre Energie aus Pflanzen. Fleischfresser gewinnen Energie, indem sie Pflanzenfresser fressen. Auch Pilze, die abgestorbene Pflanzen oder Tierkadaver zersetzen, beziehen somit Energie aus Sonnenlicht.

Die Kraft der Sonne

Die ersten Organismen, die das Sonnenlicht nutzten, waren die Cyanobakterien. Sie lebten in den urzeitlichen Meeren und wurden von der Evolution mit der Fähigkeit zur Fotosynthese ausgestattet. Cyanobakterien veränderten die Erde auf dramatische Weise, indem sie die Atmosphäre mit Sauerstoff anreicherten. Dazu entwickelte die Evolution den grünen Farbstoff Chlorophyll, der das Sonnenlicht einfängt.

GRÜN IST GUT!

Unsere Welt ist genauso grün wie die Welt des Erdmittelalters. Pflanzen erzeugen mithilfe des grünen Blattfarbstoffs Chlorophyll Sauerstoff, energiereichen Zucker, Stärke und Zellulose. Wir Menschen können Zucker und Stärke verarbeiten. Rinder und pflanzenfressende Dinosaurier können mit der Hilfe bestimmter Mikroorganismen auch Zellulose verwerten.

Prima Begegnung

Endosymbiose ist ein genialer Trick der Evolution. Er hat die eukaryotischen Zellen mit ihren Kraftwerken ausgestattet, den Mitochondrien. Auch haben sich die eukaryotischen Zellen die Fähigkeit zur Fotosynthese durch Endosymbiose verschafft. Sie haben einfach komplette Cyanobakterien umschlossen und in sich aufgenommen. Die Wirtszelle hatte nun einen Untermieter, der die Sonne als Energiequelle anzapfen konnte. Die Cyanobakterien veränderten sich und so wurden daraus Chloroplasten – jene Zellorganellen, in denen die Fotosynthese stattfindet.

Essbare Algen

Dieses Schwammkraut im Atlantik vor Spanien sind Grünalgen, die von Schnecken und anderen Meerestieren, aber auch vom Menschen gerne gegessen werden. Die Alge wächst in flachen, lichtdurchfluteten Meeren.

Unglaublich!

Ohne Cyanobakterien gäbe es kein Leben an Land. Sie stellen Sauerstoff her und damit auch den UV-Filter Ozon, ohne den ein Leben an Land undenkbar wäre.

Evolution beschleunigt

Die Fotosynthese ist wie alles in der Evolution nicht etwa geplant, sondern war eine zufällige Entwicklung, die das Leben in eine neue Richtung lenkte. Nun konnte ein neuer Typ von Organismen die Energie der Sonne nutzen: die Pflanzen. Zunächst taten sie das im Wasser, später auch an Land. Fast alle vielzelligen Lebewesen benötigen den Sauerstoff der Pflanzen, um ihre großen Zellen mit Energie zu versorgen. Eine Ausnahme bilden die Lebensgemeinschaften an den heißen Thermalquellen der Tiefsee. Deren Lebensgrundlage sind Bakterien und Archaeen, die in der Finsternis ihre Energie aus anorganischen Stoffen beziehen.

Nahrungskette

Die Nahrungskette der Dinosaurier beginnt mit den Pflanzen. Sie speichern Sonnenlicht in Form von energiereichen Zuckermolekülen. Aus Zuckermolekülen besteht auch die Stärke in Knollen und die Zellulose, die die Pflanzen in die Höhe wachsen ließen. Zucker ist für die Pflanzen Energieträger und Baustoff zugleich.

Wie vor Urzeiten

In Westaustralien kann man heute noch sehen, wie Cyanobakterien vor 3,5 Milliarden Jahren aussahen. Die steinartigen Gebilde bestehen aus Cyanobakterien und Sand. Cyanobakterien haben die Erdatmosphäre mit Sauerstoff ausgestattet, den sehr viel später die Dinosaurier zum Atmen benötigten – und wir Menschen natürlich auch.

Gene mischen – Sexualität

Jedes Lebewesen gibt bei der Fortpflanzung seine Desoxyribonukleinsäure weiter, kurz die DNA. In diesem wichtigen Teilchen sind die gesamten Erbinformationen, die Gene, gespeichert. Je nach Art des Lebewesens ist die DNA ganz unterschiedlich und bestimmt zum Beispiel die Blütenfarbe einer Pflanze oder die Farbe deiner Haare.

Der noch ungeborene Therizinosaurus hat von seinen Eltern einen Genmix bekommen, der ihm hoffentlich einen guten Start ins Leben ermöglicht.

So einfach geht das!

Wenn sich Einzeller wie Bakterien teilen, dann wird das Erbgut zunächst kopiert. Die DNA ist ein Teilchen – genauer gesagt ein Molekül –, das wie eine Strickleiter aussieht und aus einer linken und einer rechten Hälfte besteht. Bei Einzellern wird sie nun wie ein Reißverschluss aufgetrennt und es liegen zwei Hälften vor. Die jeweils fehlende Hälfte wird ganz einfach ergänzt und schon hat man zwei strickleiterartige DNA-Moleküle, die auf zwei Zellen verteilt werden können. Das ist sehr vereinfacht dargestellt, aber für unsere Zwecke soll das genügen.

Gute Fehler

Allerdings kommt es immer wieder zu Kopierfehlern beim Verdoppeln des Erbmoleküls, also zu Mutationen. Viele Kopierfehler werden erkannt und repariert. Einige bleiben zwar unerkannt, sind aber ohne Folgen. Und manche sind schlecht oder sogar tödlich. Aber einige Mutationen führen zu Varianten der Lebewesen, die sogar einen Überlebensvorteil haben. Oft stellt sich das erst heraus, wenn sich die Lebensbedingungen verändert haben. Wenn sich das Klima abkühlt, ist ein Tier mit einem dickeren Fell besser dran als eines mit dünnem Fell. Und die Gene mit der Eigenschaft »dünnes Fell« werden dann an die Nachkommen weitergegeben. So passt sich das Leben an immer wieder neue Bedingungen an und es entstehen mit der Zeit neue Arten.

Geht das nicht besser?

Viel effektiver ist jedoch der Austausch ganzer Gene. Das tun bereits Bakterien, indem sie kleine Schnipsel an DNA austauschen. Dieser horizontale Gentransfer als Übertragung von Genen von einem Individuum zum anderen ist aber noch keine geschlechtliche Vermehrung.
Noch besser als der horizontale Gentransfer ist das Mischen von Genen, also die geschlechtliche Fortpflanzung. Komplexes Leben konnte erst entstehen, als die Evolution die Sexualität hervorgebracht hatte. Sex vermischt die Gene und führt neue Merkmalskombinationen ein. Das war erst möglich, als es die komplexer gebauten eukaryotischen Zellen gab. Pilze, Pflanzen und Tiere können ihre DNA innerhalb einer Art vermischen, was zu neuen, interessanten und vorteilhaften Kombinationen von Genen führt.

Vögel setzen prächtiges Gefieder, ausgefallene Balztänze und Gesänge oder Gurren ein. Das Männchen mit der besten Show hat auch gute Chancen, sich mit einem Weibchen zu paaren. Bei den Dinosauriern war es sicherlich ähnlich.

Dino-Sex

Auch bei den Dinosauriern spielte Sex eine wichtige Rolle. Zum einen legten Dinosaurier relativ viele Eier, von denen die Jungen mit guten Genkombinationen auch die besseren Überlebenschancen hatten. Das Prinzip ist ganz einfach. Wer schneller davonlaufen konnte, überlebte. Wer gut getarnt war, wurde nicht von einem Räuber entdeckt. Wer die Nahrung besser verdaute, war besser dran als schlechte Nahrungsverwerter. Aber nicht immer stand der praktische Nutzen im Vordergrund. Viele der Körpermerkmale – wie Nackenschilde, Hörner, Kämme oder Federn – dienten unter anderem der Balz. Wer am schönsten und prächtigsten aussah, hatte mehr Chancen bei den Weibchen und so auch mehr Nachkommen.

Das Prinzip der Sexualität

Dazu wird zunächst eine Geschlechtszelle gebildet, die nur noch die Hälfte der DNA enthält. Beim Weibchen sind das die Eizellen, beim Männchen die Samenzellen, auch Spermien genannt. Eizelle und Spermium verschmelzen miteinander und so entsteht die befruchtete Eizelle mit einem kompletten DNA-Satz. Die Hälfte der Gene stammt vom Weibchen, die andere Hälfte vom Männchen. So entsteht eine ganz neue Genmischung. Bei Lebewesen mit vielen Nachkommen hat die Evolution nun das Rohmaterial, um daraus die besten für die jeweils herrschenden Lebensbedingungen auszuwählen.

SCHON GEWUSST?

Beim Menschen, aber auch bei anderen Tieren, ist die geschlechtliche Fortpflanzung durch Sex wichtig für das Immunsystem, das für immer neue Varianten von Krankheitserregern gewappnet sein muss. So wird das Immunsystem schnell abgewandelt.

Korallen sitzen fest und können sich ihren Paarungspartner nicht aussuchen. Sie setzen gleichzeitig Millionen von Eizellen und Spermien frei. So steigt die Chance einer Befruchtung im Wasser. Hier spielt der Zufall die größte Rolle.

Vom Einzeller zum Vielzeller

Dinosaurier sind komplexe Lebewesen. Wie wir Menschen bestehen sie aus bis zu Billionen Zellen. Damit Dinosaurier entstehen konnten, musste die Evolution erst die Vielzelligkeit erfinden. Der Weg vom Einzeller zum Vielzeller war ganz schön lang und spielte sich zunächst im Wasser ab.

Eingeschränkte Einzeller

Einzeller können nicht beliebig groß werden, denn lebenswichtige Stoffe bewegen sie über den Mechanismus der Diffusion durch ihre Zelle. Alle Lebensvorgänge basieren auf chemischen Reaktionen von Molekülen wie Wasser und Sauerstoff, aber auch Zucker und Eiweißen. Damit die Moleküle reagieren können, müssen sie zueinanderfinden. Bei der Diffusion ist das ein ewiges Hin- und Hertorkeln, das nur über kurze Strecken funktioniert. Deswegen sind die meisten Einzeller mikroskopisch klein. Auch ist die Zellmembran, die hauchdünne Schicht um die Zelle, sehr empfindlich. Wird die Zelle zu groß, bricht die Membran auf. Das ist auch einer der Gründe, warum Zellen sich teilen, wenn sie eine bestimmte Größe erreicht haben.

Kolonien und Arbeitsteilung

Um größer zu werden, können sich mehrere gleiche Einzeller zu einer Kolonie zusammentun. Normalerweise trennen sich die Tochterzellen nach der Zellteilung voneinander und führen ihr einzelliges Leben jede für sich fort. Doch im Laufe der Evolution haben sich auch solche Mikroorganismen gebildet, die nach der Zellteilung zusammenklebten und Kolonien bildeten.

Wenn sich nun die Zellen einer Kolonie auch noch die Arbeit teilen, dann wird die Kolonie noch leistungsfähiger. Zwar bekommt jede Zelle den gleichen DNA-Satz, doch es werden nur jene Gene genutzt, die sie für die Erfüllung ihrer ganz speziellen Aufgabe benötigen. Die anderen Gene werden einfach abgeschaltet. Zellen mit Geißeln – ähnlich wie der Schwanz einer Kaulquappe – sorgten für Fortbewegung. Andere fingen im Wasser schwebende Nahrungspartikel oder Einzeller ein. Wieder andere verdauten die Nahrung.

Und ganz wichtig waren natürlich die Zellen für die Fortpflanzung.

Schwämme

So entstanden erste einfache vielzellige Tiere wie die Schwämme. Im Prinzip war ein Schwamm eine größere Kolonie, die Nahrung aus dem Wasser filterte. Die ersten Schwämme waren kaum einen Millimeter groß. Zerrupft man eine solche Kolonie oder presst sie durch ein Sieb, zerfällt der Schwamm in einzelne Zellen, die jede zu einem Schwamm heranwachsen kann. Solche Schwämme entwickelten sich im Präkambrium, also in der Zeit vor dem Kambrium.

Vielzellige Mikrofossilien

Im Südwesten Chinas wurden Mikrofossilien entdeckt, die mehr als 600 Millionen Jahre alt sind. Diese wurden als Eier beziehungsweise als frühe Embryonen interpretiert. Darin kann man verschiedene Stadien der Zellteilung erkennen: Aus einer befruchteten Eizelle entstehen zunächst zwei, dann vier, acht … Zellen. Eine solche Zellteilung, bei der sich die Tochterzellen nicht voneinander ablösen, ist die Grundlage der Vielzelligkeit. In einem späteren Stadium spezialisieren sich die Zellen dann auf unterschiedliche Aufgaben.

Echt vielzellig

Doch die Spezialisierung der Zellen ging weiter. Bei den sich später entwickelnden Tieren und Pflanzen entwickelten sich Zellen, die in Gemeinschaft Gewebe und letztlich auch Organe bildeten. Aber welche Zellen übernehmen welche Aufgabe in Haut, Muskeln oder anderen Geweben? Das entscheidet ab einem bestimmten Entwicklungsstadium die Lage der Zelle im heranwachsenden Embryo.

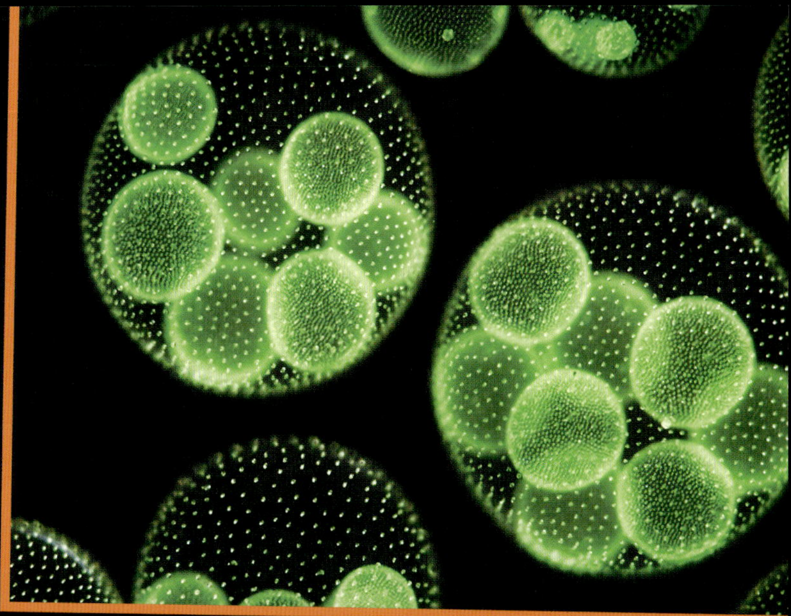

Mehrzellig

Wunderschön ist die Kugelalge Volvox, die Kolonien bildet und in der sich verschiedene Zellen auf unterschiedliche Aufgaben spezialisiert haben.

Abhängig, aber fähig

Vielzelligkeit hat einen Nachteil: Sie macht die Zellen unfrei und für immer voneinander abhängig. Aber es bieten sich neue Möglichkeiten, die Umwelt über komplexe Sinnesorgane besser zu erfassen. Da sind Augen, Ohren, Nase und Tastsinn. Die Vielfalt an Körpergrößen, Fortbewegungsarten und Verhaltensweisen ist eine Folge der Vielzelligkeit. Ebenso das Zusammenleben in Gemeinschaften wie Paaren, Familien, Herden und Rudeln.

Gehirn muss sein

Besonders spannend ist die Vielzelligkeit bei Tieren. Vielzellige Tiere sind meist beweglich, erfahren die Umwelt mit ihren Sinnen und reagieren darauf. Dafür braucht es natürlich auch ein Gehirn und ein Nervensystem, das den Körper durchzieht. Bei den Dinosauriern kann man aus der Struktur einzelner Gehirnbereiche und über die fossilen Hinweise auf das Nervensystem auf die Leistungsfähigkeit der Sinne und damit auf das Verhalten schließen. Daher weiß man zum Beispiel, dass T. rex eine feine Nase hatte.

Lernen und planen

Gehirne ermöglichen auch komplexes Verhalten. Tiere mit großem Gehirn, wie die Dinosaurier, lernen aus Erfahrung. Und einige Tiere entwickeln die Fähigkeit, zu planen und vorauszudenken, so Säugetiere und Vögel.

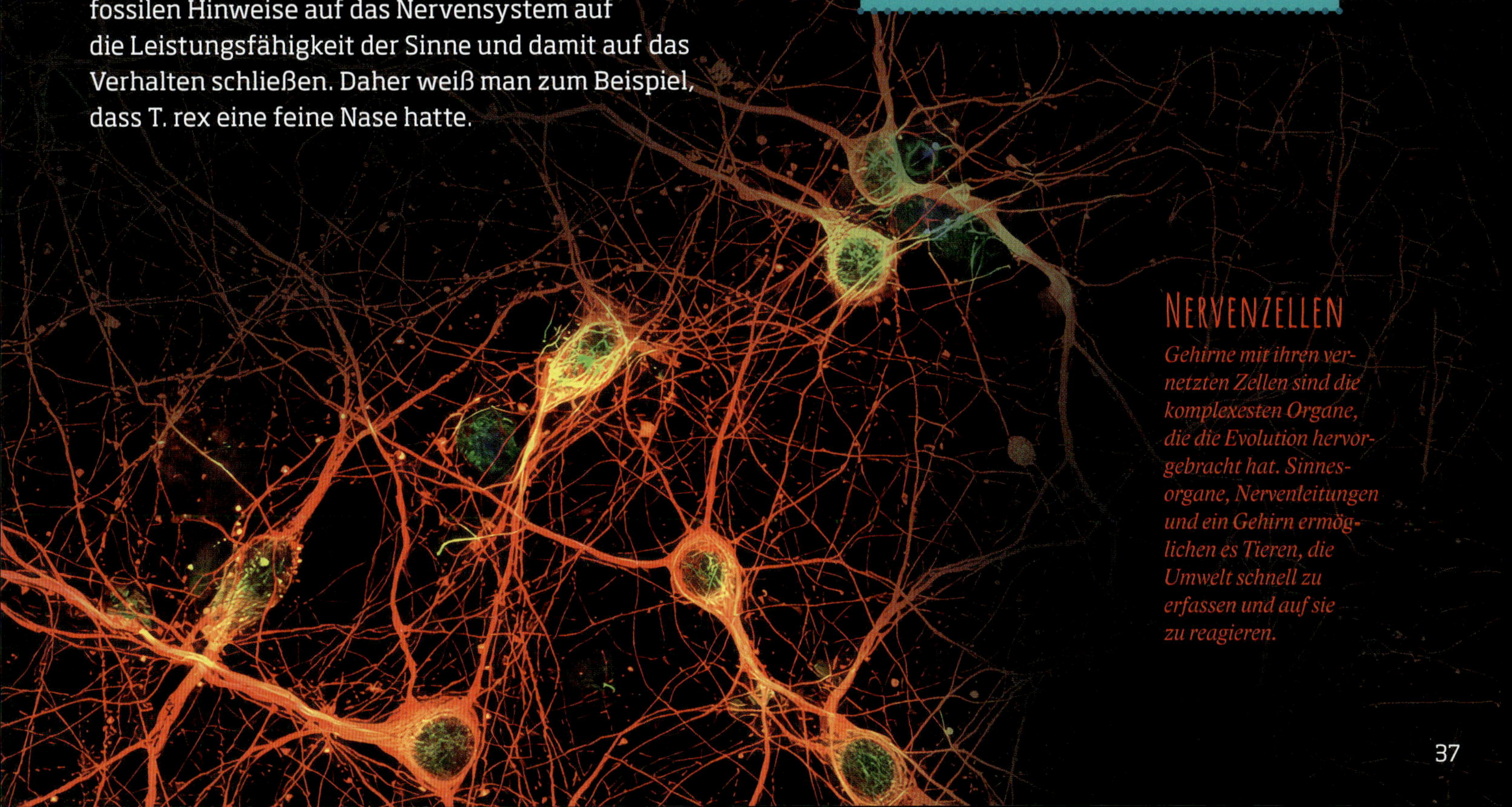

Nervenzellen

Gehirne mit ihren vernetzten Zellen sind die komplexesten Organe, die die Evolution hervorgebracht hat. Sinnesorgane, Nervenleitungen und ein Gehirn ermöglichen es Tieren, die Umwelt schnell zu erfassen und auf sie zu reagieren.

Ediacarium – es tut sich was

Lange Zeit existierten nur einzellige Organismen, die manchmal kleinere Kolonien bildeten, also Zusammenschlüsse gleichartiger Zellen. Diese Einzeller und Zellkolonien schwammen oder trieben im Wasser umher oder hafteten am Meeresboden. Sie bildeten eine schleimige Schicht, die Biologen und Biologinnen Biofilm nennen. Erst vor 600 bis 500 Millionen Jahren entstanden einfache mehrzellige Lebewesen: die Schwämme.

Dickinsonia

Neue Organismen

Die ersten Schwämme waren kaum einen Millimeter groß. Bei diesen neuen Organismen übernahmen unterschiedliche Zellarten verschiedene Aufgaben. Die einen waren für die Haftung am felsigen Untergrund zuständig, die anderen gaben dem Organismus seine Form. Wiederum andere sorgten dafür, dass Wasser durch den Schwammkörper strömte, um daraus Nahrungspartikel herauszufiltern. Auch für die Verdauung gab es spezialisierte Zellen. Ganz wichtig waren jene Zellen, die für die Fortpflanzung sorgten. Die Zellen teilten sich die Arbeit – jeder Zelltyp tat das, was er am besten konnte.

Schneeball-Erde

Vor etwa 715 bis 635 Millionen Jahren hatte sich der gesamte Planet bereits zum zweiten Mal so weit abgekühlt, dass er vollkommen vereist war. Das erste Mal war vor 2,2 Milliarden Jahren nach der großen Sauerstoffkatastrophe. Man spricht bei diesen Ereignissen von der Schneeball-Erde. Sogar die Ozeane dürften weitestgehend mit Eis bedeckt gewesen sein. Viele Arten starben in dieser schwierigen Zeit aus, einige überlebten unter der Eisschicht oder an Stellen, wo vulkanische Inseln das Meer eisfrei hielten.

Pflanze oder Tier?

Als sich die Erde wieder erwärmte und das Eis zurückging, entwickelte sich aus den Überlebenden neues Leben im Meer. Erst entstanden kleinere Organismen wie Schwämme, später entwickelten sich aber auch größere Arten, wobei diese Organismen Formen annahmen, die mit heutigen Lebewesen kaum zu vergleichen sind. Schwer zu sagen ist, welche dieser Lebensformen Pflanzen und welche Tiere waren. Der Einfachheit halber bezeichnet man sie als Fauna, also als Tierwelt des Ediacariums. Benannt wurde dieses Zeitalter nach dem ersten Fundort solcher Fossilien in Australien. Ob sich unter den uns bekannten Fossilien dieses Erdzeitalters die Vorfahren der Dinos und der Säugetiere befinden, wissen wir nicht.

EISIGE WELT – SCHNEEBALL-ERDE

Ein Temperatursturz lässt unseren Planeten zu einem Schneeball werden. Während dieser Zeit sterben wohl die meisten Arten aus, doch einige wenige überleben.

Symmetrische Organismen

Die meisten der Fossilien des Ediacariums sind bilateralsymmetrisch. Das bedeutet, dass sie eine linke und eine rechte Seite haben, die beide gleich aussehen. Die beiden Hälften sind einfach nur gespiegelt. Säugetiere, Dinosaurier und Insekten sind ebenfalls bilateralsymmetrisch oder spiegelsymmetrisch. Einige Fossilien des Ediacariums aber sind radialsymmetrisch. Sie sehen aus, als ob ein Abschnitt kopiert und im Kreis rund um einen zentralen Punkt wiederholt angeordnet wurde. Heute lebende Seeigel und Seesterne sind ebenfalls radialsymmetrisch.

Was ist denn das?

Ein radialsymmetrisches Fossil des Ediacariums ist das Tribrachidium – es hat eine dreistrahlige Symmetrie. Unklar ist, um was für einen Organismus es sich handelt. Handelt es sich bei dem Abdruck um das ganze Tier, das Meerwasser in den Körper hineinstrudelte und Nahrung herausfilterte? Oder war es nur ein Teil eines viel größeren Organismus? Der Teil, den wir von Tribrachidium kennen, könnte so etwas wie eine Bodenplatte sein. Vielleicht finden wir in Zukunft noch Fossilien vom Rest des Tieres?

SELTSAME WELT
Das Leben im Ediacarium spielt sich nach wie vor im Wasser ab. Die uns so fremden Organismen haben keine Knochen und keine Schalen.

Kambrium – das Leben explodiert

WIWAXIA
Das Weichtier lebte am Meeresboden. Mit kleinen Zähnchen schabte es Algen und andere Nahrung von dem felsigen Grund ab.

TRILOBIT
Der Körper dieses Tieres bestand aus drei länglichen Lappen, was ihm auch den Namen Trilobit einbrachte. Es war gut gepanzert und nur schwer zu knacken.

OPABINIA
Dieser Gliederfüßer hatte fünf Augen und einen langen, rüsselartigen Greifer. Damit fing er seine Beute und führte sie zum Mund.

Richtig spannend wird es im Kambrium, der Zeitspanne der Erdgeschichte, die auf das Ediacarium folgte. Vor 540 Millionen Jahren begann sich in den Urmeeren eine unglaubliche Vielfalt an Lebensformen zu entwickeln. Die Evolution bringt explosionsartig unterschiedlichste Arten hervor, sodass man auch von der kambrischen Explosion spricht. Aus dieser Zeit stammen Unmengen von Fossilien, denn nun haben viele Lebewesen einen harten Panzer oder andere harte Körperteile, die gut fossilisieren. Im Ediacarium waren alle Organismen noch weich und wabbelig.

Wettrüsten

Warum es zu dieser Vielfalt an neuen Arten kam, ist nicht ganz geklärt. Die Fossilien zeigen aber, dass innerhalb kürzester Zeit viele Tiere wohl schneller wurden. Es kam zu einem Wettlauf zwischen Räubern und Beutetieren. Viele Beutetiere legten sich Panzer und harte Schalen zu. Die Räuber zogen nach und entwickelten Greifwerkzeuge sowie Zangen, um die Panzer zu knacken. Beute und Räuber lieferten sich ein immer schneller werdendes evolutionäres Wettrüsten. So entwickelten sich Gliederfüßer mit Beinen. Facettenaugen halfen, die Gefahr schneller zu erkennen oder Beute zu entdecken. All das fand im Wasser statt.

Mehr Kalzium im Meer

Wie aber kam es dazu, dass die Tiere härter wurden und sich Panzer zulegen konnten? Vermutlich lag es an einer Veränderung des Klimas. Diese führte dazu, dass an Land mehr Gestein herausgelöst wurde. Daraufhin wurde auch mehr Kalzium ins Meer gespült. Aber das Kalzium war für das damalige Leben in diesen hohen Konzentrationen giftig. Aufgenommenes Kalzium schieden die Lebewesen deshalb in Form von unlöslichem Kalziumkarbonat, also Kalk, wieder aus. So könnten die ersten Panzer und Schalen entstanden sein. Diese Kalkhüllen stellten sich als nützlich heraus. Zunächst waren sie ein Schutz vor der rauen Brandung der Meere. Später schützten die Kalkpanzer auch davor, gefressen zu werden.

Marella

Das nur zwei Zentimeter kleine Tier schützte sich mit einem harten Schild und vier nach hinten gerichteten Stacheln. Vermutlich filterte es Nahrungspartikel aus dem Wasser oder aus dem Schlamm des Meeresbodens.

Anomalocaris

Er war bis zu einem Meter groß und hatte Greifwerkzeuge. Anomalocaris war ein Topräuber seiner Zeit. Wahrscheinlich schwamm er, indem er seine Körpersegmente wellenartig bewegte. Das Tier war als Gliederfüßer durch seine Panzerung geschützt und allein durch seine Größe unangreifbar. Mit den Greifern schnappte es sich kleinere Beutetiere.

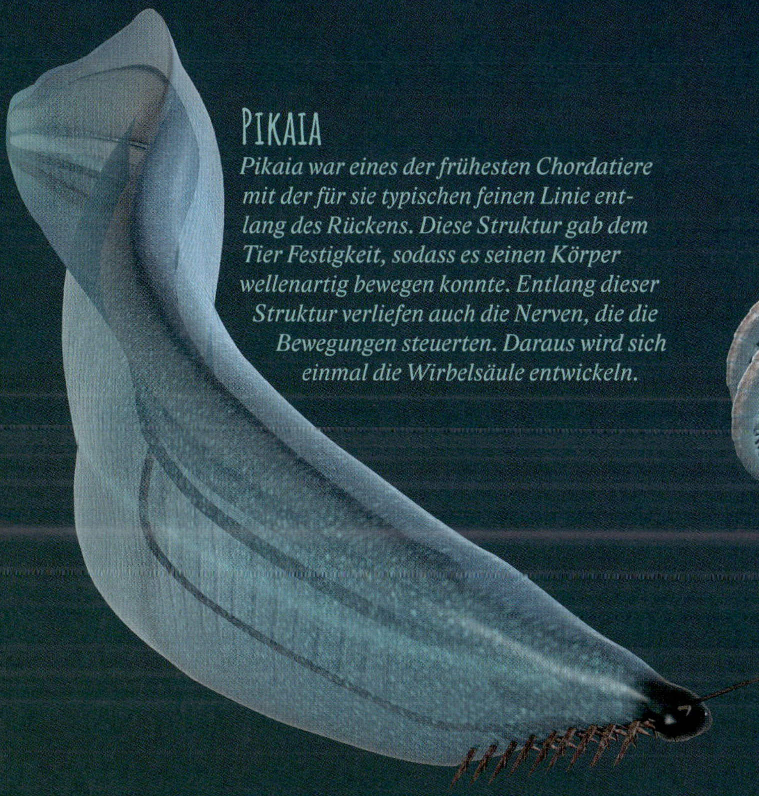

Pikaia

Pikaia war eines der frühesten Chordatiere mit der für sie typischen feinen Linie entlang des Rückens. Diese Struktur gab dem Tier Festigkeit, sodass es seinen Körper wellenartig bewegen konnte. Entlang dieser Struktur verliefen auch die Nerven, die die Bewegungen steuerten. Daraus wird sich einmal die Wirbelsäule entwickeln.

Hallucigenia

Am Bauch hatte Hallucigenia Beine und auf dem Rücken Stacheln. Doch war den Paläontologen und Paläontologinnen anfangs zunächst nicht klar, wo bei diesem Tier oben, unten, hinten und vorne war.

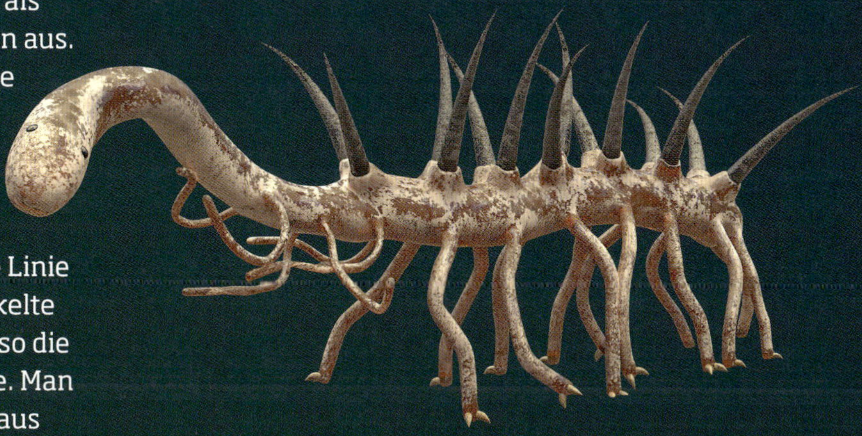

Dino-Vorfahren

Viele der Organismen des Kambriums endeten als evolutionäre Sackgassen, das heißt, sie starben aus. Aus anderen Organismen gingen heute lebende Tiergruppen hervor. Eine besondere Rolle spielte Pikaia, ein unscheinbares Tier, das aussieht wie heutige Lanzettfischchen. Pikaia zählt zu den Chordatieren. Wenn man sie genau betrachtet, sieht man, dass sich eine Linie an ihrem Rücken entlangzieht. Daraus entwickelte sich später die Wirbelsäure. Diese Tiere sind also die Vorfahren der Fische, Reptilien und Säugetiere. Man sieht es den Chordatieren noch nicht an, doch aus ihnen gehen Brontosaurus und der Mensch hervor.

Das Zeitalter der Fische

HAB' ICH DICH!
Vor Dunkleosteos war niemand sicher, auch nicht die über zwei Meter langen Seeskorpione mit ihren gepanzerten Körpern. Seeskorpione waren selbst schreckliche Räuber.

Mit Biss!
Kiefer mit Zähnen sollten bei Krokodilen, Dinosauriern, Meeresreptilien und Säugetieren noch wichtig werden. Damit ließen sich zappelnde Beutetiere festhalten und zerteilen. Aber auch für Säugetiere und Dinos, die sich ausschließlich von Pflanzen ernährten, waren Kiefer und Zähne wichtig, um Pflanzenteile abzurupfen und zu zermahlen.

Dinosaurier, Flugsaurier und Meeressaurier sind Reptilien und somit Wirbeltiere. Wir Menschen, unsere Haustiere wie Hunde und Katzen sowie Fische sind ebenfalls Wirbeltiere. Genau genommen fängt die Entwicklung der Wirbeltiere mit den Fischen an. Wir Menschen tragen also das Erbe der Fische in uns.

Erst einmal Fische

Die ersten Tiere, die so etwas wie eine Wirbelsäule haben, tauchen vor rund 530 Millionen Jahren auf. Sie sehen wie Fischlarven aus, haben keinen Kiefer, aber einen Schädel. Und sie haben eine Chorda, die sich am Rücken entlangzieht: dort, wo sehr viel später einmal die Wirbelsäule sitzen wird. Pikaia ist ein solches Chordatier. Mit diesen unscheinbaren Tieren beginnen die ersten 100 Millionen Jahre der Evolution der Wirbeltiere. Weil sich diese Entwicklung zunächst auf Fische beschränkt, nennt man es auch das Zeitalter der Fische. In dieser Zeit kommt es zu einer Reihe wichtiger Neuerungen. Zum einen bildet sich das Innenskelett, das auch großen Tieren Halt und Form gibt. Zum anderen formt sich ein Kiefer, mit dem man gut zubeißen kann. Und zu guter Letzt werden eine Reihe von Sinnesorganen zum Sehen, Hören und Riechen sowie Schmecken entwickelt. All das findet noch im Wasser statt.

DUNKLEOSTEOS

Von diesem Spitzenräuber sind meist nur der knöcherne Schädel und die Nackenpanzerung erhalten. Statt richtiger Zähne hatte er vier Knochenplatten im Ober- und Unterkiefer.

Jetzt neu mit Kiefer!

Die Chordatiere begannen ihre Karriere als Filtrierer, die den Schlamm des Meeresbodens aufsaugten und die darin enthaltenen Nahrungspartikel und kleineren Organismen verdauten. Erst durch die Entwicklung von Kiefern stiegen sie zu Spitzenräubern auf. Räuber gab es schon vor den Fischen: etwa räuberische Würmer und Seeskorpione. Sie wurden von der Evolution mit harten, scharfkantigen Greif- und Mundwerkzeugen ausgestattet. Doch die Wirbeltiere bekamen größere und kräftigere Kiefer aus Knorpel oder Knochen. Die entstanden bei den Fischen aus jenen vorderen Bögen, die die empfindlichen Kiemen stützten. Diese vordersten Kiemenbögen wanderten im Laufe der Generationen immer weiter nach vorne in das Maul hinein und waren schließlich durch ein Gelenk mit dem Schädel verbunden. So wurden aus den Kiemenbögen Kiefer. Die Evolution überrascht uns immer wieder, denn sie benutzt Vorhandenes und bastelt daraus Neues. Jetzt neu mit Kiefer!

Spitzenräuber

Je größer und kräftiger die Kiefer wurden, umso größer wurden auch die Fische. So entwickelten sich Top-Prädatoren, also Spitzenräuber, die sogar andere Räuber jagten. Im Zeitalter Devon – vor 419 bis 359 Millionen Jahren – stand Dunkleosteos ganz oben an der Spitze der Nahrungskette. Er war sechs Meter lang, also doppelt so lang wie ein Auto, und fraß unter anderem riesige Ammoniten und Haie. Mit seinem Kiefer, dessen Knochen als gezahnte Kante endete, konnte er jeden seiner Zeitgenossen zerbeißen und auch harte Schalen knacken.

Und doch ausgestorben!

Die Panzerfische wie Dunkleosteos waren Spitzenräuber und sehr erfolgreich. Dennoch gibt es sie heute nicht mehr. Sie fielen einem Massenaussterben im Oberen Devon zum Opfer. Es wurde wahrscheinlich durch einen Sauerstoffmangel im Wasser ausgelöst. Aber andere Meereswirbeltiere mit Kiefern überlebten, so die Haie. Ihre Kiefer waren zwar aus weichem und flexiblem Knorpel, aber dafür mit scharfen und extrem harten Zähnen bestückt. Ausfallende Zähne wurden bei den Haien durch nachwachsende Zähne ersetzt. Ein eindeutiger Vorteil gegenüber den Panzerfischen!

Grundlagen für Landtiere

Einige der Entwicklungen, mit denen die Evolution bei den Fischen experimentiert hat, werden sich später bei der Besiedlung des Landes noch als äußerst nützlich erweisen. Das Innenskelett wird an Land, wo ja der Auftrieb des Wassers fehlt, das zum Teil enorme Gewicht der Landtiere tragen. Die Fischflossen werden zu Beinen und Armen. Die Arme wiederum werden bei einigen Tieren später zu Flügeln. Die Schwimmblasen der Fische werden zu Lungen und die Haut wird Fell und Federn hervorbringen. So also schufen die Fische die Grundlagen für verschiedenste Landtiere.

STACHELIG

Der Cheiracanthus war mit 30 Zentimetern Länge eher klein. Er schützte seine Flossen mit Stacheln.

Pflanzen besiedeln das Land

SO VIEL GRÜN!

Pflanzen sind die Basis des Lebens. Als die Pflanzen das Land besiedelten, bereiteten sie neue Lebensräume für die Tiere, die ihnen aus dem Wasser folgen sollten.

Das Leben begann im Wasser. Und durch die Evolution veränderten sich die Lebewesen. Einzellige Cyanobakterien lernten so durch Fotosynthese, die Energie der Sonne zu nutzen. Und als sich komplexere Vielzeller bildeten, waren darunter auch Wasserpflanzen. Sie lebten in flachen Gewässern und fingen Sonnenlicht ein, um aus Kohlendioxid und Wasser energiereichen Zucker herzustellen. Pflanzen waren der Anfang der Nahrungskette, wovon sich zunächst pflanzenfressende Tiere ernährten. Und von den Pflanzenfressern ernährten sich Allesfresser und Fleischfresser. So war das erst im Wasser und später auch an Land.

Cooksonia war eine der frühen Landpflanzen. Ihre Wurzeln und das Wasser machten den Fels bröseliger. Zusammen mit den abgestorbenen Pflanzenteilen entstanden so die ersten Böden. Die Wurzeln gaben der Pflanze Halt und verhinderten, dass der Boden von Wind und Regen fortgetragen wurde.

Sauerstoff verändert die Welt

Der bei der Fotosynthese als Abfallprodukt entstehende Sauerstoff war lebenswichtig für die Tiere. Er ermöglichte komplexe und große Organismen. Aber der Sauerstoff, der sich zunächst im Wasser und später auch in der Gashülle der Erde ansammelte, lieferte dazu noch einen wichtigen Schutzschild gegen schädliche UV-Strahlung. Diese energiereiche ultraviolette Strahlung schädigt das Erbgut und zerstört die Zellen. Wir kennen die von UV-Licht angerichteten Schäden als Sonnenbrand.
Das Leben im Meer ist durch Wasser geschützt. Das Leben an Land wäre ohne Sauerstoff ungeschützt. Doch UV-Licht wirkt so auf den Sauerstoff, dass ein Teil davon zu Ozon wird, das als UV-Filter wirkt. Damit war es dem Leben möglich, das Wasser zu verlassen und sich Nischen an Land zu suchen.

Wer traut sich?

Den Anfang machten Cyanobakterien und andere Bakterien, Pilze und Flechten. Flechten sind Pilze, die eng zusammen mit Cyanobakterien oder Algen leben. Diese Organismen besiedelten in Form dünner Filme die feuchten, ufernahen Gebiete – eine eher schleimige Angelegenheit. Bei Flut wurde das Ufer überschwemmt, bei Ebbe fiel der Bereich wieder trocken. Angeschwemmte Wasserpflanzen vertrockneten und starben ab. Doch einige vertrugen die Trockenheit besser als andere. Aus ihnen bildeten sich die ersten Landpflanzen. Eine Neuerung schützte sie vor dem Austrocknen: Eine wachsartige Schutzschicht hielt das Wasser in der Pflanze. Jetzt, da die Pflanze nicht ständig von Wasser umgeben war, bildeten sich auch Wurzeln: spezialisierte Zellen, die das Wasser in die Pflanzen leiteten und die der Pflanze zusätzlich Halt gaben. So stellt man sich vor, dass aus Grünalgen erste Landpflanzen entstanden, die ähnlich wie Moose waren.

Immer raffinierter

Aber unter den Pflanzen herrschte ein Wettbewerb um das Licht – das zeigen Fossilien wie Cooksonia. Cooksonia wurde zwar nur einige Zentimeter hoch, aber ein Anfang war gemacht. Solche Pflanzen müssen stabiler gebaut sein und sie benötigen Leitungsgefäße, um Wasser, Nähstoffe und den durch Fotosynthese produzierten Zucker zu transportieren. Die Wachsschicht der Cooksonia verhinderte jedoch den Gasaustausch. Nun musste die Evolution dafür eine Lösung finden. Sie löste das in Form von Spaltöffnungen, über die Kohlendioxidgas aus der Luft aufgenommen und der Sauerstoff abgegeben wurde. Cooksonia hatte diese Spaltöffnungen an den Stielen. Heutige Pflanzen mit Blättern haben sie an den Blattunterseiten.

Mehr Licht!

Aus Pflanzen wie Cooksonia entstanden Jahrmillionen später Urfarne und Bärlappgewächse. Aus den Stängeln wuchsen Ausstülpungen hervor, die immer größer wurden. Diese ersten Blätter sammelten das Sonnenlicht ein. In Stängeln und Blättern bildeten sich immer stabilere Gefäße, um Wasser, Mineralstoffe und andere Stoffe durch die Pflanze zu transportieren. Der Landgang der Pflanzen bereitete die bis dahin kahlen Kontinente für weitere Besiedlungswellen vor. Nun waren Lebensraum und Nahrung für Tiere auch an Land vorhanden. Die Pflanzen wetteiferten dabei um Licht und wuchsen immer höher. Neben Zellulose, einem stabilen Baustoff, wurde das vor allem durch Lignin ermöglicht. Lignin kleidet die röhrenartigen Gefäße wasserdicht aus. So konnten sich riesige Pflanzen wie Baumfarne und Koniferen entwickeln.

Pflanzen zuerst

Die Pflanzen hatten den Weg für die weitere Besiedlung des Landes durch die Tiere bereitet. Sie sind die Nahrungsgrundlage für eine Vielzahl von tierischen Organismen. Doch den ersten Schritt machen nicht Wirbeltiere, sondern Würmer, Schnecken und Gliedertiere.

Landpflanzen müssen das Wasser in sich halten und dennoch Gase mit der Atmosphäre austauschen. Eine Wachsschicht schützt vor dem Austrocknen. Das Atmen erfolgt über mikroskopisch kleine Spaltöffnungen, die bei Bedarf geöffnet und geschlossen werden.

Tiere gehen an Land

Lebendige Wälder

Gegen Ende des Devons tauchten die ersten Bäume und Wälder auf. Einige Bäume wurden 30 Meter hoch. Niedriger wuchsen Farne und Schachtelhalme, die sich über Sporen verbreiteten, sowie Samenpflanzen. Und dazwischen jede Menge kleinerer Tiere: Gliedertiere, wie Hundertfüßer und Insekten, sowie Ringelwürmer und Schnecken.

Rund 3,5 Milliarden Jahre lang war Leben nur im Wasser möglich: in Meeren, Seen und Flüssen. Die ersten Organismen, die sich an Land wagten, waren Bakterien und Pilze. Sie bereiteten den Boden für die Pflanzen. Dann kamen die Tiere nach. Fadenwürmer gruben sich durch den Boden der feuchten Uferbereiche oder hielten sich in nassen Felsspalten auf. Dort konnten sie durch die angefeuchtete Haut Luft atmen.

An die Oberfläche

Die ersten Besiedler, die nicht nur im Boden, sondern auch direkt an der Oberfläche lebten, waren wahrscheinlich Gliederfüßer. Heute lebende Gliederfüßer sind Krebstiere, Hundert- und Tausendfüßer, Insekten und Spinnentiere. Sie stammen alle von Gliederfüßern ab, die einst in den Urmeeren gelebt haben. Ihre Beine und das Außenskelett waren ideal für das Überleben an Land. Und so tauchten vor über 500 Millionen Jahren erste Gliederfüßer an Land auf. Der harte Panzer schützte sie vor dem Austrocknen. Allerdings mussten sie noch ein Atmungssystem entwickeln, das aus Atemlöchern und Luftkanälen bestand.

Landgänger

Die ersten Gliederfüßer, die das Wasser verließen und an Land gingen, hinterließen Spuren. Wahrscheinlich lebten die ersten Landgänger aber nur zeitweise an Land.

Schon gewusst?

Hundertfüßer haben an jedem Körpersegment ein Beinpaar, Tausendfüßer haben an jedem Körpersegment zwei Beinpaare.

Tausendfüßer

Es gibt sie heute noch – die Tausendfüßer. Einige werden bis zu 40 Zentimeter lang. Allerdings haben sie meist nur 100 bis 300 Beine, die sie wellenartig bewegen. Trotz oder gerade wegen der vielen Beine kommen sie nur langsam voran. Sie ernähren sich vor allem von verrottenden Pflanzenteilen. Schneller sind Hundertfüßer, die mit giftigen Kieferklauen räuberisch unterwegs sind.

Unglaublich!

Auf der Südpazifikinsel Phillip Island machen riesige Hundertfüßer Jagd auf junge Seevögel und somit auf Dinosauriernachfahren. Die bis zu 25 Zentimeter langen Tiere überwältigen die Beute, indem sie mit zangenartigen Klauen Gift injizieren. Manchmal fangen sie so auch Amphibien oder Eidechsen und sogar Fledermäuse.

Der Größte

Der bis zu zwei Meter lange Riesentausendfüßer Arthropleura lebte vor 350 Millionen Jahren in den Wäldern des Unteren Karbon. Er besaß schätzungsweise bis zu 30 Körperabschnitte mit je einem Beinpaar. Der Tausendfüßer hatte also nur etwa 120 Beine. Aus versteinerten Spuren ergibt sich ein Abstand zwischen linken und rechten Beinen von einem halben Meter. Vermutlich hat er sich wie moderne Tausendfüßer von Pflanzenresten ernährt – das zeigen versteinerte Pflanzenreste im Körper des Tieres. Er war das größte wirbellose Tier, das je an Land gelebt hat.

Sechsfüßer

Die ersten Insekten tauchten vor rund 400 Millionen Jahren auf. Diese besondere Gruppe von Gliedertieren hat einen gemeinsamen Bauplan. Der Körper ist dreigeteilt und besteht aus Kopf, Brust und Hinterleib. Er ist durch ein hartes Außenskelett geschützt. Am Körper sitzen drei Beinpaare, also sechs Beine, weswegen man Insekten auch als Hexapoden, also Sechsfüßer, bezeichnet. Vom Kopf gehen zwei Antennen weg. Die meisten Insekten haben zwei Flügelpaare.

Erst krabbeln

Die ersten Insekten jedoch hatten noch keine Flügel und krabbelten über den Boden. Später entwickelten sich die Flügel, was sie zu einer vielseitigen und erfolgreichen Gruppe von Wirbellosen machte. Und das bis heute – drei Viertel der Tierarten zählen zu den Insekten.

Der Riesentausendfüßer

Mit zwei Meter Länge war Arthropleura so groß wie so manches Krokodil. Allerdings war er kein Jäger, sondern fraß verrottende Pflanzenteile. Zwar konnte er an Luft atmen, hielt sich jedoch an feuchten Orten auf, etwa unter Blättern. Wahrscheinlich konnte er auch tauchen.

Und jetzt auch Wirbeltiere an Land

Nachdem Mikroorganismen, Pflanzen, Schnecken, Würmer und wirbellose Gliederfüßer das Land erobert hatten, entwickelte sich dort fruchtbarer Boden und sogar ganze Wälder. Im Zeitalter Devon war der Boden dann endlich bereitet, dass auch Wirbeltiere an Land schreiten konnten. Das war ein weiterer entscheidender Schritt hin zu den Dinosauriern.

Raus aus dem Wasser

Im Grunde waren es Fische, die das Wasser verließen und dieses Risiko eingingen. Warum aber taten sie das? Die Antwort: Weil einige von ihnen das Zeug dazu hatten – und weil es im Meer nur so von Räubern wimmelte. Es war gefährlich in den Meeren. An Land dagegen gab es bisher noch keine Fressfeinde. Aber der wichtigste Grund war: Es gab unglaublich viel Nahrung an Land. Und so gingen vor 375 Millionen Jahren Fische an Land und entwickelten sich zu Amphibien.

Tiktaalik

Im Grunde war Tiktaalik ein Fisch. Aber ein ganz besonderer: Er konnte das Wasser für kurze Zeit verlassen. Er gehörte zur Gruppe der Fleischflosser, deren muskulöse Flossen bereits Beinen ähnelten. Auf ihnen konnte er zwar nicht allzu gut laufen, aber er konnte sich über den Boden ziehen. Das verraten Spurenfossilien mit den Flossenabdrücken und einem hinter sich hergezogenen Schwanz. Ein starker Brustkorb stützte das Gewicht des Körpers an Land, da dort der Auftrieb des Wassers fehlte. Tiktaalik hatte neben Kiemen auch eine Lunge – so wie heutige Lungenfische. Lungenfische können dann Luft atmen, wenn ihr Gewässer austrocknet und bei Hitze kaum noch Sauerstoff im Wasser ist. Anders als viele Fische konnte Tiktaalik zudem Beutetiere nicht nur einsaugen, sondern er konnte auch zuschnappen und beißen. Eine Fähigkeit, die für Räuber an Land lebensnotwendig ist!

EUSTHENOPTERON

Er war ein Fisch mit muskulösen Flossen, aus denen später die Beine von Landtieren werden sollten. Noch hat das Tier die für Fische typischen Schwanzflossen. Aber die werden allmählich verschwinden.

Aus Fischen wie Tiktaalik entwickelten sich die ersten Tetrapoden, Wirbeltiere mit vier Beinen. Tiktaalik lebte im flachen Wasser und entkam durch seine Landgänge seinen Feinden. Mit seinen beinähnlichen Flossen konnte der Räuber sich an Land bewegen, wo es jede Menge zu fressen gab.

Größenvergleich

KEIN DINO!

STECKBRIEF

Tiktaalik

Bedeutung: »Quappe«, Quappe ist ein großer Süß- oder Brackwasserfisch

Gruppe: Fleischflosser

Zeit: vor 375 Millionen Jahren, Devon

Lebensraum: Flachmeere

Länge: vermutlich bis zu über 2 Meter

Fundort: Kanada

Nahrung: Fleisch

Beine aus Flossen

Die vier Gliedmaßen der Landwirbeltiere haben sich aus Fischflossen entwickelt. Die ersten vierbeinigen Tiere hatten bereits Zehen und Finger. Allerdings waren es nicht unbedingt fünf Zehen. Manche hatten sogar acht Zehen beziehungsweise Finger. Die fünf Zehen setzten sich erst später und rein zufällig durch. Hätten sich siebenzehige Tetrapoden entwickelt, so hätten wir heute an jedem Fuß sieben Zehen und an den Händen sieben Finger.

ACANTHOSTEGA

Er war schon besser zu Fuß unterwegs als Tiktaalik. Dennoch verbrachte er die meiste Zeit im Wasser.

ERYOPS

Dass er von Fischen abstammt, sieht man Eryops schon nicht mehr an. Er gehört zu den ersten Amphibien, die an Land leben konnten. Ihre Eier legten sie jedoch im Wasser ab, so wie heutige Frösche oder Molche. Eryops wurde zu einem gefährlichen Räuber an Land.

Lebendes Fossil

Die meisten Fleischflosser starben am Ende der Kreidezeit vor 66 Millionen Jahren aus. Doch einige wenige haben bis heute überlebt: die Quastenflosser. 1938 fingen südafrikanische Fischer einen Quastenflosser, den man eigentlich für ausgestorben hielt. Dieses lebende Fossil war eine Weltsensation! Lebende Quastenflosser wurden schließlich im Indischen Ozean in einigen Hundert Metern Tiefe an den Hängen der Komoreninseln von einem Tauchboot aus gefilmt.

Das Karbon und das neue Ei

Wasserwesen auf dem Trockenen? Das ging nicht von heute auf morgen. Die Wirbeltiere passten sich nur langsam an das Landleben an und durchliefen eine längere Phase, in der sie sich in beiden Lebensräumen aufhielten. Einige haben diese Lebensweise bis heute beibehalten, so Frösche und Molche. Sie zählen zu den Amphibien, die ihre Eier im Wasser ablegen. Dort machen sie eine Metamorphose durch: eine Entwicklung von einer über Kiemen atmenden Larve bis zum erwachsenen Tier, das über Lungen atmet. Kaulquappen haben noch einen fischartigen Schwanz und bekommen erst mit der Zeit vier Beine, mit denen sie sich dann an Land fortbewegen können.

Das Kohlezeitalter

Dem Zeitalter der Fische, dem Devon, folgte das Karbon, das vor 359 Millionen Jahren begann und vor 299 Millionen Jahren endete. Es ist benannt nach den großen Steinkohlevorkommen, die sich aus den Sumpfwäldern dieses Zeitalters gebildet haben. Karbon bedeutet ganz einfach Kohle. Es ist also das Kohlezeitalter.

So viel Sauerstoff

Das Karbon war überaus warm und die Sumpfwälder wuchsen im Übermaß. Die Pflanzen gaben große Mengen Sauerstoff ab, sodass der Sauerstoffgehalt der Atmosphäre auf 30 Prozent anstieg – heute sind es nur 21 Prozent. So konnten wirbellose Tiere, deren einfacher Atemmechanismus die Sauerstoffversorgung und damit die Körpergröße beschränkt, zu wirklich riesigen Tieren heranwachsen. Rund zwei Meter lange Riesengliederfüßer wie Arthopleura krabbelten durch die Sumpfwälder und Riesenlibellen knatterten durch die Luft.
Das Karbon ist aber auch das Zeitalter, in dem sich Landwirbeltiere in Form von Amphibien und Reptilien entwickelten.

Erst Amphibien ...

Die Uramphibien des Karbons waren in beiden Welten zu Hause: an Land und im Wasser. Zwar konnten sich die Amphibien auf allen vieren auf dem Land bewegen, doch durften sie sich nicht allzu weit vom Wasser entfernen. Ihre empfindliche Haut durfte nicht austrocknen und so hielten sie sich immer in feuchten Lebensräumen auf. Auch legten die Weibchen die Eier im Wasser ab – empfindliche Eier ohne Schale. Das Männchen befruchtete die Eier nun im Wasser mit seinem Samen. Aus den Eiern wuchsen Larven, die wie kleine Fische aussahen. Aber bald schon wuchsen ihnen Beine und der Schwanz bildete sich zurück.

SCHON GEWUSST?

Im Karbon stießen alle Landmassen der Erde zusammen und bildeten den Superkontinent Pangäa, der später die Heimat der ersten Dinosaurier wurde.

Das Ophiacodon sieht mit seinem langen Kiefer und den spitzen Zähnen wie ein Krokodil aus. Das Tier ist jedoch ein Synapside und damit näher mit den Säugetieren verwandt. Vermutlich hielt es sich meist im Wasser auf und setzte seine vier Füße als Paddel ein. Wahrscheinlich lauerte es am Ufer Fischen oder anderen kleinen Wirbeltieren auf.

In den Sumpfwäldern des Karbons wuchsen Baumfarne und riesige Schachtelhalme sowie kleinere Farne. Diese feuchten Wälder waren die Lebensräume der Amphibien, die auf Wasser angewiesen waren.

Die Riesenlibelle mit einer Flügelspannweite von bis zu 70 Zentimetern war im Karbon die Königin der Lüfte. Als eines der damals größten fliegenden Tiere jagte Meganeuropsis andere Insekten, aber auch kleinere Amphibien.

... dann Reptilien

Doch das Leben findet immer Wege, selbst die ungemütlichsten Orte zu besiedeln, so auch die trockeneren Regionen. So wurden aus Amphibien Reptilien. Anstelle der empfindlichen Amphibienhaut trat die robustere Schuppenhaut der Reptilien. Sie schützte vor dem Austrocknen. Blieb nur noch das Problem mit den Eiern zu lösen. Auch hier fand die Evolution eine Lösung. Zunächst erfolgte die Befruchtung der Eier nicht mehr im Wasser, sondern im Körper des Weibchens. Man spricht auch von innerer Befruchtung. Und das Ei sah auch anders aus. Das im Ei heranwachsende Junge war mit einem sogenannten Amnion umgeben, einer dünnen Eihaut. Die war zwar für Gase durchlässig – der wachsende Embryo musste ja atmen –, verhinderte aber, dass der Embryo austrocknete. Die Eihaut wiederum war von einer Eischale umgeben, die entweder ledrig oder hart war. Das Amnioten-Ei war eine der vielen ganz großen Entwicklungen der Evolution. Ohne sie hätte es keine Reptilien und damit auch keine Dinos gegeben – und außerdem keine Säugetiere.

Amphibamus, ein Amphib des Oberen Karbons, ist nur zwölf Zentimeter lang. Das Tier ähnelt verblüffend heutigen Salamandern.

Riesenlibelle Meganeura

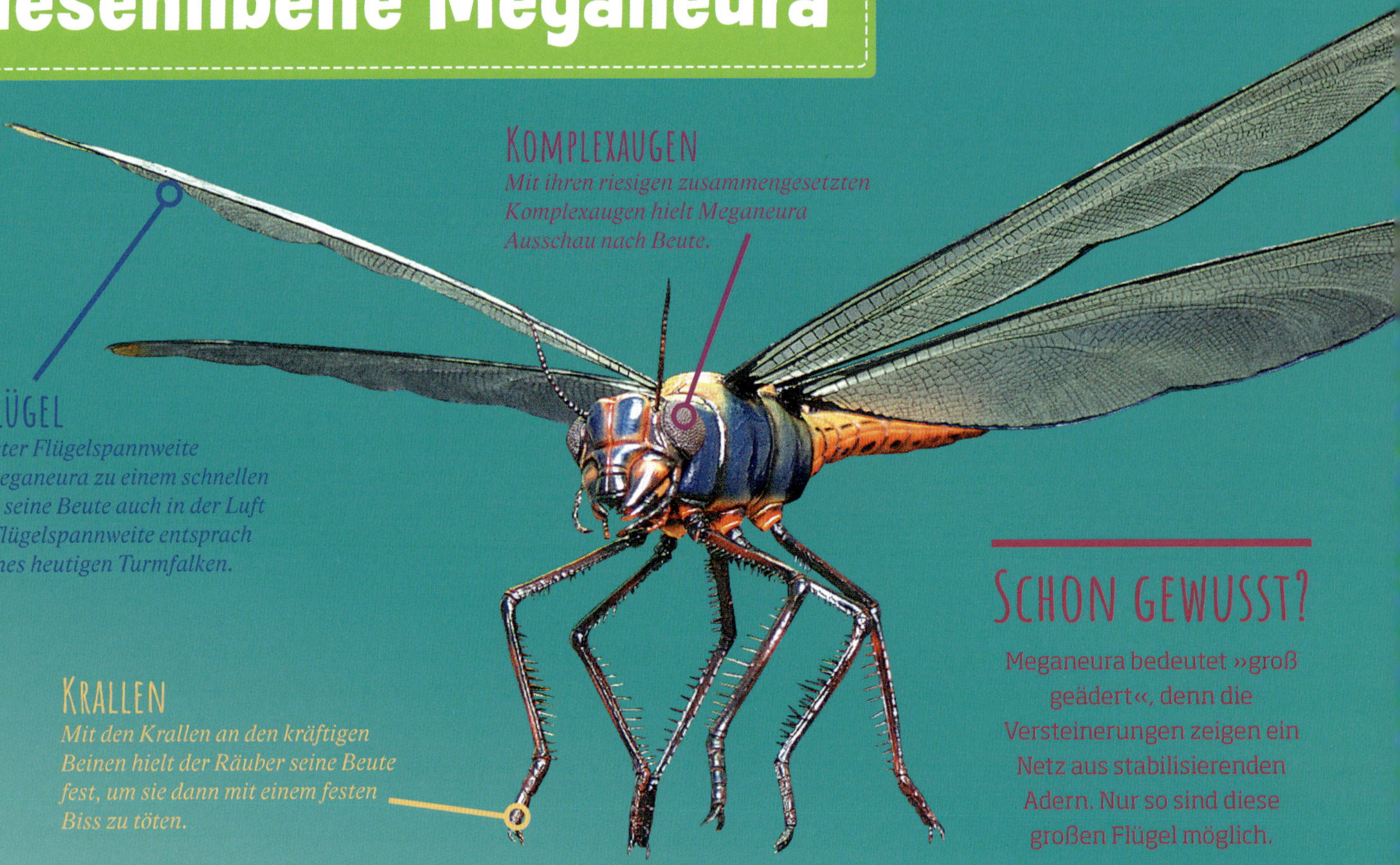

SCHON GEWUSST?

Meganeura bedeutet »groß geädert«, denn die Versteinerungen zeigen ein Netz aus stabilisierenden Adern. Nur so sind diese großen Flügel möglich.

Die üppigen Wälder des Karbons waren die Heimat von Meganeura. Mit ihren riesigen Komplexaugen hielt sie Ausschau nach Beute, die sie geschickt auch im Flug fangen konnte.

Lange vor Flugsauriern, Vögeln und Fledermäusen eroberten Insekten den Luftraum. Die größten fliegenden Insekten waren Riesenlibellen, darunter Meganeura, die im Oberkarbon vor 300 Millionen Jahren durch die Lüfte knatterten. Andere fliegende Insekten werden später eine wichtige Rolle bei der Bestäubung von Blütenpflanzen einnehmen – und auch als Nahrung für kleinere fleischfressende Dinosaurier und Säugetiere dienen.

Riesenflügel

Meganeura hat eine Flügelspannweite von bis zu 75 Zentimeter und einen entsprechend großen Körper. Die heute lebenden Libellen sind deutlich kleiner als Meganeura – sie haben eine Spannweite von maximal 14 Zentimetern. Der Grund dafür: Im Karbon enthielt die Luft viel mehr Sauerstoff als heute. So konnten auch größere Insektenkörper ausreichend mit Sauerstoff versorgt werden.

Geschickter Räuber

Wie heutige Libellen konnte Meganeura die vorderen Flügel unabhängig von den hinteren Flügeln schlagen und so geschickte Manöver fliegen. Sie konnte rückwärts fliegen, in der Luft stehen und ganz plötzlich die Richtung ändern – und so jedes Beutetier auch in der Luft greifen und fressen.

Ammoniten

Fossile Ammoniten haben meist ein Spiralgehäuse, das wie ein Schneckengehäuse aussieht. Aber sie sind keine Schnecken. Ammoniten sind Kopffüßer mit Gehäuse, also Weichtiere wie heute lebende Tintenfische – jedoch mit einer schützenden harten Schale. Am nächsten verwandt sind sie mit dem heute noch lebenden Nautilus. Wie Nautilus lebten auch die Ammoniten in der vordersten Wohnkammer. Dort saß der weiche Körper mit seinen Tentakeln. Die hinteren Kammern waren mit Luft gefüllt und gaben dem schweren Tier den nötigen Auftrieb, sodass es im Wasser schwebte. Als Antrieb nutzten Ammoniten das Rückstoßprinzip, indem sie Wassermassen ausstießen. Wenn sie wuchsen, bauten sie einfach eine neue und größere Kammer an und zogen in diese ein.

Zwerge und Riesen

Ammoniten existierten bereits vor 400 Millionen Jahren in den urzeitlichen Meeren und starben vor 66 Millionen Jahren aus. Ihre Gehäuse gibt es in allen Größen. Manche messen nur einen Zentimeter, andere sind größer als ein erwachsener Mensch. Das größte jemals entdeckte Gehäuse hat einen Durchmesser von mehr als zweieinhalb Metern. Der Ammonit dürfte zu Lebzeiten 1,4 Tonnen gewogen haben.

Leitfossilien

Ammoniten sind sogenannte Leitfossilien und werden zur Altersbestimmung von Bodenschichten herangezogen. Aus Form und Bauweise des Gehäuses lässt sich auf das Alter schließen.

Ammoniten fanden sich in allen Urmeeren rund um den Globus. Dieser Riesenammonit wurde in Deutschland gefunden und kann in Münster im Westfälischen Museum für Naturkunde bestaunt werden.

Die Welt des Perms

Im Perm, das vor 299 Millionen Jahren begann und vor 252 Millionen Jahren endete, gab es nur einen einzigen großen Superkontinent mit Namen Pangäa. Zudem waren Teile der Südhalbkugel vereist. Im Oberperm ließ eine globale Erwärmung die Eismassen abschmelzen und der Meeresspiegel stieg – so wurden die Küsten grüner.
Doch die Regionen im Zentrum des Superkontinents, insbesondere am Äquator, waren so weit von den Wassermassen entfernt, dass sie kaum Regen erreichte. Hier erstreckten sich weite Wüsten. In den höheren Breiten wuchsen neben Nadelbäumen Glossopteris-Pflanzen, die sehr gut an die jahreszeitlichen Temperaturschwankungen angepasst waren. Sie warfen zum Schutz vor der Kälte ihre Blätter ab, so wie heutige Laubbäume das meist tun. Richtige Laubbäume und blühende Pflanzen gab es noch nicht. In der Nähe von Gewässern lebten Amphibien, weiter entfernt Reptilien, die besser mit Trockenheit zurechtkommen.

Pareiasaurus

Der bis zu zweieinhalb Meter lange und fast 600 Kilo schwere Pareiasaurus gehörte zu den Sauropsiden und ist somit ein frühes Reptil. Allerdings waren die Beine nicht seitlich, sondern weiter unten am Rumpf angebracht, sodass er aufrecht gehen konnte. Vermutlich fraß er Pflanzen, die an Flussufern wuchsen. Pareiasaurier lebten am Wasser und schwammen sicher auch darin.

Landwirbeltiere des Perms

Man unterscheidet grob zwei große Gruppen an Landwirbeltieren im Perm – und beide waren Amnioten: die Synapsiden und die Sauropsiden. Aus den Synapsiden entwickelten sich die Säugetiere, aus den Saurapsiden das, was wir allgemein als Reptilien bezeichnen, darunter auch die Dinosaurier bis hin zu den Vögeln.

Schon gewusst?

Im gesamten Perm gab es keinen einzigen Dinosaurier. Die tauchten erst in der darauf folgenden Trias auf.

Moschops

Moschops hatte einen massigen Kopf, einen fassartigen Körper und stämmige Beine. Er lebte im Oberen Perm in dem Teil Pangäas, der später Afrika wurde. Der Pflanzenfresser lebte vermutlich in Herden und war so etwas wie die Kuh des Perms. Moschops entwickelten sich aus den Synapsiden des frühen Perms.

Gefährliches Dimetrodon

Die Gattung Dimetrodon sieht aus wie ein Dino, ist aber keiner. Es gibt mehrere Arten, die im Perm und damit lange vor den Dinos lebten. Dimetrodon konnte über vier Meter lang und 250 Kilogramm schwer werden. Der Fleischfresser war eines der ersten großen Landraubtiere und ist leicht an seinem Rückensegel zu erkennen. Auch wenn das Dimetrodon das bekannteste Tier des Perms ist, gab es noch eine Reihe weiterer interessanter Tiere. Die für uns wichtigste Tiergruppe des Perms sind die Therapsiden.

OPHIACODON

Ophiacodon war ein drei Meter langer Räuber, der sich in den Sümpfen des frühen Karbons und des Unteren Perms herumtrieb und Fische, Amphibien und andere kleinere Tiere jagte. In seinem Maul saßen 170 spitze Zähne.

Aktive Therapsiden

Im Perm entwickelten sich die Therapsiden. Das sind Reptilien, die bereits einige Merkmale der Säugetiere haben. Sie hatten eine aufrechtere Haltung als so manche Reptilien. Ihre Beine waren so unter dem Körper angebracht, dass sie leichter laufen und dabei auch atmen konnten – das machte sie zu beweglichen und aktiven Tieren. Vor allem hatten sie unterschiedliche Zähne für unterschiedliche Funktionen: Vorne saßen Schneidezähne, dann kamen Eckzähne und hinten die Backenzähne.

Diplocaulus

Vom Hals an abwärts sieht das einen Meter lange Tier aus wie ein großer Salamander. Auf dem Körper aber sitzt ein merkwürdiger Kopf mit seitlich abstehenden, flachen Hörnern. Vielleicht diente der Kopf als Tragfläche, die dem Tier Auftrieb gab, sodass es im Wasser leicht auf- und abtauchen konnte.

Sie kamen und verschwanden

Die Therapsiden entwickelten sich im Perm und wurden zu einer der mächtigsten und gefürchtetsten Tiergruppen an Land. Doch sie verschwanden noch zu Beginn des Erdmittelalters nahezu vollständig. Nur eine Familie überlebte. Aus ihr haben sich schließlich die Säugetiere gebildet. Das bedeutet ganz klar: Ohne Therapsiden gäbe es keine Menschen.

EDAPHOSAURUS

Er hatte ein ähnliches Rückensegel wie Dimetrodon. Das Segel dürfte eine ähnliche Funktion gehabt haben – nämlich zur Regulierung der Körperwärme und für das Balzen. Doch Edaphosaurus ernährte sich nur von Pflanzen.

Dimetrodon – das Tier mit dem Segel

Auch wenn dieses Tier stark an einen Dinosaurier erinnert: Es ist gar keiner! Die Gattung Dimetrodon umfasst mehrere unterschiedliche Arten und zählt zu den Synapsiden, ist also mit den Säugetiervorfahren verwandt. Das Dimetrodon lebte im Perm, etwa vor 299 bis vor 272 Millionen Jahren – lange bevor die ersten Dinosaurier auftraten. Die größten Arten von Dimetrodon wurden über vier Meter lang und wogen 250 Kilogramm, so viel wie ein Sibirischer Tiger. Der Blick auf seine Zähne verrät, dass es Fleisch fraß. Mit den gezackten Zähnen konnte das Tier leicht die Haut von Beutetieren durchtrennen und das Muskelfleisch zerlegen. Es war eines der ersten großen Landraubtiere.

Was für ein Segel!

Wofür genau die langen Wirbelfortsätze gut waren, ist unklar. Lange Zeit ging man davon aus, dass darüber Haut gespannt war und sich die Tiere morgens in der Sonne schneller aufwärmen konnten – gewissermaßen ein Solarsegel. Heute nimmt man an, dass dieses Rückensegel bei der Balz eine Rolle gespielt hat, etwa um Fortpflanzungspartner zu beeindrucken. Weil so ein Segel auch Größe und Kraft vortäuscht, konnte man damit bestimmt gut Rivalen einschüchtern.

Bei einigen Fossilien weisen die Spitzen der Wirbelfortsätze Schrammen auf, was darauf hindeutet, dass diese obersten Teile aus dem Rückensegel herausragten und nicht mit Haut bedeckt waren.

Unglaublich!

Das Segel des Dimetrodons konnte eineinhalb Meter hoch sein. Der größte Schädel, der bisher gefunden wurde, ist einen halben Meter lang.

Zeig mir deine Zähne!

Dimetrodon hatte ein sogenanntes heterodontes Gebiss. Das bedeutet: Je nachdem, wo sich die Zähne im Kiefer befinden, sind diese unterschiedlich geformt. Das unterscheidet Dimetrodon von echten Reptilien, deren Zähne in jeder Kieferposition gleich aussehen. Aus den Synapsiden entwickelten sich dann die komplexer gebauten Gebisse der Säugetiere. So haben wir Menschen Schneidezähne, Eckzähne und zwei Sorten von Backenzähnen, nämlich die Prämolaren und die weiter hinten sitzenden Molaren.

Größenvergleich

Die kurzen Beine des Dimetrodons waren nicht für langes und schnelles Laufen gemacht. Sein Lebensraum waren Feuchtgebiete.

STECKBRIEF

KEIN DINO!

Dimetrodon

Bedeutung: »Zähne in zwei Größen«

Gruppe: Synapsiden

Zeit: vor 299 bis 272 Millionen Jahren, Perm

Lebensraum: Sümpfe

Länge: etwa 1,7 bis 4,6 Meter

Gewicht: bis zu 250 Kilogramm

Fundorte: Nordamerika, Deutschland

Nahrung: Fleisch, z. B. Fische, Amphibien und Reptilien

Aufrecht durch das Perm

Das zusammengefügte Skelett eines Dimetrodons mit den typischen langen Wirbelfortsätzen. Dimetrodon wurde früher manchmal mit abgespreizten Beinen dargestellt, sodass der Bauch auf dem Boden schleifte. Heute geht man davon aus, dass das Tier aufrecht ging. Wir wissen das von einem Spurenfossil, das die Fußabdrücke, aber keine Schleifspuren des Bauchs zeigt.

Das große Sterben

Das Leben auf unserem Planeten hat eine lange und wechselhafte Geschichte hinter sich. Vor 252 Millionen Jahren an der Grenze der beiden Erdzeitalter Perm und Trias kam es zum dritten und größten Massenaussterben in der Erdgeschichte: zur Perm-Trias-Krise. Die meisten Lebensformen verschwanden und machten Platz für neue Entwicklungen, aus denen letztlich die Dinosaurier und die Säugetiere hervorgingen. Man schätzt, dass innerhalb weniger Tausend Jahre 95 Prozent der Lebensformen im Ozean verschwanden und etwa drei Viertel aller auf dem Land lebenden Arten.

Verflixtes Kohlendioxid

Wenn Vulkane große Mengen an Kohlendioxid ausstoßen, führt das zum einen zu einer Erwärmung der Atmosphäre und der Meere und zum anderen zu einer Versauerung der Meere. Denn wenn sich Kohlendioxid in Wasser löst, entsteht Kohlensäure. Beides – Erwärmung und Versauerung – ist für kalkbildende Organismen schädlich, so für Korallen, Muscheln und Ammoniten. Weil bei höheren Temperaturen chemische Reaktionen schneller ablaufen und durch den Kohlendioxidgehalt der Luft auch mehr Kohlensäure abregnet, verwittern und zersetzen sich Kalkgesteine schneller. Sie lösen sich im Wasser auf und überdüngen die Meere mit Nährstoffen. Das führt dazu, dass der Sauerstoffgehalt der Ozeane sinkt und alle Stoffkreisläufe und Nahrungsketten sich verändern.

Sibirischer Trapp

Es waren also chemische Prozesse, die durch extremen Vulkanismus in Gang gesetzt wurden. Wenn hier von Vulkanismus gesprochen wird, dann ist nicht ein einzelner Ausbruch gemeint. Es war vielmehr eine gewaltige Eruption in Sibirien, die sich über viele Tausend Jahre und über eine enorm große Fläche ereignet hat. Mehr als 100 000 Gigatonnen Kohlendioxid sollen dabei freigesetzt worden sein. Eine Gigatonne sind eine Milliarde Tonnen, also 1 000 000 000 Tonnen. Das ist eine unvorstellbare Menge des schädlichen Treibhausgases. Und das innerhalb von nur einigen Tausend Jahren, also in vergleichsweise kurzer Zeit! Das sorgte für einen Anstieg der Temperatur von bis zu zehn Grad Celsius. Dieses vulkanische Ereignis hat auch einen Namen: Sibirischer Trapp. Aber das war erst der Anfang – es sollte noch schlimmer kommen.

Kohle brennt

Das vulkanische Kohlendioxid allein kann die Katastrophe allerdings nicht erklären – es wäre zu wenig gewesen. Die heiße flüssige Lava setzte vielmehr unterirdische Kohleschichten in Brand, die sich im Karbon aus den Sumpfwäldern gebildet hatten. Der im Karbon gespeicherte Kohlenstoff wurde so zu weiterem Kohlendioxid verbrannt.

Vor 252 Millionen Jahren an der Perm-Trias-Grenze ereignete sich die schwerste Umweltkrise der Erdgeschichte. Vulkanismus unvorstellbaren Ausmaßes in Sibirien führte zu einem Treibhauseffekt und zu steigenden Meerestemperaturen – und löschte viele Arten im Ozean und an Land aus.

Die Evolution brachte im Perm seltsame Tiere hervor. Die meisten Tiere kamen bei dem größten Massenaussterben des Planeten ums Leben, ohne Nachkommen zu hinterlassen.

Meere versauern

Die Meere wurden wärmer und versauerten. Nährstoffe wurden vermehrt in die Ozeane gespült. Algen vermehrten sich zunächst im Übermaß und starben dann ab. Die Nahrungskreisläufe brachen zusammen. Der Sauerstoffgehalt sank – für viele Tiere bedeutete das den Tod. Lediglich Purpur-Bakterien fühlten sich im sauerstoffarmen Wasser wohl. Sie produzieren Schwefelwasserstoff, ein giftiges Gas für Pflanzen und vor allem Tiere. Schwefelwasserstoff erkennen wir an seinem Geruch oder vielmehr Gestank: Es riecht nach faulen Eiern.

Zusammenbruch

Das pflanzliche Plankton in Form von Mikroalgen starb ab. Dann das tierische Plankton, das sich bis dahin von pflanzlichem Plankton ernährt hatte. Kleine Fische verhungerten, große auch. Nahezu die ganze Nahrungspyramide der Meere brach zusammen. An Land sank der Sauerstoffgehalt auf unter 15 Prozent. Die Tiere litten an Atemnot. Leben auf dem Land war nur noch in einem schmalen Streifen auf Meereshöhe möglich.

Das Massenaussterben markiert zugleich das Ende des Paläozoikums, des Erdaltertums, und den Beginn des Mesozoikums, des Erdmittelalters. Im Mesozoikum breiten sich neue Reptilien aus, darunter auch die Dinosaurier.

Mesozoikum – Zeitalter der Dinos

Das Perm-Trias-Ereignis war ein gewaltiger Einschnitt in der Geschichte des Lebens. Es fegte den Großteil aller Arten vom Planeten und bereitete die Bühne für das, was danach kam: die Entwicklung der Dinosaurier und ihre Herrschaft über fast das gesamte Erdmittelalter hinweg.

Zäher Anfang

Wir werden nun in die Welt der Dinosaurier eintauchen und sehen, dass es anfangs nicht wirklich gut um sie stand. Sie hatten starke und gefräßige Konkurrenz, vor der sie sich in Acht nehmen mussten. Richtig erfolgreich wurden die Dinosaurier erst, als ihnen ein weiteres, diesmal kleineres Massenaussterben zu Hilfe kam. Schlecht für andere Tiere, gut für die Dinos!

Erfolgsdinos

Die Dinosaurier beginnen klein und werden erst später zu Giganten wie Allosaurus und Sauropoden. Sie entwickeln eine enorme Vielfalt – schätzungsweise mehr als 1 500 Arten sind heute bekannt und beinahe wöchentlich wird eine neue Art entdeckt. Die Paläontologie hat in den letzten 20 bis 30 Jahren enorme Fortschritte gemacht. Und so wissen wir heute, wie das Leben der Dinos ausgesehen hat. Wir wissen, warum manche zu Riesen heranwuchsen und andere klein blieben. Von einigen Dinosaurierarten kennen wir ihre Kindheit, wie sie heranwuchsen, wie sie sich später als Eltern verhielten und was sie den ganzen Tag lang am liebsten taten. Wir verfolgen, wie sich die Dinosaurier im Laufe von über 165 Millionen Jahren im Erdmittelalter entwickelt haben.

Die anderen

Und da waren auch noch andere Saurier, die keine Dinos waren – Flugsaurier und Meeressaurier –, andere Landreptilien sowie die Vorgänger der Säugetiere. Wie wohl die Vorfahren des Menschen aussahen, die im Schatten von T. rex und Co lebten?

Das Erdmittelalter

Vor 252 Millionen Jahren beginnt das Erdmittelalter – oder wie die Fachleute sagen, das Mesozoikum. Das Erdmittelalter wird 186 Millionen Jahre andauern, bis eine weitere Katastrophe vor 66 Millionen Jahren auch diese Ära beendet. Mehr als 165 Millionen Jahre, also einen Großteil dieser Zeit, existieren auch Dinosaurier. Mit dem Ende der Trias werden sie sogar zur beherrschenden Gruppe der Landwirbeltiere.

Drei Perioden

Die Ära des Mesozoikums wird in drei Perioden unterteilt – in Trias, Jura und Kreide. Die Trias folgt unmittelbar auf das Perm, beginnt vor 252 Millionen Jahren und endet vor 201 Millionen Jahren. Es folgt das Jura, das von vor 201 bis vor 145 Millionen Jahren dauert und schließlich die Kreidezeit vor 145 Millionen bis vor 66 Millionen Jahren. Offiziell spricht man von den drei Perioden, wenn auch umgangssprachlich oft von den drei Zeitaltern Trias, Jura und Kreide gesprochen wird.

Erste Dinos

Das Erdmittelalter wird auch das Zeitalter der Reptilien genannt, oft auch das Zeitalter der Dinosaurier. Die ersten Dinosaurier treten in der Mitte der Trias auf. Zunächst sind sie eine eher unbedeutende Tiergruppe. Andere landlebende Reptilien, die viel größer, kräftiger und gefräßiger sind, beherrschen den Planeten. Eines der berüchtigtsten Reptilien ist Postosuchus, das mit den Krokodilen verwandt ist.

Dinos breiten sich aus

Am Ende der Trias beendet ein Massenaussterben die Vorherrschaft dieser krokodilartigen Reptilien und es setzen sich die Dinosaurier durch. Das sind zwar ebenfalls Reptilien, aber eben andersartige. Sie konnten sich nun im Jura und später in der Kreide zu einer enorm vielfältigen Tiergruppe entwickeln. Unter ihnen waren auch die größten Landlebewesen, die bis heute auf dem Planeten gelebt haben: die Sauropoden, auch Langhalssaurier genannt.

Die Verteilung der Landmassen veränderte sich im Erdmittelalter dramatisch und damit auch die Lebensbedingungen. Erst brach Pangäa in zwei große Kontinente auf: in das nördliche Laurasien und das südliche Gondwana.

Als die ersten Dinosaurier auftauchten, bestand die Erde aus einem einzigen Superkontinent, der heute den Namen Pangäa trägt. Die große Bucht im Osten (hier rechts) wird Thetysmeer genannt.

Andere Tiere

Dinosaurier waren nicht die einzige Tiergruppe im Erdmittelalter. An Land gab es auch kleinere wirbellose Tiere, etwa Insekten, Spinnen, Hundertfüßer und Würmer. Außerdem existierten Wirbeltiere wie Frösche und Lurche, Echsen, Krokodile und Schildkröten. Eine besondere Gruppe von Reptilien konnte sogar fliegen: die Pterosaurier. In den Ozeanen wimmelte es von wirbellosen Tieren und Wirbeltieren wie Fischen und mal kleinen, mal riesigen Meeresreptilien.

Säuger halten sich im Hintergrund

Und da waren auch noch behaarte Säugetiere. Sie entwickelten sich mit den Dinosauriern – waren aber noch klein und unauffällig. Die meisten waren kleiner als ein Eichhörnchen. Aber die Evolution stattete sie bereits jetzt mit Merkmalen aus, die ihnen sehr viel später, nach dem Ende des Erdmittelalters, von Vorteil sein werden. Die Merkmale werden ihnen helfen, sich über den ganzen Planeten auszubreiten und viele Lebensräume zu besetzen.

Bewegte Kontinente

Die Erde ist ein Gesteinsplanet mit einer festen äußeren Kruste. Doch das Innere ist glühend heiß. Die nur wenige Kilometer dicke erstarrte Erdkruste schwimmt auf einem glühend heißen Erdmantel, der ständig in Bewegung ist. Die Erdkruste besteht aus mehreren Platten, die auf dem zähflüssigen Erdmantel driften wie Holzflöße auf dem Wasser. Mehrmals in der Erdgeschichte stoßen sie zusammen und bilden große Superkontinente. Dann wieder brechen diese Landmassen auseinander und die Bruchstücke entfernen sich voneinander. So verändert sich die Erdoberfläche ständig. Wo Kontinente aufeinanderkrachen, türmen sich Gebirge wie der Himalaja auf. Die schweren Platten der Meeresböden tauchen unter kontinentale Platte und lassen dort ebenfalls Gebirge und Vulkanismus entstehen. So wie sich die Landmassen verändern, verändern sich auch die Ozeane und das Klima auf unserem Planeten.

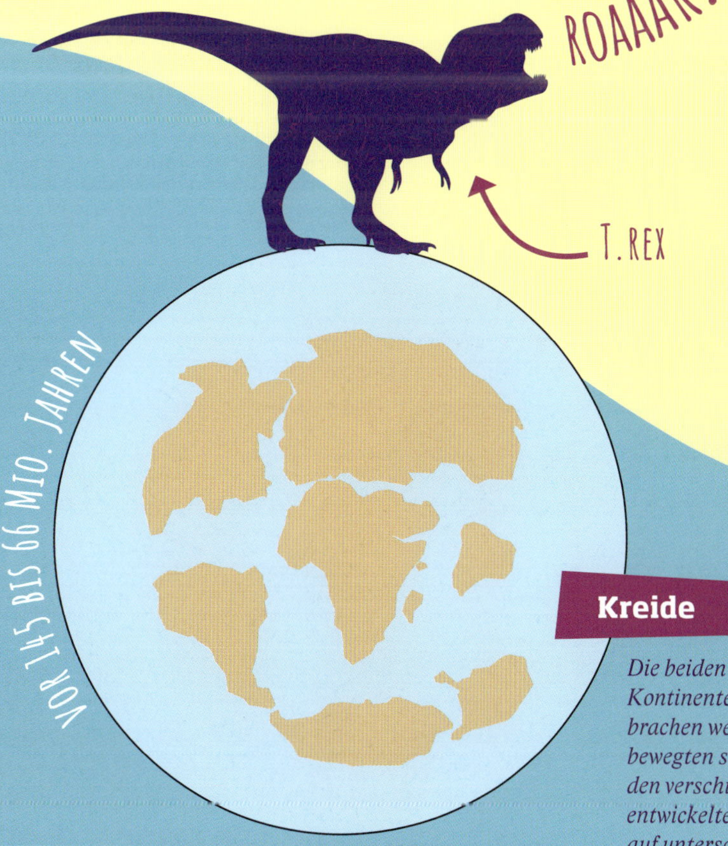

Kreide

Die beiden immer noch großen Kontinente Laurasien und Gondwana brachen weiter auseinander und bewegten sich voneinander weg. Auf den verschiedenen kleineren Kontinenten entwickelten sich nun die Dinosaurier auf unterschiedliche Weise.

Die Welt der Dinosaurier

Im Laufe des Erdmittelalters wandelten sich das Gesicht der Erde und ihr Klima extrem. Im Durchschnitt war es im Erdmittelalter deutlich wärmer als heute. Doch mit den driftenden Kontinenten änderte sich das Klima und war dann von Ort zu Ort unterschiedlich. Dazu trugen auch große Vulkanausbrüche bei, die das Treibhausgas Kohlendioxid in großen Mengen ausstießen und so die Atmosphäre veränderten. Der Klimawandel ist der treibende Motor der Evolution: Das Leben passt sich an immer neue Umweltbedingungen an.

Grüner Planet

Je nach Zeitalter dehnten sich trockene Wüsten aus, andernorts wiederum üppiges Grün. Die Landschaften des Erdmittelalters sahen anders aus als heute. Bis zur Kreidezeit gab es keine Blütenpflanzen und somit auch keine Gräser. Statt Grassteppen wuchsen Schachtelhalme, seltsam aussehende Bärlappgewächse, Farne und Baumfarne sowie Nadelbäume.

Lebensräume der Dinosaurier

Dinosaurier besetzten die unterschiedlichsten ökologischen Nischen, also Lebensräume. Manche Dinos lebten in den kälteren Polarregionen und überlebten auch harte Winter. Andere waren in den heißen und feuchten Tropen zu Hause. Das verraten versteinerte Pflanzen, die zum Teil neben den Dinosaurierfossilien gefunden wurden. Größe und Form der Blätter verraten, ob die Umgebung eher feucht oder trocken gewesen ist.

An der Küste

Viele Dinosaurier lebten in den feuchten Küstenregionen, so wie diese drei Parasaurolophus.

Parasaurolophus

Im Wald

Vor allem kleinere Dinosaurier wie Archaeopteryx fanden in den Wäldern ausreichend Nahrung: Insekten, kleinere Echsen und hin und wieder auch ein Säugetier.

Archaeopteryx

Alamosaurus

Am Waldrand

Im Jura erstreckten sich an den Küsten und Flussläufen grüne Wälder. Langhalsige Sauropoden ernährten sich von Nadeln und Blättern. Ihnen folgten riesige Fleischfresser wie Allosaurus.

In der Wüste

Einige Dinosaurier kamen auch in trockeneren Umgebungen zurecht. So wurden brütende Dinosaurier auf ihrem Gelege gefunden, die offenbar von einer Sanddüne oder einem Sandsturm überrascht wurden.

Gigantoraptor

Stammbaum der Dinosaurier

Die ersten Dinosaurier erschienen in der Mitte der Trias vor etwa 245 Millionen Jahren. Es handelte sich um zweibeinige Räuber. Zu dieser Zeit waren Dinosaurier noch kleine Tiere, die im Schatten größerer Landreptilien lebten – darunter waren auch Räuber, die den Dinosauriern gefährlich werden konnten.

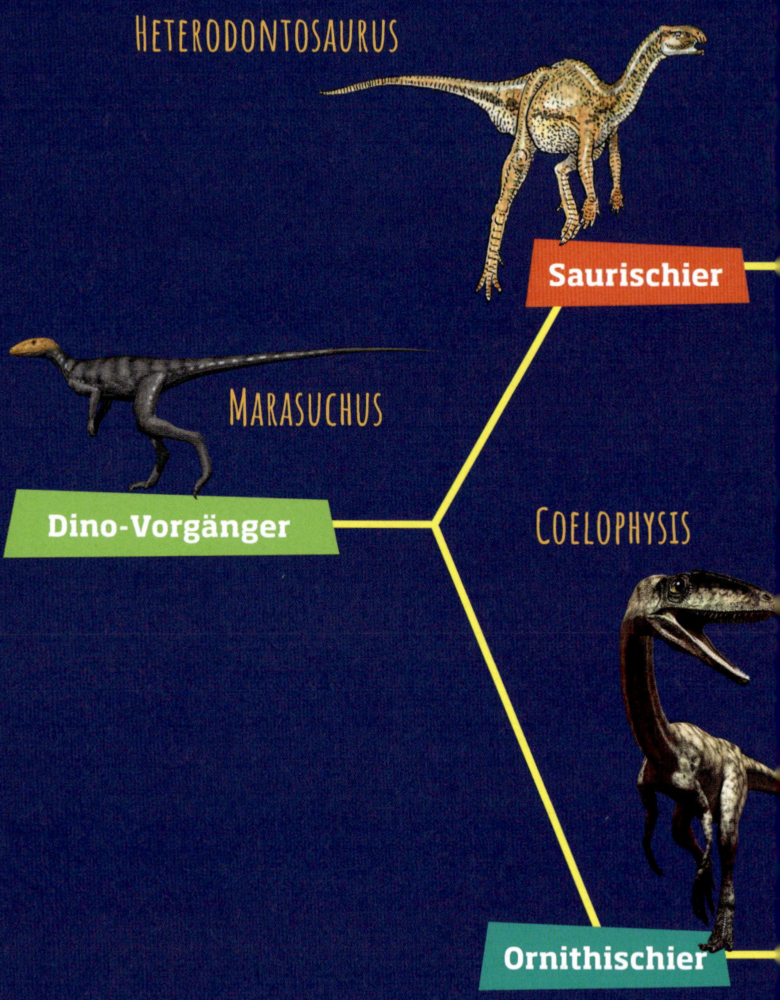

Erfolgreich durch Zufall?

Vor 225 Millionen Jahren begannen sich die Dinosaurier in verschiedene Gruppen aufzuspalten. Nach und nach besetzten sie nahezu alle Ökosysteme des Festlands, also ganz unterschiedliche Lebensräume. Manche wagten sich für kurze Zeit auch ins Wasser. Grundsätzlich aber gilt, dass Dinosaurier Landreptilien sind. Ihr Körperbau ist ein wichtiger Teil für ihren Erfolg, insbesondere die Anbringung der Beine am Rumpf. Da die Beine senkrecht unter dem Körper standen und nicht seitlich angebracht waren, wie bei anderen Reptilien, konnten sie sich schneller und energiesparender bewegen. Und die Beine konnten so die immer größeren und schwereren Körper tragen. Doch spielte auch der Zufall, wie so oft in der Evolution, eine Rolle. Wahrscheinlich haben Klimaveränderungen in der späten Trias zum Aussterben von Konkurrenten geführt und den Dinosauriern Platz gemacht. Nun konnte sich eine ungeheure Vielfalt an Fleisch- und Pflanzenfressern entwickeln. Einige bewegten sich nach wie vor auf zwei Beinen fort, andere auf vier Beinen. Es gab große und kleine Dinosaurier und auch solche, die fliegen konnten, darunter der Urvogel Archaeopteryx und moderne Vögel. Doch diese fliegenden Dinosaurier mit ihren gefiederten Flügeln dürfen wir nicht mit Flugsauriern verwechseln – das sind keine Dinos! Forschende versuchen, diese Entwicklungen in einen Stammbaum zusammenzufassen. Doch das ist nicht immer leicht und so werden stets neue Stammbäume diskutiert. Um es so einfach wie möglich zu halten, kann man die Dinosaurier auch nur ganz grob einteilen.

Das Becken macht's!

Eine klassische Einteilung der Dinosaurier erfolgt über die Form der Beckenknochen. Man unterscheidet Saurischier und Ornithischier. Das Becken der Saurischier oder Echsenbeckensaurier entspricht dem heutiger Echsen. Das Becken der Ornithischier oder Vogelbeckensaurier ist ähnlich wie das Becken heutiger Vögel gebaut. Lustigerweise sind die Vorfahren der Vögel nicht Vogelbeckensaurier, sondern Echsenbeckensaurier.

Untergruppen

Die beiden großen Gruppen der Ornithischier und Saurischier werden weiter in Untergruppen unterteilt. Die Ornithischier bestehen demnach aus den vierbeinigen Sauropodomorphen und den Theropoden. Zu Letzteren zählen die zweibeinigen Tyrannosaurier und die Vorfahren heutiger Vögel. Die Ornithischier umfassen verschiedene Gruppen an vierbeinigen und zum Teil zweibeinigen Dinosauriern: Stegosaurier, Ankylosaurier, Ornithopoden, Ceratopsier und Pachycephalosaurier. Auf dieser Seite findest du den groben klassischen Stammbaum, der jedoch nicht von allen Experten und Expertinnen geteilt wird.

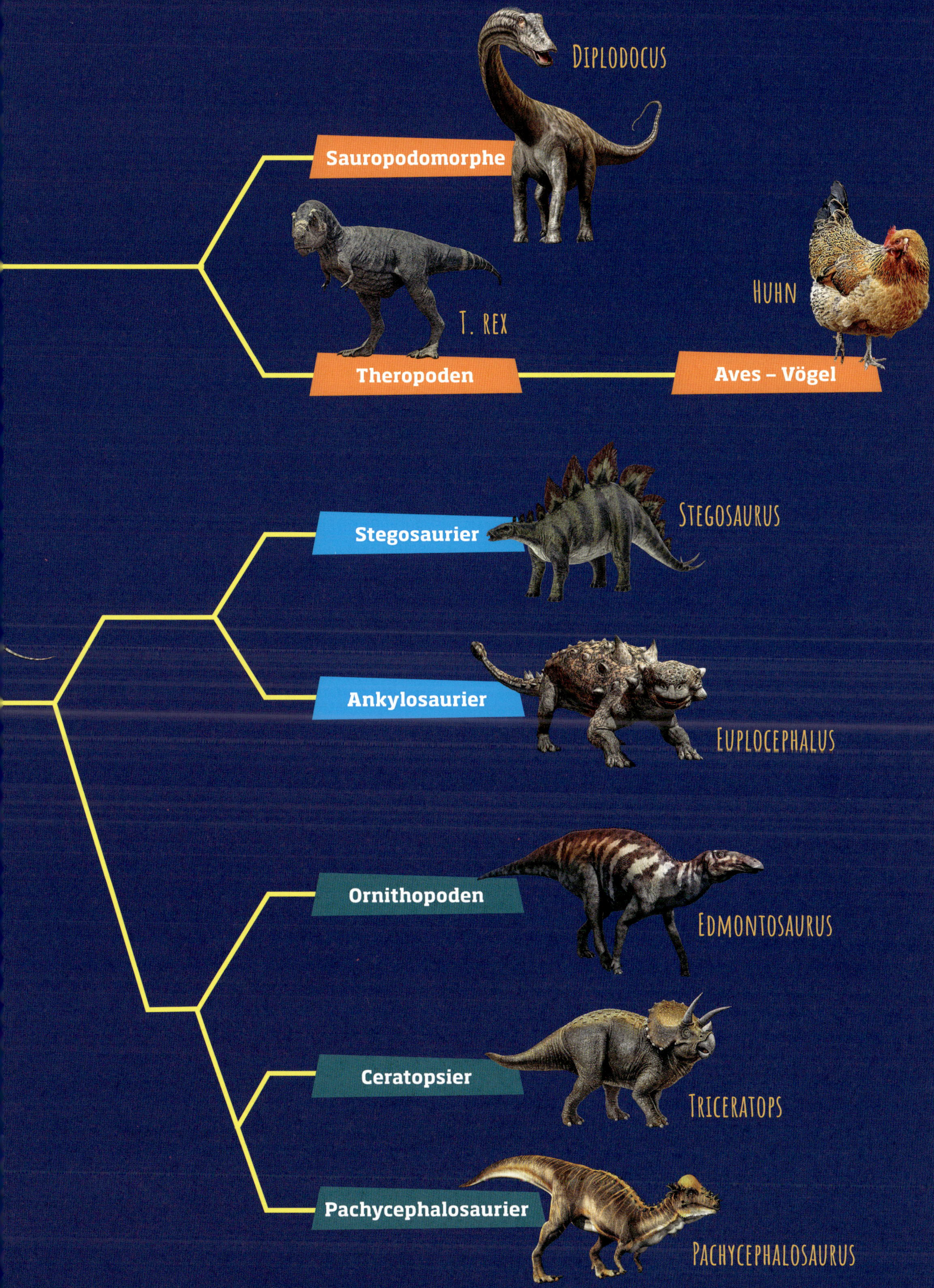
DIPLODOCUS
Sauropodomorphe
T. REX
HUHN
Theropoden
Aves – Vögel
Stegosaurier
STEGOSAURUS
Ankylosaurier
EUPLOCEPHALUS
Ornithopoden
EDMONTOSAURUS
Ceratopsier
TRICERATOPS
Pachycephalosaurier
PACHYCEPHALOSAURUS

Was Dinosaurier fraßen

Fleischfresser? Ja! Kannibale? Wohl eher nein. Coelophysis war zwei bis drei Meter lang und lief auf zwei Beinen. Gerne stellte man Coelophysis als Kannibalen dar, der die eigenen Jungtiere fraß. Doch dafür gibt es keinen Beweis. Die gefundenen Knochen im Bauch sind die eines krokodilartigen Tieres.

Welche Nahrung ein Tier aufnimmt, bestimmt auch seine Lebensweise und sein Verhalten. Man unterscheidet bei den Dinosauriern wie bei allen Tieren zwischen Herbivoren (Pflanzenfressern), Karnivoren (Fleischfressern) und Omnivoren (Allesfressern). Omnivoren fressen sowohl Pflanzen als auch Tiere. Bei den Fleischfressern reicht die Speisekarte von Würmern und Insekten über Echsen, kleinere Säugetiere, Fisch bis hin zu großen Beutetieren wie Entenschnabelsauriern oder Sauropoden sowie Aas.

Eine Sache der Zähne

Meist verrät die Form der Zähne, was ein Tier frisst. Die Zähne von Fleischfressern sind so gebaut, dass damit Beutetiere festgehalten werden können. Manchmal sind die Zähne an den Schnittkanten gezackt – so lassen sich Haut und Muskeln leicht durchtrennen. Die Zähne von Pflanzenfressern eignen sich manchmal nur zum Abrupfen von Blättern. Andere Pflanzenfresser haben zusätzlich Zähne zum Zerschneiden und Zermahlen von hartem Pflanzenmaterial. Bei den Fleischfressern verraten bewegliche Kiefer, dass sie das Maul weit aufreißen und auch größere Beutetiere im Ganzen hinunterschlucken konnten. Neben diesen indirekten Methoden, auf die Ernährung zu schließen, gibt es aber auch direkte Hinweise.

Die letzte Mahlzeit

Der direkteste Nachweis ist die fossilisierte letzte Mahlzeit im Bauch eines Fossils. So kann man ganze Fische oder die zerbissenen Knochen anderer Beutetiere im Bauchraum eines Fossils versteinert vorfinden. Manchmal lassen sich die Knochen sogar einer Tierart zuordnen. Aber Vorsicht! Das ist gar nicht so einfach und hat in einem Fall einen Dinosaurier fälschlicherweise als Kannibalen verdächtigt – man dachte also, dass er Tiere seiner eigenen Art gefressen hat. In zwei Fossilien des Fleischfressers Coelophysis wurden im Körper die versteinerten Knochen kleinerer Reptilien entdeckt. Die Forscher hielten sie zunächst für Jungtiere der eigenen Art. Da es sogar zwei Tiere waren, schloss man darauf, dass Kannibalismus bei dieser Art ganz normal war. Erneute Untersuchungen ordneten die kleinen Knochen jedoch den frühen Verwandten heutiger Krokodile zu. Es gibt also keinen Beweis für Kannibalismus bei Coelophysis.

Schon gewusst?

Auch bei Pflanzenfressern ist in Einzelfällen der Mageninhalt versteinert. So fand man beim Entenschnabelsaurier Edmontosaurus Baumrinde sowie Zapfen und Nadeln von Nadelbäumen.

Dino-Häufchen

Auch Dinos müssen mal ihr Geschäft verrichten und lassen da, wo es gerade drückt, ihr Häufchen zurück – je nach Art wird es wohl auch mal ein größerer Haufen gewesen sein. In den meisten Fällen wird Dino-Kot von Bakterien und Schimmelpilzen zersetzt oder von anderen Tieren wie Käfern fortgetragen. Tiere zertrampeln die Haufen, Regenwasser spült die Hinterlassenschaften weg und der Wind verweht die letzten Reste. Doch in einigen Fällen wird der Kot in Sediment eingebettet und versteinert. Paläontologen und Paläontologinnen interessieren sich für diesen versteinerten Kot und haben dafür auch einen schönen Fachausdruck gefunden: Koprolith. Die unregelmäßig geformten Koprolithen sehen aus wie Steine. Mal sind sie grau, dann wieder hell- oder dunkelbraun oder beinahe schwarz. Koprolithen stecken voller Informationen: In erster Linie finden sich darin Reste der Mahlzeiten. Sie verraten aber auch, welche Pflanzen damals wuchsen und welche Parasiten in den Därmen der Dinosaurier und anderer Tiere gelebt haben. Allerdings können die Forschenden einen Koprolith nicht immer zweifelsfrei einer Art zuordnen.

UNGLAUBLICH!

Zu den größten versteinerten Haufen eines Fleischfressers zählt einer, den wohl ein T. rex hinterlassen hat. Der länglich geformte Koprolith ist 44 Zentimeter lang!

DINO-HÄUFCHEN

Die weltberühmte Koprolithen-Expertin Karen Chin zerschneidet die versteinerten Dino-Häufchen in dünne Scheiben für das Mikroskop.

Karen Chin

Diese Frau liebt Dino-Kacke! Karen Chin ist eine Expertin für Koprolithen und weltweit für ihre Forschung bekannt. Unter dem Mikroskop sucht sie nach Pollen, Parasiten – und manchmal findet sie auch Käfer darin.

Mary Anning

Die berühmte englische Fossiliensammlerin Mary Anning hat sich als Erste mit fossilem Kot befasst. 1824 fand sie inmitten der Fossilien von Fischsauriern eigentümliche Gebilde, die Fischknochen enthielten. Gemeinsam mit dem Paläontologen William Buckland kam sie auf die Idee, dass die Fischsaurier sich von kleineren Fischen ernährten.

Pflanzenfresser – grünes Futter

Die Pflanzen in den Meeren, im Süßwasser und an Land stehen ganz am Anfang der Nahrungskette. Das ist heute so und so war es auch im Erdmittelalter. Pflanzen sammeln mit dem grünen Farbstoff Chlorophyll Sonnenenergie ein. Sie nutzen den biochemischen Prozess der Fotosynthese, um aus dem Kohlendioxid in der Luft und dem Wasser im Boden Zucker aufzubauen. Daraus wiederum gewinnen die Pflanzen Stärke und Zellulose. Pflanzenfresser ernähren sich von diesen Stoffen, indem sie Blätter, Früchte, Samen und Nüsse sowie Knollen fressen. Die Pflanzenfresser – Experten und Expertinnen sagen dazu auch Herbivoren – sind also die nächste Stufe der Nahrungskette. Pflanzenfresser werden dann von Fleischfressern gefressen. Und weil große Fleischfresser nicht allzu wählerisch beim Decken ihres Energiebedarfs sein dürfen, fressen sie neben großen und kleineren lebenden Pflanzenfressern auch Fleischfresser und sogar Aas. Und dann gibt es natürlich noch die Allesfresser, die sowohl Pflanzen als auch Fleisch vertilgen.

Der mit dem Vogelschnabel

Die Schnauze von Ankylosaurus endete in einem zahnlosen Hornschnabel, mit dem sich Pflanzenteile abzupfen ließen. Weiter hinten im Maul saß eine Reihe von Mahlzähnen. Im Gegensatz zu den Sauropoden kaute Ankylosaurus seine Nahrung also gründlich.

Vielfraß

Brachiosaurus war einer der ganz großen Sauropoden, die sich im Grunde von nährstoffarmer pflanzlicher Kost ernährten. Um diese schweren Körper aufzubauen und mit Energie zu versorgen, waren die Tiere ständig mit Fressen beschäftigt. Mit dem langen Hals erreichten sie zum einen die Blätter in den Baumkronen, an die die anderen Pflanzenfresser nicht herankamen. Zum anderen mussten sich die Tiere nicht viel bewegen, denn mit dem langen Hals konnten sie einen großen Bereich abweiden. Wer so viel Nahrung aufnimmt, hat natürlich keine Zeit zum Kauen. Sauropoden hatten Zähne, die sich zum Abrupfen, aber nicht zum Zermalmen von Blättern eigneten. Die eigentliche Verdauung fand in den riesigen Körpern statt. Bakterien halfen dabei, das pflanzliche Material chemisch zu zersetzen und für den Körper verfügbar zu machen. Der Bauch eines Sauropoden war ein einziger riesiger Gärtank.

Pflanzenfressende Dinosaurier

Pflanzenfresser übersteigen die Fleischfresser an der Zahl. Das gilt für Dinos im Erdmittelalter genauso wie für heute lebende Säugetiere. Ein Beispiel ist die Savanne Ostafrikas. Die Herden mit Antilopen, Gnus und Zebras sind riesig. Fleischfresser wie Löwen, Leoparden und Hyänen sind hingegen in der Minderzahl.

LEGUANZAHN

Der erste entdeckte Herbivore, also pflanzenfressende Dinosaurier, war das Iguanodon. Das Fossil wurde 1822 in England ausgegraben. Der Name bedeutet Leguanzahn. Allerdings waren die Zähne des elefantengroßen Iguanodon zwanzigmal größer als die Zähne heute lebender Leguane.

Einfach zu fressen

Was gibt es Einfacheres, als eine Pflanze zu fressen, ihre Früchte, Blätter, Samen und Nüsse zu knabbern? Pflanzen sind in der Regel fest im Boden verwurzelt. Sie haben keine Beine und können nicht davonlaufen. Sie beißen nicht und schlagen nicht um sich. Die Natur hat Pflanzen so ausgestattet, dass etwas Tierfraß sie in der Regel nicht weiter stört. Wird einem Tier ein Bein abgebissen, dann verblutet es oder stirbt an einer Entzündung. Tiere überleben schwere Verletzungen oft nicht. Bei Pflanzen sind alle Organe mehrfach vorhanden. Ein paar abgefressene Blätter oder der eine oder andere abgeknapste Zweig machen einer Pflanze wenig aus. Die Wunden verheilen, Blätter und Zweige wachsen nach. Oft ist es sogar nützlich – dann, wenn Tiere Früchte fressen und die Samen verbreiten. Pflanzen locken sogar mit besonders süßen und damit energiereichen Früchten

HARTE KOST

Dieser Ichthyornis war anders als seine fleischfressenden Vorfahren auf harte pflanzliche Kost spezialisiert. Der Urvogel fraß Samen und Nüsse, die er mit dem Schnabel knackte, so wie viele heutige Vögel. Er lebte vor 86 Millionen Jahren in Nordamerika.

Aber nicht alle Pflanzen sind so. Einige Pflanzen haben wirksame Mittel entwickelt, um nicht vollständig gefressen zu werden. Sie tun das mit Stacheln und Dornen, mit giftigen Stoffen oder mit einer harten Schale. Doch im gleichen Maße, wie die Evolution solche Abwehrmethoden entwickelt, bringt sie auch Pflanzenfresser hervor, die damit umgehen können. Die pflanzenfressenden Dinosaurier sind da keine Ausnahme.

Ungewollte Transporthelfer

Pflanzenfressende Dinosaurier werden zu Samen-Taxis – natürlich ohne es zu wissen. So fraßen sie Früchte und schieden die darin enthaltenen harten Samen an anderer Stelle mit ihrem Kot unverdaut wieder aus. Die Samen wurden sogar gleich mit Dünger abgesetzt und es konnten daraus neue Pflanzen keimen.

SCHON GEWUSST?

Zwei von drei Dinosaurierarten waren Pflanzenfresser. Sie stellten also die Mehrheit der mehr als 1500 bekannten Arten von Dinosauriern. Insgesamt gab es ein Vielfaches mehr an pflanzenfressenden Individuen als fleischfressende Karnivoren.

Fleischfresser – wir lieben Fleisch!

FLEISCHHUNGER

T. rex hat Hunger auf Torosaurus. Während die Großen miteinander kämpfen, machen sich kleinere Eierdiebe über das Torosaurusgelege her.

Wie bei heute lebenden Karnivoren, also Fleischfressern, gab es auch bei den fleischfressenden Dinosauriern unterschiedliche Vorgehensweisen, um an Nahrung zu kommen. Die einen jagten und erlegten Tiere, indem sie ihre Beutetiere verfolgten oder ihnen aus dem Hinterhalt auflauerten. Einfacher und weniger anstrengend war es, Aas zu fressen. Als Aas bezeichnet man bereits tote Tiere, die an Krankheit oder Alter gestorben sind oder von anderen Räubern erlegt wurden. Das war nicht nur weniger anstrengend, sondern auch die Verletzungsgefahr war viel geringer – denn tote Tiere wehren sich nicht. Die großen Spitzenräuber wagten sich an größere Beute wie Ankylosaurier, Sauropoden und sogar an andere Fleischfresser heran. Allerdings dürften sie eher die alten, geschwächten und kranken Tiere bevorzugt haben. Leicht zu erlegen waren auch Jungtiere. Kleinere Räuber hingegen ernährten sich von Würmern, Insekten, kleinen Echsen und Säugetieren. Es dürfte sogar kleinere karnivore Dinosaurier gegeben haben, die Termitenbauten aufbrachen und Termiten und deren Larven fraßen. Manche Dinosaurier wagten sich auch ins Wasser und ernährten sich überwiegend von Fischen.

Nahrhaft, aber anstrengend

Während Pflanzen in der Regel arm an Nährstoffen sind, ist Fleisch eine proteinhaltige und energiereiche Nahrung. So müssen Fleischfresser weniger essen und verdauen als vergleichbar große Pflanzenfresser. Allerdings ist die aktive Jagd ermüdend und enorm energieaufwendig. Räuber müssen schnell sein und damit rechnen, dass sich die Beute wehrt. Im Laufe der Evolution wurden die pflanzenfressenden Dinosaurier mit sehr wirksamen Waffen ausgestattet, sodass bei einem Kampf zwischen Räuber und Beute der Ausgang nicht immer feststand. So mancher Raubsaurier bezahlte die Jagd mit ernsthaften, manchmal sogar tödlichen Verletzungen.

SCHON GEWUSST?

Je höher ein Räuber in der Nahrungskette stand, umso weniger gab es von ihnen. Die Top-Prädatoren, die Spitzenräuber also, waren sehr viel seltener als die Pflanzenfresser. So ist es auch in heutigen Ökosystemen. Man muss sich nur ansehen, wie viele Antilopen es in der ostafrikanischen Savanne gibt und wie wenige Löwen.

Compsognathus

Der im späten Jura lebende Compsognathus war mit nur einem Meter Länge ein kleiner Theropode, der sich von entsprechend kleiner Beute ernährte. Da kleine Tiere eine im Vergleich zum Körpervolumen große Körperoberfläche haben, kühlen sie leicht aus. Sie müssen also viel energiereiche Nahrung zu sich nehmen. Möglicherweise hatten sie auch ein wärmendes Fell aus flauschigen Protofedern. Compsognathus jagte kleinere Wirbeltiere, etwa Echsen, Säugetiere und Dinosaurierbabys. Dabei halfen ihm die Hände mit den drei bekrallten Fingern, die sich wehrende Beute festzuhalten. Ziemlich sicher machte er sich auch über Kadaver – tote Tierkörper – her.

Spinosaurus

Der größte Theropode lebte während der Kreidezeit im nördlichen Afrika – dort, wo die wenigen bekannten Fossilien dieser Gattung gefunden wurden. Von der Schnauze bis zur Schwanzspitze maß Spinosaurus 16 Meter. Sein langer Schädel ähnelte dem eines Krokodils und enthielt eine Reihe von unterschiedlich langen spitzen Zähnen, mit denen er sogar zappelnde glitschige Fische fangen konnte. Vermutlich verschmähte er auch andere Beutetiere nicht, die er mit seinen kräftigen Armen und den mit drei Klauen bestückten Händen packte.

Carnotaurus

Der in Argentinien entdeckte Carnotaurus lebte in der späten Kreidezeit. Er wurde bis zu neun Meter lang und dürfte ein schneller Jäger gewesen sein – das jedenfalls lassen seine ausgesprochen langen Hinterbeine vermuten. Mit den kleinen Ärmchen konnte er jedoch nur wenig anfangen, denn sie waren zu kurz, als dass er damit Beute hätte festhalten können. Seine Kiefer, wie auch die Zähne, waren weniger kräftig als die von Tyrannosaurus. Wahrscheinlich tötete Carnotaurus nicht mit einem Todesbiss in den Nacken oder Hals, sondern mit einer Reihe schnell hintereinander gesetzter kleinerer Bisse. Vermutlich nahm er jede Fleischmahlzeit mit, die sich ihm bot, und fraß auch Aas.

Warmblütig oder wechselwarm?

UNTERSCHIEDLICHE LEBENSSTILE

Allosaurus war Warmblüter und verbrauchte viel Energie. Der wechselwarme Stegosaurier hingegen lebte energiesparender. Dafür war er auch langsamer und träger.

Wir Menschen, wie auch alle anderen heutigen Säugetiere, sind warmblütig. Im Gegensatz zu wechselwarmen Tieren halten Warmblüter ihre Körpertemperatur auf einer gleichmäßig hohen Temperatur, die über der Umgebungstemperatur liegt. Solche Tiere können zu allen Tageszeiten und Jahreszeiten aktiv sein. Gleiches gilt für Vögel. Sie sind immer startbereit und müssen sich nicht erst nach einer kalten Nacht in der Sonne aufwärmen. Heutige Reptilien wie Eidechsen oder Schlangen sind wechselwarm. Ihre Körpertemperatur sinkt und steigt mit der Temperatur ihrer Umgebung.

Vermutungen

Doch wie war das bei den Dinosauriern? Waren sie warmblütig wie Säugetiere oder wechselwarm wie Reptilien? Zunächst hielt man sie für eher träge und damit wechselwarme Tiere, dann wieder für warmblütige und somit lebhafte Tiere. Bei den zweibeinig laufenden räuberischen Dinosauriern wie T. rex vermutete man Warmblütigkeit. Denn wer auf die Jagd geht, muss auf Zack sein! Jäger brauchen deshalb einen hohen Stoffwechsel. Für eine Warmblütigkeit sprach, dass Fossilien von Dinosauriern ebenso in Regionen gefunden wurden, in denen auch im Erdmittelalter kalte Winter herrschten. Um dort zu überleben, mussten sie ihre Körpertemperatur aktiv regulieren. Sie mussten also warmblütig gewesen sein.

Gigantothermie oder echte Warmblütigkeit?

Inzwischen weiß man, welche Körpertemperatur die Dinosaurier wirklich hatten. Diese lässt sich indirekt und sogar viele Millionen Jahre nach ihrem Tod messen. Die Wachstumslinien in den Dinosaurierknochen und das Verhältnis von verschiedenen Atomen in fossilen Knochen geben Hinweise auf die Körpertemperatur. So schätzt man die Körpertemperatur bei den riesigen Sauropoden wie Brachiosaurus auf 36 bis 38 Grad Celsius. Aber handelte es sich dabei um echte Warmblütigkeit mit einer aktiven Temperaturregelung durch den Körper oder nur um einen Nebeneffekt der Körpergröße? Da große Tiere wie Sauropoden, aber auch Tyrannosaurus im Vergleich zu ihrem Volumen eine geringe Körperoberfläche haben, geht weniger Wärme verloren als bei einem kleinen Tier. Die Hitze staut sich gewissermaßen im Körper. Man nennt diesen Wärmerückhalt bei riesenwüchsigen Tieren auch Gigantothermie.

Stoffwechsel der Saurier

Wenn man es genau wissen will, dann muss man sich die Moleküle ansehen, die bei der aktiven Fett- und Zuckerverbrennung als Abfallprodukte der Verbrennung anfallen. Diese Moleküle werden zu Lebzeiten in die Knochen eingebaut und überstehen sogar die Fossilisierung. US-amerikanischen und spanischen Forschenden gelang es, diese Moleküle nachzuweisen. 2022 veröffentlichten sie ihre Ergebnisse. Sie konnten diese Verbrennungsprodukte verschiedener Dinosaurierarten mit heute lebenden Vögeln, Reptilien und Säugetieren vergleichen. Neben Dinosauriern wurden auch im Meer lebende Plesiosaurier und Flugsaurier untersucht.

Wechselwarm und warmblütig

Die Überraschung war groß: Von kalt bis heiß war alles dabei. Vogelbeckensaurier wie die Pflanzenfresser Stegosaurus und Triceratops waren wechselwarm. Auch die Entenschnabelsaurier gehörten zu den Wechselwarmen. Im Vergleich zu Säugetieren und Vögeln waren sie regelrecht unterkühlt. Die auf zwei Beinen laufenden Raubdinos aus der Gruppe der Theropoden waren hingegen echte Warmblüter. Ihr Stoffwechsel entsprach dem heutiger Säugetiere. Und

auch die pflanzenfressenden Sauropoden waren Warmblüter und nicht nur gigantotherm.

Heißblütiger Allosaurus

Einige wechselwarme Dinosaurier hatten einen Stoffwechsel, der den der heutigen Säugetiere sogar übersteigt und ähnlich hoch ist wie der Stoffwechsel heutiger Vögel. Warum Vögel so heißblütig sind? Zum Fliegen brauchen sie ungeheuer viel Energie. Zu diesen heißblütigen Dinos gehören der Raubdinosaurier Allosaurus und einige Sauropoden wie Brontosaurus, Apatosaurus und Diplodocus. Tyrannosaurus rex war zwar auch warmblütig, im Vergleich zu Allosaurus aber eher lauwarm.

Uraltes Erbe

Die meisten Dinosaurier waren dieser Untersuchung zufolge also warmblütig. Und weil auch Flugsaurier und Plesiosaurier warmblütig waren, vermutet man, dass bereits die gemeinsamen Vorfahren von Dinosauriern, Flugsauriern und Plesiosauriern warmblütig waren. Innerhalb der Gruppe der Dinosaurier ging das dann bei einem Großteil der Vogelbeckensaurier wieder verloren. Möglicherweise war es bei Dinosauriern wie Triceratops sowie Stegosaurus von Vorteil, etwas langsamer und damit energiesparender unterwegs zu sein. Die Vögel erbten ihre extreme Warmblütigkeit von den ebenfalls warmblütigen Theropodenvorfahren. Denn wer fliegen will, braucht einen starken Motor!

FLIEGEN KOSTET ENERGIE

Die heutigen Vögel halten ihre Körpertemperatur stets hoch. Geerbt haben sie diese Fähigkeit von ihren zweibeinigen Theropodenvorfahren aus dem Erdmittelalter.

ENDLICH GEKLÄRT!

Seit 2022 wissen wir, dass die meisten Dinosaurier sowie Plesiosaurier und Flugsaurier echte Warmblüter waren. Einige Pflanzenfresser wie die Vogelbeckensaurier Stegosaurus und Triceratops hingegen waren wechselwarm. Erstaunlicherweise stellten sich die großen Sauropoden als Warmblüter heraus. Vögel, die modernen Dinosaurier, sind Warmblüter.

Die Sinne der Dinosaurier

Um zu überleben, müssen Tiere ihre Umgebung genauestens wahrnehmen. Was passiert um sie herum? Welche Räuber könnten ihnen gefährlich werden? Wo gibt es Nahrung? Welcher Paarungspartner kommt in Frage? Müssen Rivalen vertrieben werden? Diese Fragen stellten sich auch die Dinosaurier. Sowohl Pflanzenfresser als auch Fleischfresser waren somit auf scharfe Sinne angewiesen: Wer gut sehen, hören und riechen konnte, war im Vorteil. Forschende versuchen heute, viele Millionen Jahre nach dem Tod der Tiere Rückschlüsse auf die Leistungsfähigkeit ihrer Sinne zu ziehen. Dazu betrachten sie die fossilen Überreste ganz genau, insbesondere die Augenhöhlen, die Nasenhöhlen und die feine Struktur des Innenohrs. Zusätzlich verrät die Form des Gehirns, ob bestimmte Sinne besonders gut ausgeprägt waren.

FEINE NASE

Utahraptor, der mit sieben Meter Länge größte der Dromaeosaurier, hatte einen gut ausgebildeten Geruchssinn. Er half dem Räuber, Beutetiere zu wittern, noch bevor er sie sehen konnte.

Riechen

Vor allem in der Dämmerung und wenn sich mögliche Beutetiere im Dickicht versteckten, waren die Fleischfresser auf eine feine Nase angewiesen. Je schärfer der Geruchssinn, umso mehr Riechzellen sitzen in der Riechschleimhaut in der Nasenhöhle. Diese Nervenzellen führen zum sogenannten Riechkolben. Das ist die Region im Gehirn, die die Geruchsinformationen in einem ersten Schritt zusammenführt und an weitere Gehirnregionen weiterleitet. Mit Abgüssen des Gehirns beziehungsweise mit CT-Scans lässt sich die dreidimensionale Form des Gehirns näher untersuchen. CT ist die Abkürzung für Computertomografie, bei der ein Fossil aus verschiedenen Richtungen mit Röntgenstrahlung durchleuchtet und daraus ein dreidimensionales Bild errechnet wird. Diese Methode ist zerstörungsfrei, das heißt, dass man in das Fossil hineinblicken kann, ohne es zersägen zu müssen. Bei Theropoden wie Tyrannosauriern und Dromaeosauriern zeigten sich mit dieser Methode, dass sich an der Basis des Gehirns vergrößerte Riechkolben befanden. Offensichtlich hatten diese räuberisch lebenden Theropoden eine besonders feine Nase und konnten Beutetiere auch dann riechen, wenn sie sich im Dickicht eines Waldes versteckten.

Hören

Vor allem Herdentiere müssen gut hören können. Denn falls andere Tiere Warnrufe ausstoßen, beispielsweise wenn sich ein Räuber im Gebüsch herumtreibt, ist das überlebenswichtig. Mit hochauflösender Computertomografie kann man in den Schädel hineinsehen und sogar das Innenohr im Detail studieren. Die Struktur des Innenohrs bei Hadrosauriern lässt auf ein gutes Hörvermögen schließen. Insbesondere war das Ohr für das Wahrnehmen tiefer Töne ausgelegt. Das passt auch zu den hohlen Kammknochen der Hadrosaurier, mit denen sich ebensolche tiefen posaunenartigen Töne erzeugen ließen.

SIGNALHORN

Der Hadrosaurier Lambeosaurus hatte einen hohlen Knochenkamm, mit dem er posaunenartige Töne erzeugte, etwa um die Herde vor einem Räuber zu warnen. Die Struktur des Innenohrs war auf diese Töne abgestimmt. Rechtzeitig gewarnt, konnten die schnellen Tiere fliehen und der Räuber hatte Pech gehabt.

Rundumblick

Triceratops war ein gemütliches Weidetier und dauernd mit Fressen beschäftigt. Seitlich ausgerichtete Augen ermöglichten einen guten Rundumblick.

Sehen

Raubdinosaurier waren darauf angewiesen, den Abstand zu einem Beutetier genau einschätzen zu können. Dafür sorgten nach vorne gerichtete Augen. Das sich überlappende Gesichtsfeld von linkem und rechtem Auge ermöglichte dreidimensionales Sehen und somit eine gute Einschätzung der Entfernung zu einem Beutetier.

Pflanzenfresser hatten diese Fähigkeit nicht. Vor allem bei Herdentieren saßen die Augen seitlich am Kopf. Deshalb verfügten sie über ein sich kaum überlappendes Gesichtsfeld. Dafür hatten diese Tiere einen guten Rundumblick und konnten Gefahren wahrnehmen, die sich von hinten näherten. Tiere, die in der Dämmerung und nachts unterwegs waren, konnten mit großen Augen das wenige Licht sammeln. Entsprechend verfügten sie über große Augenhöhlen.

3-D-Blick

Die nach vorne gerichteten Augen des T. rex sind typisch für einen Räuber. Der Räuber musste entscheiden, ob er die Entfernung zur Beute mit einem kurzen Sprint wagen wollte.

Nachtblick

Protoceratops hatte besonders große Augen, denn er war tag- und nachtaktiv. Selbst bei schlechten Sichtverhältnissen konnte er gut sehen. Große Augen aber benötigen große Augenhöhlen. Um die Augäpfel zu schützen und mechanisch zu unterstützen, half ein zusätzlicher Knochenring.

Quiz: Vor den Dinos

Unser Planet Erde war auch die Heimat der Dinosaurier. Doch bevor Dinosaurier entstehen konnten, musste die Evolution einiges an Vorarbeit leisten. Du weißt natürlich bestens Bescheid, wie die Erde entstanden ist und wie sich darauf das Leben entwickelt hat – von den ersten Zellen bis zu den Reptilien des Perms. In diesem Quiz kannst du zeigen, was du alles weißt! Die richtigen Antworten findest du auf Seite 188.

1 Wann und wie ist die Erde entstanden?

A vor 13,8 Milliarden Jahren beim Urknall

B vor 4,6 Milliarden Jahren aus einer Gas- und Staubwolke

C vor 6 000 Jahren war sie plötzlich einfach da

2 Seit es Leben gibt, schafft das Prinzip der Evolution immer neue Arten. Das erste Leben entstand …

A … vor etwa 2,8 Millionen Jahren.

B … vor mindestens 3,8 Milliarden Jahren.

C … vor 66 Millionen Jahren.

Schwarzer Raucher

3 Du kennst sicherlich den Ausdruck »Kambrische Explosion«. Was ist damit gemeint?

A ein gewaltiger Vulkanausbruch im Kambrium

B ein Asteroideneinschlag im Kambrium, bei dem 95 Prozent aller Arten ausgestorben sind

C ein Evolutionsschub, der innerhalb kurzer Zeit eine Vielzahl neuer Arten hervorgebracht hat

4 Welche Tiere sind Amphibien?

A Frösche und Lurche

B Schlangen und Schildkröten

C Schnecken und Würmer

5 Die ersten echten Lebewesen waren …

A … Einzeller, die Bakterien glichen.

B … Trilobiten mit ihren Panzern.

C … niedrigwachsende Moose.

6 Wann eroberten die ersten Wirbeltiere das Festland?

- A vor 3 Milliarden Jahren
- B vor 300 Millionen Jahren
- C vor 3 Millionen Jahren

7 Welches ist ein möglicher Vorfahr aller Wirbeltiere einschließlich der Dinosaurier?

- A Meganeura
- B Pikaia
- C Seeskorpion

8 Pangäa ist ...

- A ... ein sechs Meter langer Panzerfisch des Devon.
- B ... ein Baumfarn.
- C ... der Superkontinent, in dem im Perm alle Landmassen vereint waren.

9 In welcher Periode entstanden die großen Steinkohlelagerstätten?

- A im Karbon
- B im Perm
- C in der Kreidezeit

10 Was ist die Perm-Trias-Krise?

- A die Zeit, bei der die Atmosphäre mit Unmengen von Sauerstoff vergiftet wurde
- B das größte Massenaussterben der Erdgeschichte
- C jene Zeit, als die Wirbeltiere an Land gingen

Die Welt der Trias

TRIAS | JURA | KREIDEZEIT

Vor 252 Millionen Jahren begann das Zeitalter der Trias und endete vor 201 Millionen Jahren. Zu Beginn der Trias erholte sich das Leben vom vorangegangenen Massenaussterben am Ende des Perms. Sowohl im Meer als auch an Land passten sich die wenigen überlebenden Arten an die neuen Lebensbedingungen an und besetzten die frei gewordenen ökologischen Nischen, indem sie neue Arten hervorbrachten. Die Anpassung dauerte aber ganz schön lang: Bis die Tierwelt ähnlich vielfältig war wie vor dem Massenaussterben, vergingen mehr als zehn Millionen Jahre.

Wirbellose an Land

Viele kleinere, wirbellose Tiere überlebten das Massenaussterben, darunter Weichtiere wie Würmer und Schnecken oder Spinnen, Insekten, Tausendfüßer und Skorpione. Diese kleineren Tiere erholten sich sehr viel schneller als die größeren Wirbeltiere.

Erste Dinosaurier

Vor etwa 235 Millionen Jahren entwickelten sich die ersten Dinosaurier. Noch waren sie klein und nichts deutete darauf hin, dass daraus einmal gigantische Sauropoden hervorgehen werden. Auch war noch nicht abzusehen, dass die Dinosaurier für lange Zeit die beherrschenden Landwirbeltiere werden würden. Denn vorerst herrschten krokodilähnliche Reptilien an Land. Sie waren größer und gefährlicher als die ersten Dinosaurier. Außerdem gab es Echsen und Schildkröten sowie Reptilien, die säugetierartige Merkmale aufwiesen. Darunter sind die Vorfahren moderner Säugetiere.

Saurier im Meer und in der Luft

Die Meere waren voller jagender Saurier wie Nothosaurus. Einige Gruppen dieser Meeressaurier entwickelten sich zu riesigen Räubern. Sie sind keine Dinosaurier. Am Himmel kreisten Flugsaurier, die ebenfalls keine Dinosaurier sind. Viele dürften sich von Fischen ernährt haben.

An Land

Ein Rudel zweibeiniger Coelophysis streift umher. Am Himmel halten drei Eudimorphodon Ausschau nach Beute. Die langschwänzigen Flugsaurier sind keine Dinosaurier.

Im Meer

Die Meere im Trias waren voller Fische und Ammoniten mit runden und länglichen Gehäusen. Die im Boden verankerten Seelilien sind nicht etwa Pflanzen, sondern Tiere. Weiter hinten schwimmt ein früher Plesiosaurier.

Ginkgo

In der Trias und im Rest des Erdmittelalters gab es mehrere Arten von Ginkgo-Bäumen mit ihren typischen Blättern. Davon hat nur eine Art bis heute überlebt.

Klima und Umwelt

In der Trias waren alle Landmassen in einem einzigen riesigen Superkontinent Pangäa vereint. Fern von den Küsten lag eine große trockene Wüste, in der kaum Regen fiel. In besonders heißen und trockenen Zeiten brachen Steppen- und Waldbrände aus. An den feuchteren Küsten und an den Flussläufen konzentrierte sich das Leben. Besonders viel Regen fiel in Regenzeiten, ähnlich dem heutigen Monsun. So bekamen die Pflanzen wie Nadelbäume, Ginkgos, Schachtelhalme, Moose und Farne genügend Wasser. Viele Pflanzen, die bei uns heute häufig wachsen, gab es damals noch nicht. So existierten keine Blütenpflanzen, zu denen auch die Gräser zählen. Zu Beginn der Trias überwogen niedrigwachsende Pflanzen. Bäume brauchten länger, um sich von der Katastrophe am Ende des Perms zu erholen.

Superkontinent

In der Trias sind alle Landmassen in einem einzigen Riesenkontinent vereint. Noch können sich alle Dinosaurier und anderen Tiere darauf frei bewegen, sofern keine Gebirge und Wüsten sie davon abhalten.

Flinker Zweibeiner

Zu den Dinosauriern, die am Ende der Trias auftauchen, gehört auch Thecodontosaurus, ein Prosauropode mit kurzen Vorderbeinen.

Meeressaurier

Diese Ichthyosaurier sind wie alle anderen Meeresreptilien keine Dinosaurier!

Gefährlicher Postosuchus

TRIAS – JURA – KREIDEZEIT

Größenvergleich

In der Trias waren nicht Dinosaurier die beherrschenden Landtiere, sondern andere Reptilien. In Nordamerika stand der fleischfressende Postosuchus an der Spitze der Nahrungskette, ein naher Verwandter der Krokodile. Der flinke Spitzenräuber erbeutete alles, was ihm über den Weg lief: Dinosaurier wie Eoraptor, aber auch pflanzenfressende Synapsiden wie Placerias. Auch Aas, also schon tote Tiere, verschmähte er nicht.

Kein Dino!

Postosuchus konnte auf allen vieren gehen, aber auch auf zwei Beinen rennen. Er zählt zur Gruppe der Rauisuchier. Anders als bei den Eidechsen, deren Beine seitlich abgespreizt sind, standen sie bei Postosuchus unter dem Körper. Diese Anordnung der Beine machte ihn zu einem schnellen Läufer und gefährlichen Räuber. Die senkrecht unter dem Körper angebrachten Beine entwickelten auch die Dinosaurier. Allerdings waren Hüftgelenke und Fußgelenke bei Postosuchus anders aufgebaut als die der Dinosaurier. Postosuchus sah zwar aus wie ein Dinosaurier, war aber keiner!

Zahnersatz

Postosuchus hatte unterschiedlich lange Zähne im Maul. Der Grund dafür: Im Kiefer saßen alte und junge Zähne wahllos nebeneinander. Fiel ein Zahn aus, was häufig geschah, wuchs an dieser Stelle ein neuer Zahn nach. Die ältesten Zähne waren auch die längsten. Man kennt solche nachwachsenden und unterschiedlich langen Zähne von heute lebenden Krokodilen.

Steckbrief

Kein Dino!

Postosuchus

Bedeutung: »Krokodil aus Post, Texas«

Gruppe: Rauisuchia

Zeit: vor 230 bis 200 Millionen Jahren, Trias

Lebensraum: Wälder

Länge: etwa 3 bis 4,5 Meter

Gewicht: etwa 250 bis 450 Kilogramm

Fundort: Nordamerika

Nahrung: Aas, Reptilien, auch Dinos

Schon gewusst?

Postosuchus zählt zu den Rauisuchiern und ist am nächsten mit heutigen Krokodilen und Alligatoren verwandt. Rauisuchier, Krokodile und Alligatoren zählen genau wie Flugsaurier und Dinosaurier zu den Archosauriern und haben gemeinsame Vorfahren.

Postosuchus war gewaltiger als die frühen, noch kleinen Dinos und deren größter Fressfeind. Die Räuber warteten an Wasserstellen auf Beutetiere.

Placerias

TRIAS | JURA | KREIDEZEIT

Entfernt erinnert Placerias an Flusspferde und besitzt wie sie seltsame Hauer – also lange, hervorstehende Eckzähne. Auch dürfte Placerias viel Zeit im Wasser verbracht haben. Der weit verbreitete Pflanzenfresser lebte gegen Ende der Trias und war somit ein Zeitgenosse der frühen Dinosaurier.

Zwei Hauer

Er zählt zur Gruppe der Dicynodontier, was »zwei Hundezähne« bedeutet. Der Name weist auf die beiden langen Eckzähne im Oberkiefer hin, die sich zu gewaltigen Hauern umgeformt haben. Ansonsten besaß er keine weiteren Zähne. Wozu die Hauer dienten, ist unklar. Vielleicht setzte er sie beim Graben ein? Vielleicht dienten sie auch nur als Erkennungszeichen und halfen bei der Partnerwahl. Ob er sich damit gegen Angriffe von Postosuchus verteidigen konnte? Wir wissen es nicht. Männchen hatten längere Hauer als Weibchen, was darauf hindeutet, dass sie bei Rivalenkämpfen eingesetzt wurden.

Fressfeinde

Räuber, die Placerias möglicherweise jagten, waren Postosuchus und die frühen Dinosaurier Coelophysis und Gojirasaurus. Viele Forschende glauben, dass Placerias in Herden lebten und viel Zeit im Wasser verbrachten, wo ihnen krokodilähnliche Phytosaurier auflauerten. In der Herde konnten sie sich jedoch besser gegen Angreifer verteidigen.

Noch größer

Placerias war ein gewaltiges Tier und wog rund eine Tonne – so viel wie ein kleineres Auto. Seine Schulter reichte einem erwachsenen Menschen bis zur Brust. Er war also einer der größeren Dicynodontier.

SCHWANZ
kürzer als bei den meisten Reptilien

KOMPAKT GEBAUT

Placerias hatte Hauer und einen kräftigen Hornschnabel. Der bullige Körper stand auf vier kräftigen Beinen mit je fünf Zehen. Der Schwanz war im Vergleich zu den meisten Reptilien sehr kurz.

Größenvergleich

Steckbrief

KEIN DINO!

Placerias

Bedeutung: benannt nach dem wichtigsten Fundort Placerias Quarry, Arizona, USA

Gruppe: Dicynodontier

Zeit: vor etwa 230 Millionen Jahren, Trias

Lebensraum: Teiche, Flüsse

Länge: etwa 2 bis 3 Meter

Gewicht: mehr als 1 Tonne

Fundorte: Nordamerika, Marokko

Nahrung: Pflanzen

Schon gewusst?

Placerias war einer der letzten Dicynodontier. Die gesamte Tiergruppe der Dicynodontier verschwand beim Massenaussterben am Ende der Trias.

Die frühen Dinosaurier der Trias

TRIAS JURA KREIDEZEIT

Einer der ersten richtigen Dinosaurier war Eoraptor. Das Leichtgewicht war klein, schlank und flink. Mit seinem langen Schwanz maß er etwa einen Meter und hätte einem erwachsenen Menschen höchstens bis zum Knie gereicht. Die meisten Dinos, die zur gleichen Zeit lebten, ähneln ihm stark: Es waren alles kleine Zweibeiner.

»Jäger der Morgenröte«

Die fossilen Knochen des Eoraptors wurden 1991 in Argentinien entdeckt. Die Zähne verrieten den Allesfresser. Auch die scharfen Krallen deuteten auf einen zweibeinigen Räuber hin. Und so hielt man ihn für einen Theropoden, also für einen Teil der Gruppe, zu der auch die späteren zweibeinigen Fleischfresser wie T. rex, Allosaurus und Velociraptor gehören. Eoraptor ist ähnlich gebaut wie der zur selben Zeit lebende Herrerasaurus, der in der Tat ein räuberischer Theropode ist. Heute nimmt man an, dass Eoraptor mit den Sauropoden verwandt ist und damit ein Prosauropode, ein Vorläufer der Sauropoden.

Steckbrief

Herrerasaurus

Bedeutung: »Herreras Echse«, benannt nach dem Ziegenhirten, der das Fossil gefunden hat

Gruppe: Echsenbeckensaurier

Zeit: vor 235 bis 228 Millionen Jahren, Trias

Lebensraum: Felswüsten

Länge: etwa 3 bis 6 Meter

Gewicht: etwa 250 bis 350 Kilogramm

Fundort: Argentinien

Nahrung: Fische, Tintenfische, Reptilien

Herrerasaurus ist ebenfalls ein früher Dinosaurier der Trias. Er hat Krallen und Zähne sowie die langen Hinterbeine eines Theropoden. Herrerasaurus ist deutlich größer und schwerer als Eoraptor.

STECKBRIEF

Eoraptor

Bedeutung: »Jäger der Morgenröte«

Gruppe: Echsenbeckensaurier

Zeit: vor 228 bis 216 Millionen Jahren, Trias

Lebensraum: Felswüsten

Länge: etwa 1 Meter

Gewicht: etwa 10 Kilogramm

Fundort: Argentinien

Nahrung: Pflanzen und kleine Reptilien

SCHON GEWUSST?

Die frühen Dinosaurier der Trias waren sehr leicht gebaut und liefen sehr wahrscheinlich alle auf den Hinterbeinen. Aus einigen entwickelten sich später Theropoden, aus anderen die Vierbeiner wie Sauropoden oder Ceratopsier.

Coelophysis

TRIAS | JURA | KREIDEZEIT

Im Jahr 1947 wurden auf der Ghost Ranch in New Mexico, USA, die fossilen Knochen Hunderter kleiner Theropoden gefunden. Es könnte sein, dass die Tiere gemeinsam gejagt haben – aber dafür gibt es keine Hinweise. Vielleicht haben sie sich an einem Brutplatz zusammengefunden und starben in einer Sturzflut oder einer anderen Naturkatastrophe?

Frühere Theropoden

Coelophysis ist einer der frühesten Dinosaurier – und weil von ihm ungewöhnlich viele Skelette gefunden wurden, auch einer der bekanntesten. Versteinerte Überreste geben bis zu einem gewissen Grad eine gute Vorstellung vom Aussehen und von der Ernährung eines ausgestorbenen Tieres. Er hat zweifellos die Zähne eines Fleischfressers und den Körperbau eines schnellen Läufers. Er war ein flinker und wendiger Jäger. Manchmal findet sich auch noch die letzte Mahlzeit im Magen, so zerbissene Knochen und manchmal ganze Skelette von Beutetieren. Im Bauchraum eines Coelophysisskeletts fand man die zerbissenen Knochen eines kleinen, krokodilähnlichen Reptils.

STECKBRIEF

Coelophysis

Bedeutung: »Hohle Gestalt«

Gruppe: Echsenbeckensaurier

Zeit: vor 228 bis 201 Millionen Jahren, Trias

Lebensraum: Wälder

Länge: etwa 2,5 Meter

Gewicht: etwa 15 bis 25 Kilogramm

Fundort: Nordamerika

Nahrung: Fleisch

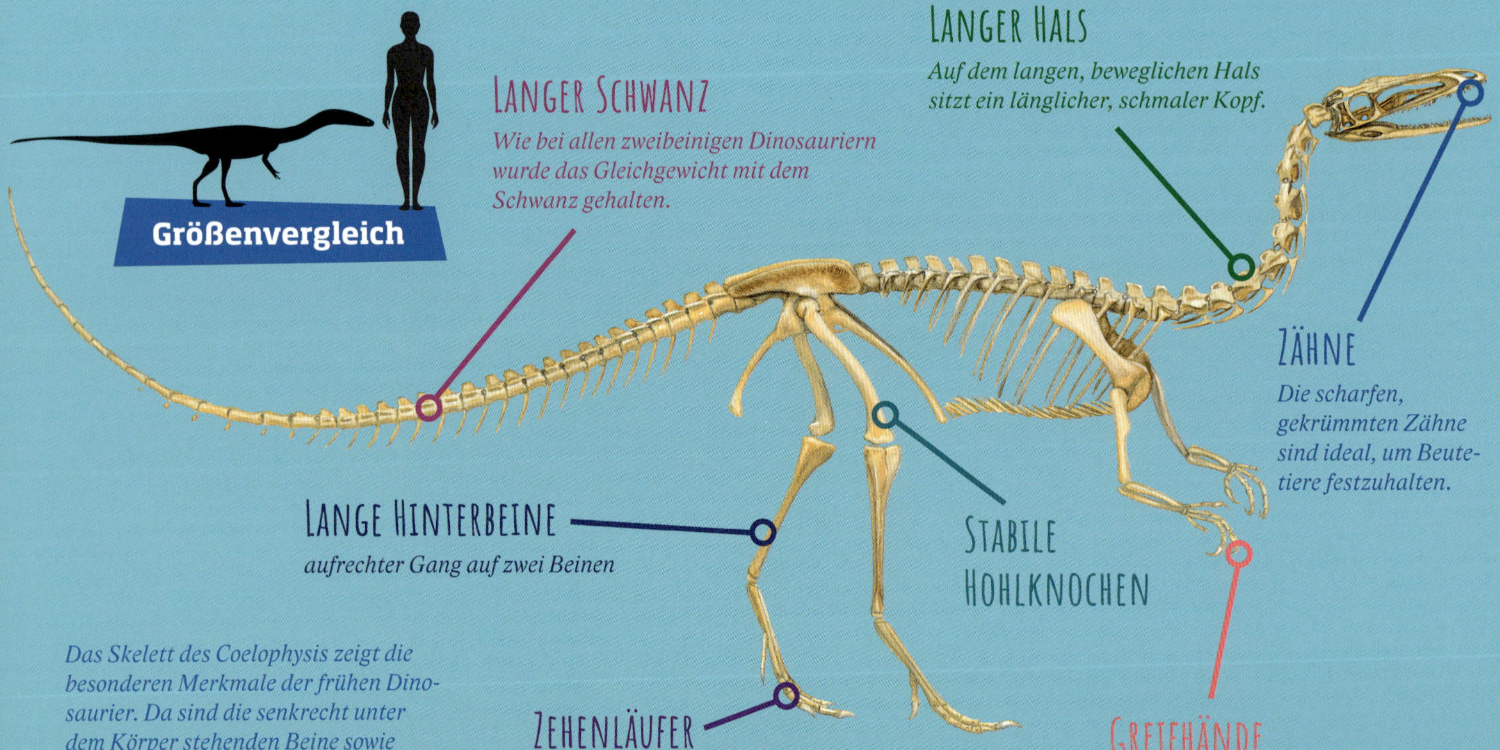

Das Skelett des Coelophysis zeigt die besonderen Merkmale der frühen Dinosaurier. Da sind die senkrecht unter dem Körper stehenden Beine sowie die sehr langen Hinterbeine, die einen schnellen Jäger auszeichnen. Damit kann man aber auch den größeren Räubern der Trias davonlaufen.

Effigia

TRIAS | JURA | KREIDEZEIT

Man könnte Effigia leicht mit einem frühen Dinosaurier verwechseln. Doch Effigia war ein Rauisuchia. Die Fossilien wurden auf dem Land der Ghost Ranch in New Mexico entdeckt, wo auch die ähnlich großen Fossilien von Coelophysis entdeckt wurden, die jedoch frühe Theropoden und damit Dinosaurier sind.

Schneller Zweibeiner

Effigia lief auf seinen beiden Hinterbeinen und balancierte mit dem langen Schwanz aus. Es hatte am Becken große Muskelansatzstellen und eine entsprechend starke Beinmuskulatur. Das schlanke Tier war ein Allesfresser. Mit dem Schnabel konnte es Samen und Nüsse knacken sowie Laub fressen, aber auch kleinere Wirbeltiere wie Echsen und Frösche.

Kein Dino!

Auch Experten und Expertinnen tun sich manchmal schwer, eine Art richtig einzuordnen. Der zahnlose Vogelschnabel führte die Forschenden in eine falsche Richtung. Sie hielten Effigia zunächst für einen Dinosaurier. Tatsächlich sind es aber Rauisuchia.

Ähnliche Probleme – ähnliche Lösungen!

Dieser Irrtum zeigt, dass die Evolution manchmal unabhängig voneinander zu gleichen Lösungen, sprich Bauplänen führt. In der Evolutionsbiologie spricht man in so einem Fall von Konvergenz: Ähnliche Lebensbedingungen bringen ähnliche Anpassungen hervor.

Größenvergleich

STECKBRIEF

KEIN DINO!

Effigia

Bedeutung: »Gespenst«, die Fossilien wurden auf der Ghost Ranch gefunden

Gruppe: Rauisuchia

Zeit: vor 216 bis 200 Millionen Jahren, Trias

Lebensraum: Wälder

Länge: etwa 2 bis 3 Meter

Gewicht: etwa 30 Kilogramm

Fundort: Nordamerika

Nahrung: Pflanzen, evtl. auch kleinere Tiere

Er sah aus wie ein Dinosaurier und lief wie einer – aber Effigia war kein Dinosaurier. Effigia hatte einen länglichen Schädel mit einem zahnlosen Hornschnabel und nach vorne gerichtete, große Augen.

Prosauropoden

Trias Jura Kreidezeit

Die ersten Dinosaurier der Trias waren alle ziemlich klein. Unter ihnen war Eoraptor, der heute zur Gruppe der Prosauropoden – übersetzt »vor den Sauropoden« – gezählt wird. Der Begriff »Prosauropoden« wird eher umgangssprachlich und nicht in der Paläontologie benutzt, da darin mehrere Gruppen von Dinosauriern zusammengefasst werden. Die pflanzenfressenden Prosauropoden wurden im Laufe der Trias immer größer und massiger als so mancher ihrer Dino-Zeitgenossen. Die Prosauropoden hatten einen langen Hals, der am anderen Körperende durch einen langen Schwanz als Gegengewicht ausgeglichen wurde. Nur so konnten sie das Gewicht des Oberkörpers ausgleichen, wenn sie auf ihren Hinterbeinen liefen. Das brachte zwei Vorteile. Zum einen konnten sie so auch an die höheren Zweige der Bäume gelangen und Blätter abweiden, an die kleinere Pflanzenfresser nicht kamen. Zum anderen waren zweibeinige Dinos schneller als vierbeinige. Bei Gefahr konnten sie schnell fliehen. Und das war wichtig, denn Prosauropoden hatten außer den Krallen an den Händen keine weiteren Verteidigungswaffen und auch keine Panzerung.

Sie kamen und vergingen

Vor etwa 217 Millionen Jahren tauchten die Prosauropoden auf und verschwanden im mittleren Jura vor rund 184 Millionen Jahre. Aus einigen von ihnen entwickelten sich die Sauropoden, die auf mehr Körpermasse setzten, dafür aber die schnelle zweibeinige Fortbewegung aufgeben mussten. Prosauropoden lebten an den unterschiedlichsten Orten – vorausgesetzt, es gab dort genügend Bäume, von denen die Tiere fressen konnten.

Steckbrief

Thecodontosaurus

Bedeutung: »Wurzelzahnechse«

Gruppe: Echsenbeckensaurier

Zeit: vor 208 bis 201 Millionen Jahren, Trias

Lebensraum: Ebenen mit niedriger Vegetation

Länge: rund 2 Meter

Gewicht: etwa 10 bis 20 Kilogramm

Fundort: Großbritannien

Nahrung: Pflanzen

Der erste gefundene Prosauropode war Thecodontosaurus. Wegen seiner Zähne nannte man ihn »Wurzelzahnechse«. Bei heutigen Echsen sind die Zähne fest mit dem Knochen der Kiefer verbunden. Bei den Prosauropoden hingegen sind die Zähne einzeln mit einer Zahnwurzel im Kieferknochen verwurzelt.

Größenvergleich

TRIAS | **JURA** | KREIDEZEIT

JUNGTIERSCHÄDEL

Der Schädel war durch verschiedene Fenster leicht gebaut. In den Kiefern saßen blattförmige und grob gesägte Zähne. Damit konnten Pflanzenteile abgeschnitten und zerkleinert werden.

ERWACHSENES TIER

Von Massospondylus sind mehrere Skelette, Schädel und sogar Eier mit Embryonen bekannt. Man nimmt an, dass die frisch geschlupften Tiere zunächst vierbeinig waren und erst später zu einer zweibeinigen Fortbewegung wechselten – wie bei uns Menschen auch.

Größenvergleich

STECKBRIEF

Massospondylus

Bedeutung: »Längerer Wirbel«

Gruppe: Echsenbeckensaurier

Zeit: vor 200 bis 183 Millionen Jahren, Jura

Lebensraum: Wälder

Länge: etwa 4 bis 6 Meter

Gewicht: bis zu 200 Kilogramm

Fundort: südliches Afrika (Südafrika, Lesotho, Simbabwe)

Nahrung: Pflanzen, etwa Nadelbäume und Palmfarne; evtl. Allesfresser

Es wurden auch Gelege mit bis zu 34 je sechs Zentimeter großen Eiern entdeckt. In einigen Eiern waren sogar die fossilen Skelette von Embryonen erhalten, die kurz vor dem Schlüpfen standen. Wahrscheinlich waren die Babys Nesthocker, die in der Anfangszeit von den Eltern versorgt wurden.

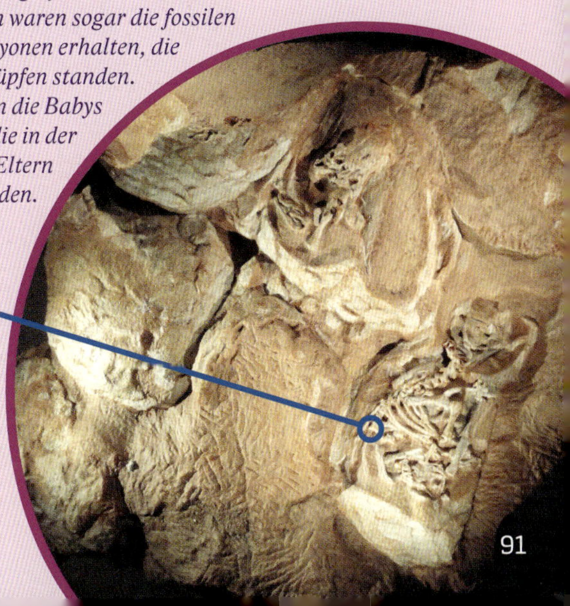

MASSOSPONDYLUS-EMBRYO

Plateosaurus

TRIAS | JURA | KREIDEZEIT

Zu den größten Prosauropoden gehörte Plateosaurus, der am Ende der Trias über weite Teile Europas verbreitet war. Der lange Hals mit dem relativ kleinen Kopf und der kräftige Schwanz erinnern bereits an die später auftretenden Sauropoden der Jura- und Kreidezeit. Während alle Sauropoden sich auf vier säulenartigen Beinen fortbewegten, lief Plateosaurus auf zwei muskulösen Hinterbeinen. Die vorderen Gliedmaßen waren deutlich kürzer als die Hinterbeine. Plateosaurus hatte fünf Finger, von denen drei in gekrümmten Klauen ausliefen. Damit konnte er Zweige zu seinem Maul heranziehen. Wenn es sein musste, konnte er sich damit auch verteidigen oder es zumindest versuchen. Er dürfte wie viele Pflanzenfresser in größeren Gruppen umhergezogen sein. Auch das bedeutete einen gewissen Schutz vor Räubern.

Todesfalle Sumpf

Plateosaurus war ein großer und schwerer Pflanzenfresser. Viele seiner Fossilien wurden in einem Steinbruch bei Trossingen in Süddeutschland gefunden. Vieles deutet darauf hin, dass die schweren Tiere versanken, als sie zu tief in einen Sumpf geraten waren und darin stecken blieben. Die etwa 50 dort gefundenen Skelette gehörten alle zu ausgewachsenen Tieren. Jungtiere fanden sich nicht darunter – vermutlich weil sie leichter waren und nicht zu tief einsanken. Die Plateosaurier im Sumpf waren für Räuber ein gefundenes Fressen.

Erster deutscher Dino

Plateosaurus war der erste in Deutschland gefundene Dinosaurier. Im Jahr 1834 wurden in einer Tongrube bei Nürnberg etwa 45 Skelette der »Breitweg-Echse« gefunden. Seitdem wurden auch in anderen Ländern insgesamt über 100 teils vollständige Skelette gefunden.

Plateosaurus lief auf zwei Beinen. Der Pflanzenfresser zählt zu den Sauropodamorpha, die später die großen vierbeinigen Sauropoden hervorbringen sollten. Dank seiner stämmigen Hinterbeine konnte er aufrecht stehen und zusammen mit seinem langen Hals auch die Teile der Bäume abweiden, die für andere Tiere zu weit oben waren.

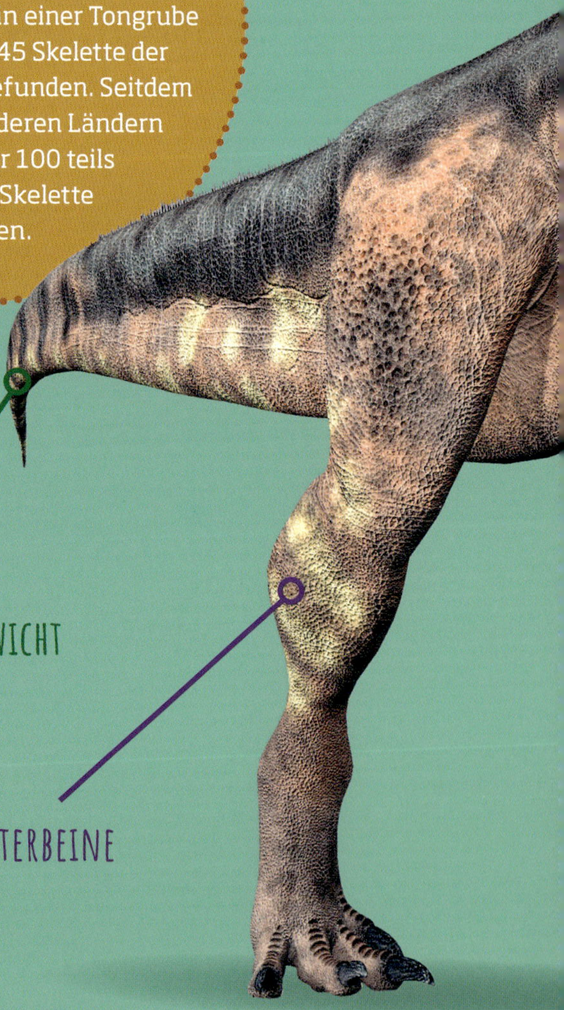

Steckbrief

Plateosaurus

Bedeutung: »Breitweg-Echse«

Gruppe: Echsenbeckensaurier

Zeit: vor 220 bis 210 Millionen Jahren, Trias

Lebensraum: Waldgebiete

Länge: etwa 8 bis 10 Meter

Gewicht: etwa 600 Kilogramm bis 4 Tonnen

Fundorte: Deutschland, Schweiz, Frankreich, Norwegen, Grönland

Nahrung: Pflanzen

Auf vier Beinen

Während die Prosauropoden wie Plateosaurus zweibeinig laufen, hat Isanosaurus den Körperbau eines vierbeinigen Tieres und gilt daher als ältester Sauropode. Allerdings war er mit nur sechseinhalb Metern Länge sehr viel kleiner als die meisten der später im Jura auftretenden, riesigen Sauropoden. Auch wenn er auf allen vieren lief, wird er sich wohl an Bäumen auf die Hinterbeine gestellt haben, um aus den Baumkronen die Blätter abzuzupfen.

Der Gattungsname Isanosaurus bedeutet »Echse des nordöstlichen Thailand«. Dort wurden seine leider unvollständigen Fossilien 1998 entdeckt.

Pterosaurier – fliegende Reptilien

TRIAS | JURA | KREIDEZEIT

Pteranodon

Pteranodon ist einer der am besten erforschten Flugsaurier. Mit einer Spannweite von bis zu sieben Metern und dem auffälligen Kamm war er eine beeindruckende Erscheinung. Geflogen ist Pteranodon in der Kreidezeit vor 84 bis 71 Millionen Jahren.

Dinosaurier waren zwar nicht die einzigen, aber doch die beherrschenden Landlebewesen des Erdmittelalters. Hoch oben am Himmel kreisten noch andere Reptilien – die Pterosaurier oder Flugsaurier. Sie zählen nicht zu den Dinosauriern, haben jedoch mit diesen gemeinsame Vorfahren.

Herrscher der Lüfte

Die ältesten bekannten Pterosaurier zogen ihre Bahnen bereits vor 228 Millionen Jahren am Himmel. Später folgten die Vögel, die genau genommen fliegende Dinosaurier sind, und schließlich lernten in der Erdneuzeit auch einige Säugetiere wie Fledermäuse und Flughunde das Fliegen. Pterosaurier beherrschten während des Erdmittelalters als fliegende Wirbeltiere mehr als 150 Millionen Jahre lang den Himmel. Die letzten Pterosaurier starben am Ende der Kreidezeit vor 66 Millionen Jahren zusammen mit den Nicht-vogel-Dinosauriern und vielen anderen Tiergruppen aus. Während dieser langen Zeit entwickelten sich Flugsaurier zu immer neuen Formen. Die kleinsten gefundenen waren etwa 30 Zentimeter lang, so Pterodactylus. Diese Tiere waren etwa so groß wie eine Silbermöwe. Einer der größten Flugsaurier war Quetzalcoatlus. Er war am Boden auf allen vieren stehend so groß wie eine Giraffe. Seine im Flug ausgebreiteten Flügel maßen zwölf Meter!

Körperbau

Die meisten Pterosaurier hatten einen länglichen Kopf mit einem großen, oft bezahnten Schnabel. Einige Arten kamen auch ohne Zähne aus. Über den Kopf zog sich meist ein auffallender Kamm. Ihre Haut war nicht mit Schuppen, sondern mit feinen Härchen bedeckt. Das deutet darauf hin, dass es sich bei den Flug-sauriern um warmblütige Tiere handelte. Die Hinter-beine waren kurz und kräftig gebaut, ihre Arme hingegen waren dünn und lang. Zwischen den Armen und dem Körper sowie den Hinterbeinen war die zähe und flexible Flughaut aufgespannt.

Flughaut

Die Flughaut der Flugsaurier war von feinen, festen, aber hochelastischen Fasern durchzogen. Das machte sie stark und widerstandsfähig. Natürlich wurde die Haut über Blutgefäße mit Sauerstoff und Nährstoffen versorgt. Diese wurden in den zahlreichen kleinen Muskeln benötigt, die die Form und Krümmung der Flughaut schnell verändern konnten. Die Flughaut war also, wie auch der Rest der Flugsaurier, ein Meisterwerk der Evolution.

Gute Flieger

Die meisten Pterosaurier jagten im Flug. Fast alle Arten dürften sich mit dem Schnabel Fische und andere Tiere aus dem Wasser gefischt haben. Einige Arten machten wahrscheinlich Jagd auf Insekten, die im Erdmittelalter ziemlich groß werden konnten. Die größeren Flugsaurier schnappten sich hin und wieder kleine Dinosaurier und andere Landwirbeltiere. Je größer die Flugsaurier, umso größer war der Appetit.

Schon gewusst?

Flugsaurier erhoben sich als erste Wirbeltiere in die Luft – und das rund 70 Millionen Jahre vor den Vögeln. Insgesamt 80 Millionen Jahre teilten sich Flugsaurier und Vögel den Himmel als Lebensraum.

Brutpflege

Von einigen Pterosaurierarten wissen wir, dass sie in Kolonien brüteten. So sind Eier und frisch geschlüpfte Junge sicher vor Räubern. Denn gemeinsam konnten die Elterntiere Angreifer besser vertreiben. Wahrscheinlich fütterten die Eltern ihre Jungen. Ernährung, Kolonien und Brutpflege erinnern an das Brutverhalten vieler heute lebender Seevögel. Dennoch: Vögel stammen nicht von den Flugsauriern ab, sondern von kleinen zweibeinigen Theropoden, also Dinosauriern.

In die Lüfte

Pterosaurier verfügten über besonders leichte Hohlknochen und große, widerstandsfähige Flughäute. Große und vergleichsweise schwere Pterosaurier wie Quetzalcoatlus stießen sich mit allen vier Gliedmaßen vom Boden ab und begannen dann erst, mit den Flügeln zu schlagen. Nach der Landung klappten die Tiere den langen Flugfinger nach oben und konnten nun auf allen vieren gehen. In Computersimulationen zeigte sich, dass die Flugsaurier enorme Geschwindigkeiten erzielen konnten. Wahrscheinlich wurden einige kleinere und mittelgroße Flugsaurier so schnell, dass sie aus dem Laufen heraus abheben konnten.

EUDIMORPHODON

Typisch für die frühen Flugsaurier der Trias ist der lange Schwanz mit dem Segel an der Schwanzspitze. Eudimorphodon wog nur etwa zehn Kilogramm und war mit Schwanz gerade einmal einen Meter lang. Er war also ein kleiner Flugsaurier. Er konnte aktiv fliegen und energiesparend gleiten.

Eudimorphodon – einer der Ersten

TRIAS | JURA | KREIDEZEIT

Einer der frühesten bekannten Flugsaurier ist Eudimorphodon. Er war klein, leicht gebaut und ein fliegendes Reptil – er war kein Vogel und auch kein Vorfahr der Vögel! Sein Hals war kurz; darauf saß der Kopf mit dem lang gezogenen Schnabel – darin etwa 110 spitze Zähne unterschiedlicher Größe. Er hatte einen langen Schwanz mit einer Schwanzfahne am Ende. Der Schwanz stabilisierte den Flug.

Was für eine Hand!

Wie alle Flugsaurier hatte auch Eudimorphodon einen extrem verlängerten vierten Finger, mit dem er die Flughaut aufspannte. Je länger der Finger, umso größer die Tragfläche und umso mehr Auftrieb hatte das Tier. Eudimorphodons Flügelspannweite betrug einen Meter. Die restlichen drei Finger waren mit Krallen besetzt und bildeten eine Greifhand.

Gleiten und fliegen

Neben der großen Flughaut spannten sich zwischen Unterarmen und Hals sowie zwischen den Hinterbeinen weitere kleinere Flughäute. Diese zusätzliche Fläche erleichterte das Gleiten. Diese Art des Fliegens kostete nicht viel Kraft und war daher sehr energiesparend! Das Skelett von Eudimorphodon zeigt aber, dass er kräftige Arm- und Brustmuskeln hatte und so auch aktiv fliegen konnte, also durch Schlagen mit den Flügeln.

Was für Zähne!

Im Gegensatz zu anderen Flugsauriern, die nur einfache oder gar keine Zähne hatten, hatte Eudimorphodon zahlreiche kleinere Zahnhöcker und zusätzlich längere spitze Zähne. Mit den spitzen Zähnen konnte er sich Fische schnappen, mit den Zahnhöckern größere Fische auch zerteilen.

Die Pterosaurier oder Flugsaurier waren die ersten Wirbeltiere, die fliegen konnten. Eudimorphodon tauchte als einer der frühesten Pterosaurier auf. Seine Flügel bestanden aus einer lederartigen Flughaut, die mit einem Fell aus Protofedern bedeckt war. Das hielt die Wärme im Körper.

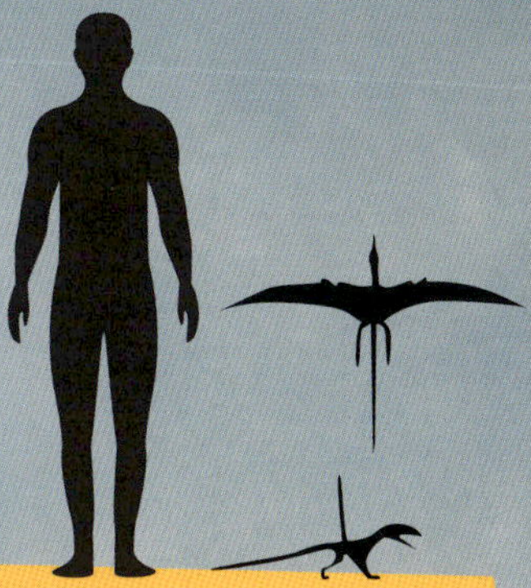

Größenvergleich

Schon gewusst?

Alle Pterosaurier der Trias hatten lange Schwänze. Später entwickelten sich auch Flugsaurier mit kurzen Schwänzen.

Der KÖRPER *war mit fellartigen Federn bedeckt.*

SCHWANZ

Der lange Schwanz endete in einer Schwanzfahne.

FLUGHÄUTE *waren mit feinem Federflaum bedeckt. Flugfedern hatte er aber keine!*

Steckbrief

Eudimorphodon

Bedeutung: »Zweiförmiger Zahn«

Gruppe: Pterosaurier

Zeit: vor etwa 216 bis 203 Millionen Jahren, Trias

Lebensraum: Waldgebiete an der Küste

Länge: etwa 1 Meter

Gewicht: bis 10 Kilogramm

Fundorte: Italien, Grönland

Nahrung: Fische

Liopleurodon

Trias | **Jura** | Kreidezeit

Im Jura herrschten Räuber an Land, in der Luft und im Wasser. Einer der schrecklichsten Meeresräuber war Liopleurodon, ein sieben bis zehn Meter langer Pliosaurier. Pliosaurier sind verwandt mit den langhalsigen Plesiosauriern. Normalerweise schwamm er ähnlich wie heutige Meeresschildkröten: Er paddelte mit seinen vier langen Flossen.

Spitzenjäger

Liopleurodon hatte den Körperbau, die Sinne und auch die Jagdtechniken eines geschickten und kräftigen Räubers. Als Spitzenräuber stand er ganz oben an der Nahrungskette. Liopleurodon hatte zwar einen guten Geruchssinn, nicht jedoch das Sehvermögen, um im Dunkeln jagen zu können. Er dürfte tagsüber in der Tiefe auf Beute gelauert haben. Hatte er die Umrisse eines Beutetieres gegen die helle Wasseroberfläche erkannt, so stieß er schnell nach oben und schnappte sich die Beute mit seinen spitzen Zähnen. Auf diese Weise jagen heute noch Weiße Haie. Liopleurodon fraß Fische, Haie, aber auch andere Meeresreptilien. Der 8 bis 17 Meter lange Riesenfisch Leedsichthys hatte einen gewissen Schutz durch seine Größe. Wahrscheinlich machte Liopleurodon einen Bogen um die ausgewachsenen und gesunden Tiere. Kranke, alte und verletzte Tiere hingegen griff er wohl an, ebenso kleinere Jungtiere. Doch die Jagd war nicht immer einfach für Liopleurodon. Denn auch die Beutetiere waren wachsam und hatten entsprechende Sinnesorgane, um die Gefahr zu erkennen und rechtzeitig fliehen zu können.

Steckbrief

Kein Dino!

Liopleurodon

Bedeutung: »Glatte Seitenzähne«

Gruppe: Meeressaurier

Zeit: vor 165 bis 150 Millionen Jahren, Jura

Lebensraum: Meer

Länge: etwa 7 bis 10 Meter

Gewicht: etwa 2,5 bis 5 Tonnen

Fundort: Europa

Nahrung: u.a. große Fische, Ichthyosaurier, Kalmare

Mit den gewaltigen Paddeln konnte Liopleurodon bei der Jagd einen schnellen Sprint hinlegen. Wahrscheinlich stieß er auch schon mal aus dem Wasser heraus, etwa um einen Flugsaurier zu schnappen.

Der bis zu 17 Meter lange Leedsichtys war ein harmloser Filtrierer, ähnlich wie heutige Riesenhaie. Um Plankton zu ernten, nahm er einen riesigen Schluck Wasser, schloss das Maul und presste das Wasser durch die Kiemen hinter dem Maul. Im Maul selbst hatte er etwa 40 000 winzige Zähnchen. Zur Verteidigung waren die zwar nutzlos, aber er konnte Angreifer mit einem kräftigen Schlag seiner Schwanzflosse vertreiben.

Scharfe Augen

Ophthalmosaurus, der Fischsaurier mit Riesenaugen, konnte in trüben Gewässern und im Dämmerlicht gut genug sehen, um Beute auszumachen, aber auch um Verfolger zu erkennen und ihnen auszuweichen. Er konnte sogar nachts auf die Jagd gehen, denn dann war Liopleurodon nicht aktiv. Ophthalmosaurus hatte den Körperbau eines extrem schnellen Meeresbewohners, so wie heutige Delfine und Thunfische. Zwar ist er ein Fischsaurier und somit nicht direkt mit diesen Tieren verwandt – Delfine sind Säugetiere, Thunfische sind Fische –, aber alle drei haben eine ähnliche Körperform. Ihr Körper ist perfekt für hohe Geschwindigkeiten. Da ist der stromlinienförmige Körper, der dem Wasser wenig Widerstand entgegensetzt, die glatte Haut und eine kräftige Schwanzflosse, die für hohe Beschleunigung sorgt. Ophthalmosaurus dürfte es auf 40 Kilometer pro Stunde gebracht haben. Das ist genug, um Liopleurodon davonzuschwimmen.

Hybodus, übersetzt »Krummzahn«, war ein Hai, der von der Trias bis zur Kreide lebte. Der Raubfisch war nur etwa zwei Meter lang und wehrte sich mit Stacheln an der Rückenflosse gegen mögliche Fressfeinde. Er selbst fraß Fische, Kopffüßer, andere Haie und Muscheln, nach denen er im Meeresboden wühlte.

Hai mit Stacheln

Hybodus, ein kleiner Hai der Urmeere, war ebenfalls schnell und hatte gute Sinnesorgane – also alles, um einem Räuber rechtzeitig aus dem Weg zu gehen. Zusätzlich hatte er Rückenstacheln, die Räubern – sollten sie doch einmal zubeißen – das Maul zerstachen. Ein Liopleurodon oder ein anderer Räuber wird sich diese unangenehme Erfahrung gemerkt haben und in Zukunft um Hybodus einen Bogen geschwommen sein. Hybodus hatte neben einem guten Geruchssinn auch Sensoren, mit denen er elektromagnetische Signale der Muskeln anderer Meeresbewohner wahrnehmen konnte. So konnte er auch nachts und im trüben Wasser Fische und Meeresreptilien wahrnehmen. Diese nützliche Fähigkeit haben Haie bis heute.

Plesiosaurus unterscheidet sich von den Pliosauriern durch den extrem langen Hals. Der Meeressäuger wurde zwischen drei und fünf Meter lang. Mit dem langen Hals konnte er aus einem Versteck heraus blitzschnell auf ein Beutetier zustoßen.

SCHON GEWUSST?

Die Meeressaurier Ophthalmosaurus, Liopleurodon und Plesiosaurus mussten zum Atmen regelmäßig an die Wasseroberfläche. Leedsichthys und Hybodus hingegen waren Fische und bezogen ihren Sauerstoff über Kiemen aus dem Wasser.

Nothosaurus

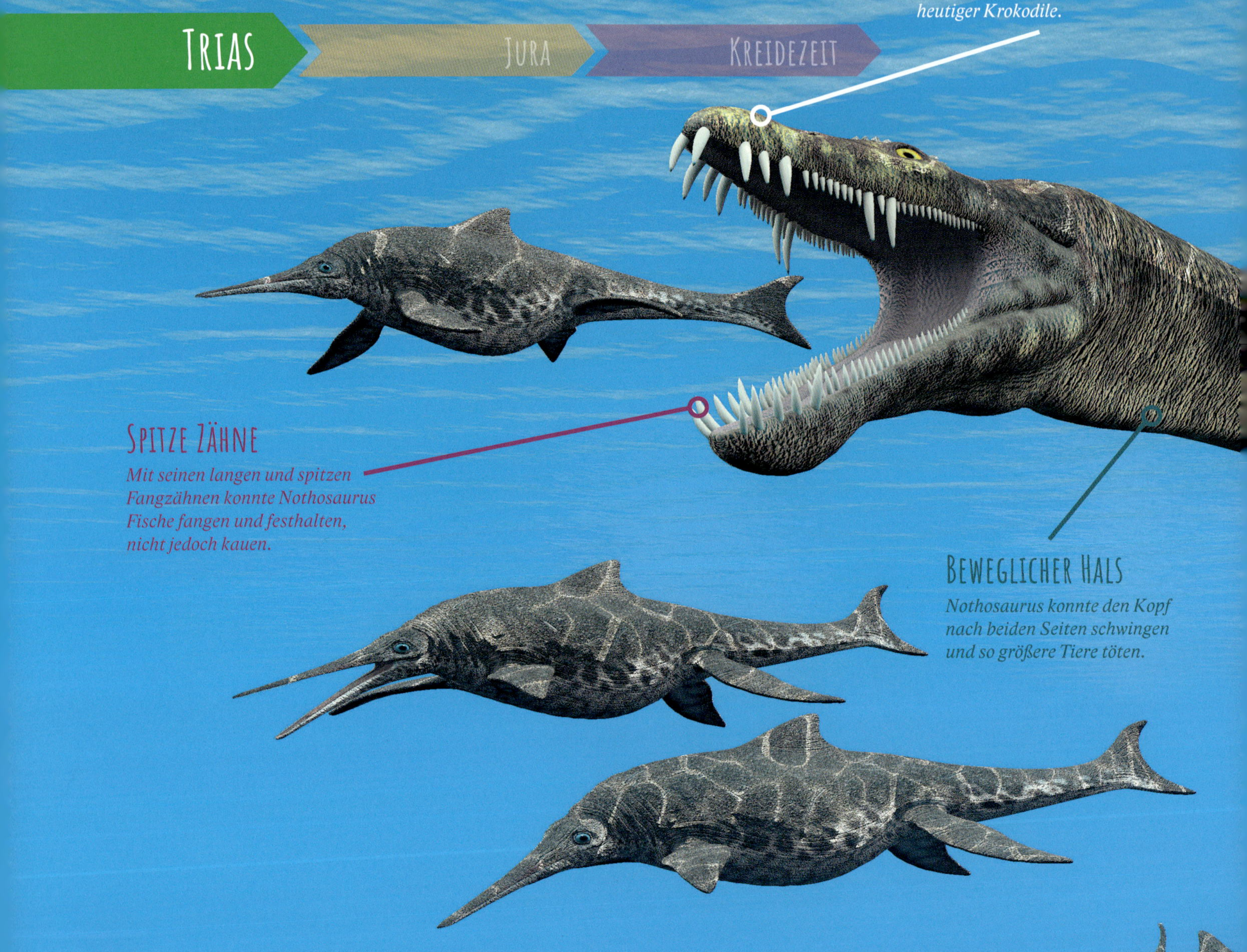

Frühe Nothosaurier lebten zur gleichen Zeit in und an den Meeren, als sich an Land die ersten Dinosaurier entwickelten. Nothosaurier stammen von auf dem Land lebenden Reptilien ab, die Luft atmeten und auf allen vieren gingen. Allerdings hatten sie sich an das Leben im Wasser angepasst. Sie hatten Schwimmhäute zwischen den Zehen und lange Schwänze, die zum Teil dem Antrieb, zum Teil der Steuerung dienten. Den Hauptantrieb dürften aber die vier Gliedmaßen geleistet haben.

Halb und halb

Die meisten Meeresreptilien, die später im Erdmittelalter die Meere bevölkerten, hatten Flossen und konnten nicht mehr zurück an Land. Nothosaurus hingegen hatte vier Beine, auf denen er sich ähnlich wie heute lebende Seelöwen an Land fortbewegen konnte. Wahrscheinlich führte er ein ähnliches Leben. Er jagte im Meer, wo es von Fischen, Tintenfischen und anderen kleineren Beutetiere nur so wimmelte. Zähne und Muskeln lassen darauf schließen, dass Nothosaurus größere Beute ähnlich wie heutige Krokodile erlegte: Er hielt die Beute mit den Zähnen fest und bewegte den Kopf ruckartig zur Seite. Kleinere Tiere waren ganz einfach im Maul hinter dem Zahngitter gefangen. Zum Verdauen und Ausruhen nach der anstrengenden Unterwasserjagd ging Nothosaurus an Land. Wahrscheinlich brachte er seinen Nachwuchs in geschützten Buchten lebend und im Wasser zur Welt.

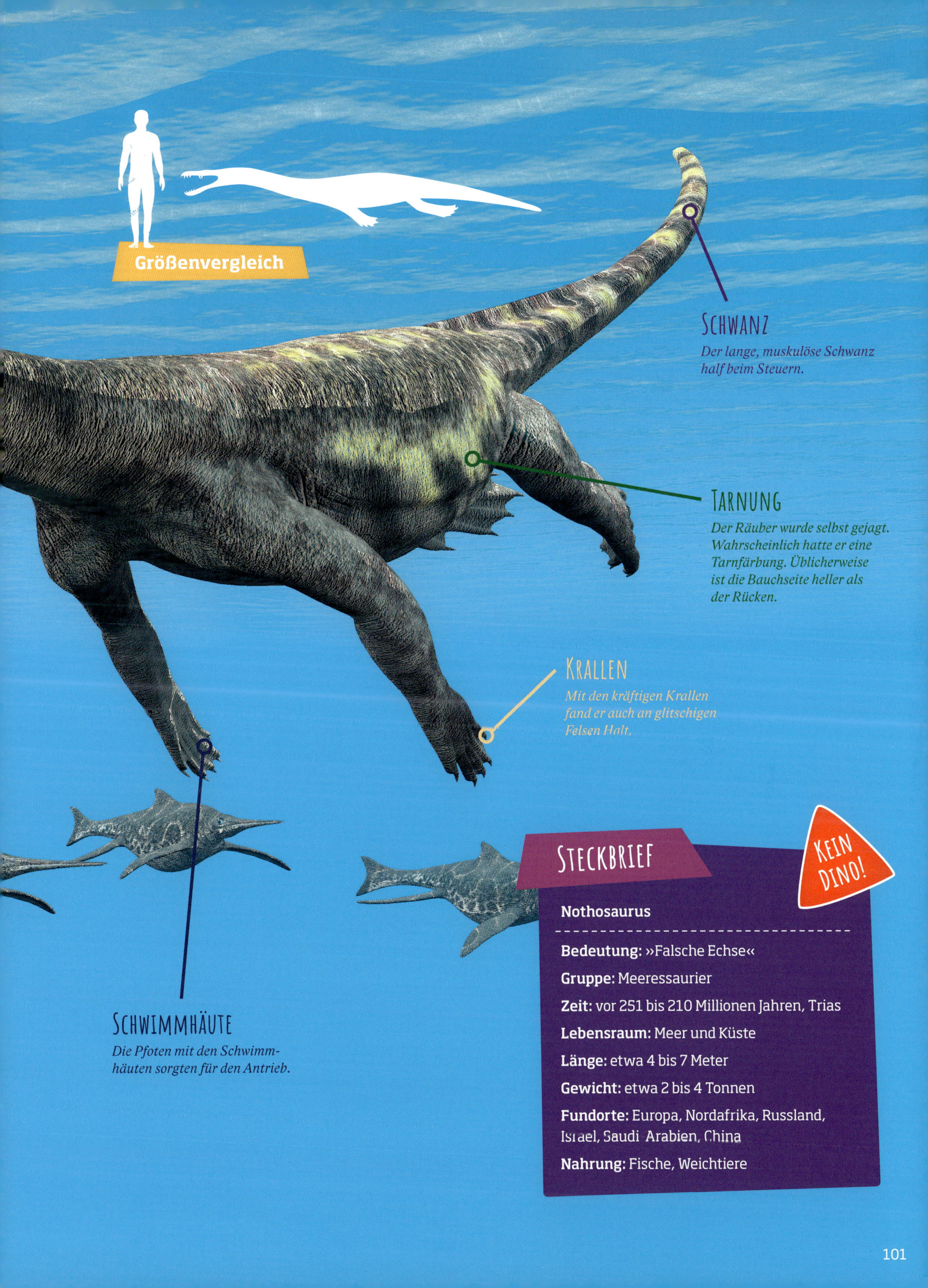

Schwanz

Der lange, muskulöse Schwanz half beim Steuern.

Tarnung

Der Räuber wurde selbst gejagt. Wahrscheinlich hatte er eine Tarnfärbung. Üblicherweise ist die Bauchseite heller als der Rücken.

Krallen

Mit den kräftigen Krallen fand er auch an glitschigen Felsen Halt.

Schwimmhäute

Die Pfoten mit den Schwimmhäuten sorgten für den Antrieb.

Steckbrief

Kein Dino!

Nothosaurus

Bedeutung: »Falsche Echse«

Gruppe: Meeressaurier

Zeit: vor 251 bis 210 Millionen Jahren, Trias

Lebensraum: Meer und Küste

Länge: etwa 4 bis 7 Meter

Gewicht: etwa 2 bis 4 Tonnen

Fundorte: Europa, Nordafrika, Russland, Israel, Saudi Arabien, China

Nahrung: Fische, Weichtiere

Ichthyosaurier werden geboren

Trias | Jura | Kreidezeit

Ichthyosauriermütter brachten ihren Nachwuchs in Geburtsgewässern zur Welt. Die Jungen wurden in den flachen Meeren geschützter Buchten lebend geboren und mussten sofort von den erwachsenen Tieren zur Oberfläche geführt werden. Dort machten sie ihren ersten Atemzug.

Ichthyosaurier sind eine vollständige Anpassung von Reptilien an ein Leben im Meer. Es gab sie von der frühen Trias bis zur späteren Kreide und somit auch während des ganzen Juras. Sie starben vor 93 Millionen Jahren aus, noch vor dem Ende der Kreidezeit. Ein besonderes Licht auf die Tiere wirft ein Fossilfund aus der Trias.

Ichthyosaurier-Friedhof

Berlin in Nevada, USA – nicht die deutsche Hauptstadt – ist eine Geisterstadt. Die verlassenen Häuser, Hütten und alte Autowracks locken die Touristen an, genau wie der örtliche Friedhof. Ganz in der Nähe befindet sich etwas, das einem Ichthyosaurier-Friedhof gleicht. Dort sind Dutzende von Fischsaurierskeletten. Tatsächlich aber dürfte es sich um eine Art Geburtsklinik gehandelt haben.

Shonisaurus – und sonst nichts!

Mehr als 100 Ichthyosaurierfossilien wurden an diesem Ort gefunden. Die meisten sind ausgewachsene Tiere, dazwischen aber finden sich auch die Überreste sehr kleiner Ichthyosaurier. Es sind die winzigen Knochen von Neugeborenen wie auch von Embryonen, also von noch ungeborenen Tieren. Keine Spur von größeren, noch nicht geschlechtsreifen Jungtieren. Vor rund 230 Millionen Jahren, als Nevada noch von tropischem Meer bedeckt war, versammelten sich hier wohl Fischsaurier, um in flachen und sicheren Gewässern ihre Jungen zur Welt zu bringen. Wir kennen dieses Verhalten von vielen heutigen Walen und Delfinen. So wandern Grauwale jedes Jahr nach Baja California und gebären dort in den warmen Gewässern ihre Jungen. Das erklärt, warum es neben den Neugeborenen auch so viele Tiere ein und

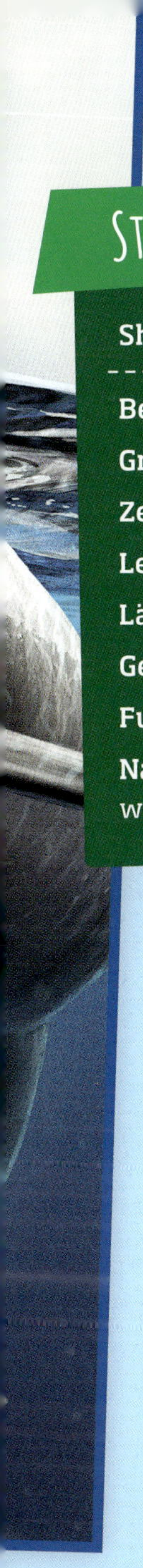

Steckbrief

KEIN DINO!

Shonisaurus

Bedeutung: »Echse der Shoshone Mountains«

Gruppe: Meeressaurier

Zeit: vor etwa 228 bis 208 Millionen Jahren, Trias

Lebensraum: Meer

Länge: etwa 14 bis 16 Meter

Gewicht: etwa 21 bis 30 Tonnen

Fundort: Nordamerika

Nahrung: Meeresreptilien, Fische und wirbellose Tiere

Größenvergleich

Lebendgeburt

Dieser Ichthyosaurier bringt sein Junges lebend zur Welt. Meist geht es mit dem Schwanz voran – so bleibt es möglichst lange noch über die Nabelschnur mit der Mutter verbunden. So ähnlich dürften auch Shonisaurusmütter ihre Jungen zur Welt gebracht haben.

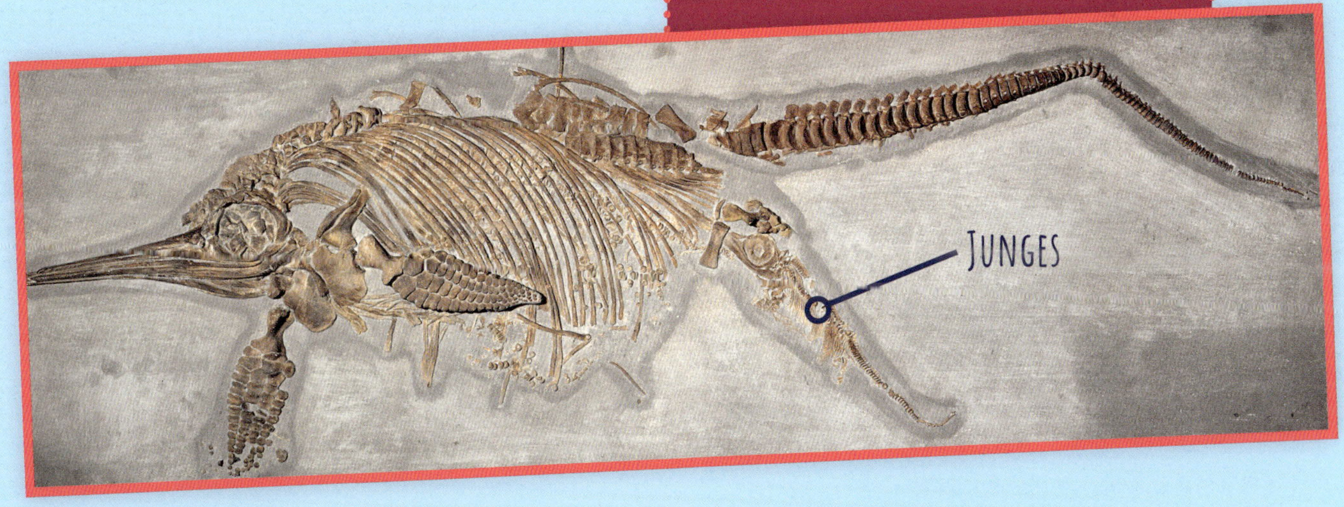

derselben Art auf dem Ichthyosaurier-Friedhof gibt, nämlich Shonisaurus popularis. Andere Meeresreptilien oder Fische, also Tiere, die die Ichthyosaurier normalerweise fraßen, fehlen fast vollständig. Es finden sich nur die Reste kleinerer wirbelloser Tiere wie Ammoniten. Offensichtlich ernährten sich die Tiere in anderen Regionen und suchten diesen Ort nur zum Gebären auf. Und zwar immer wieder: Die Sedimente der verschiedenen Steinbrüche, in denen die Fossilien gefunden wurden, stammen nicht alle aus der gleichen Zeit. Die Ichthyosaurier suchten diesen Geburtsort über viele Generationen auf: mindestens Hunderttausende, vielleicht sogar Millionen von Jahren lang!

Warum diese Ansammlung?

Was die Tiere umgebracht hat, darüber können Forschende nur spekulieren: Algenblüten, die das Gewässer vergiftet haben, oder Vulkanismus? Die chemische Untersuchung der Gesteine ergibt keinen Hinweis auf ein solches Massensterben. Einige Tiere waren möglicherweise Opfer einer Katastrophe, etwa eines Unterwasserrutsches. Die meisten Tiere jedoch starben einen natürlichen Tod. Da der Ort Jahr für Jahr und über lange Zeit von den werdenden Müttern aufgesucht wurde, könnte die Ansammlung der Fossilien auch eine Folge der normalen Sterblichkeit gewesen sein. Im Laufe der Zeit starben einzelne Tiere bei der Geburt, an Altersschwäche oder Krankheit.

Die Welt des Juras

Trias → **Jura** → Kreidezeit

In den Wäldern des Juras gab es Palmfarne, Nadelbäume und Ginkgos. Anstatt Grassteppen waren da weite Flächen, die mit Farnen bewachsen waren. Von ihnen ernährten sich die riesigen Sauropoden und andere Pflanzenfresser.

In der Trias tauchten die ersten Dinosaurier auf. Sie waren klein und andere, zum Teil erheblich größere Reptilien beherrschten das Land. Gegen Ende der Trias kam es zu einem Massenaussterben, ausgelöst durch Vulkanismus, der mit dem Auseinanderbrechen des Superkontinents Pangäa zusammenhing. Dort, wo Pangäa auseinanderbrach, flossen Unmengen Lava aus dem Erdmantel und vulkanische Gase veränderten die Atmosphäre und das Klima. Etwa die Hälfte aller Tierarten fielen diesem Ereignis zum Opfer, darunter auch viele der Konkurrenten der Dinosaurier. Für die Dinosaurier hingegen war das eine große Chance, die sie auch gut nutzten: Sie breiteten sich im Jura aus und entwickelten eine Vielzahl von Arten. Diese reichten von krähengroßen, gefiederten Räubern bis zu den tonnenschweren, pflanzenfressenden Sauropoden. In der Luft und im Wasser herrschten außerdem andere Reptilien, die keine Dinosaurier waren: Flugsaurier und Meeressaurier.

Zwei neue Kontinente

Im Laufe des Juras brach Pangäa in zwei Kontinente: in Laurasien im Norden und Gondwana im Süden. Die beiden großen Kontinente entfernten sich immer weiter voneinander. Zwischen ihnen erstreckte sich das Tethysmeer. Die Ränder der Kontinente waren von Flachmeeren umgeben, in denen einige größere und sehr viele kleinere Inseln lagen.

Das Klima

Durch das Auseinanderbrechen veränderte sich in vielen Regionen das Klima. Die Welt bekam mehr Küstenregionen. Was zuvor tief im Zentrum Pangäas lag, war nun näher am Meer. Ehemals trockene Regionen waren dann feuchter. Im frühen und mittleren Jura war es insgesamt sehr warm; erst gegen Ende des Juras wurde es etwas kühler.

Pflanzen

Das warme und feuchte Klima im Jura ließ auch in gemäßigten Breiten üppige Wälder wachsen. Alles in allem breiteten sich die Pflanzen aus – die Erde war im Jura grüner als in der Trias. Es wuchsen Farne, Palmfarne, Ginkgo-Bäume und Nadelbäume. Blütenpflanzen gab es noch keine, ebenso keine Grassteppen.

Tierwelt

Im Jura entwickelten sich riesige Langhalsdinosaurier, die Sauropoden. Darunter waren die größten Landtiere, die jemals die Erde bevölkerten. Auf den Inseln ging die Evolution besondere Wege; so bildeten sich dort Zwergformen der Sauropoden und anderer Dinosaurierfamilien. Aber auch Stegosaurier und riesige räuberische Theropoden wie Allosaurus entstanden. Im Jura entwickelten sich aus kleinen zweibeinigen Theropoden die ersten Vögel. Sie waren die zweite Wirbeltiergruppe, die das Fliegen für sich entdeckte. Sie teilten sich den Luftraum mit den Flugsauriern, die nach wie vor am Himmel kreisten. In den Ozeanen schwammen Ichthyosaurier, Plesiosaurier und andere Meeresreptilien. In den flachen Meeren, die die Kontinente und Inseln umgaben, lebten auch Ammoniten und Belemniten, beide inzwischen ausgestorbene Verwandte der heutigen Tintenfische.

Jura

Die Kontinente im Jura vor 201 bis 145 Millionen Jahren. Pangäa zerbrach in Laurasien und Gondwana, dazwischen lag das Tethysmeer.

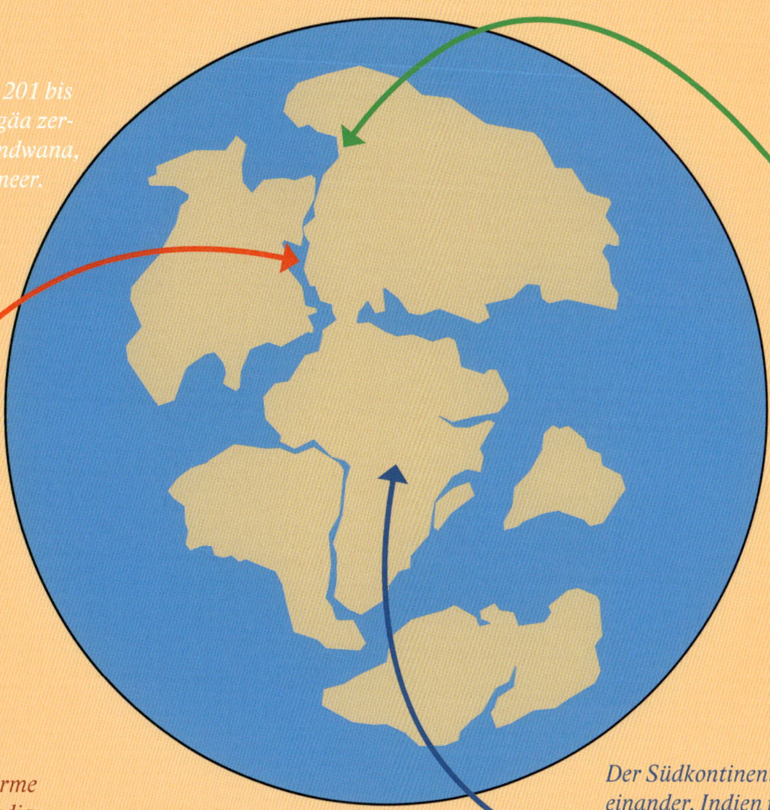

Viele Regionen in Eurasien waren Flachmeere, aus denen die höher gelegenen Regionen und Berge als Inseln ragten.

Zwischen Nordamerika und Eurasien bildete sich allmählich der Nordatlantik.

Der Südkontinent Gondwana brach auseinander. Indien trennte sich als eigener Kontinent ab und bewegte sich nach Norden. Im Süden hingen Antarktika und Australien noch zusammen. Zwischen Südamerika und Afrika begann sich der Südatlantik zu bilden.

Die Sauropoden wie dieser Giraffatitan erreichten enorme Ausmaße und mussten ständig fressen. Gut, dass das warme Klima des Juras die Pflanzen so gut gedeihen ließ!

Flugsaurier wie Rhampohorhynchus kreisten am Himmel.

In den Meeren tummelten sich neben Fischen und Ammoniten große Meeressaurier wie Ichthyosaurier mit ihren langen Schnauzen.

Der sechs Meter lange fleischfressende Theropode Cryolophosaurus wurde in Antarktika gefunden. Was heute Eiswüste ist, lag im frühen Jura noch viel näher am Äquator und das Klima war milder. Die üppigen Wälder waren sein Zuhause.

Diplodocus

Trias | **Jura** | Kreidezeit

Der Jura war das Zeitalter der Sauropoden oder Langhalsdinosaurier. Unter ihnen waren die größten Landtiere, die jemals existiert haben. Sie waren unverwechselbar: ein gewaltiger, tonnenschwerer Körper, ein langer Peitschenschwanz und ein langer Hals mit einem kleinen Kopf darauf. Sauropoden waren zwar gemütliche Pflanzenfresser, aber nicht zu unterschätzen! Ein ausgewachsener Diplodocus erreichte von Kopf bis Schwanzspitze eine gewaltige Länge von 27 Metern und war dennoch nicht der größte Sauropode. Einige andere Sauropoden waren vermutlich länger – allerdings sind ihre Skelette nicht vollständig erhalten, sodass genaue Angaben über die Körpergröße kaum möglich sind.

»Doppelbalken«

Der Name Diplodocus bedeutet »Doppelbalken« und bezieht sich auf spezielle Knochen im Mittelteil des Schwanzes. Die sogenannten Chevronknochen sitzen an der Unterseite der Schwanzwirbel und haben die Form eines doppelten Balkens, ähnlich wie der Buchstabe V. Diese Knochen in Verbindung mit Muskeln verhinderten, dass der lange und nicht gerade leichte Schwanz des Dinos abknickte.

Stiftzahn

Auf dem langen und beweglichen Hals sitzt ein vergleichsweise kleiner Kopf. Das Maul war voller eigentümlicher Zähne, die sich von denen anderer Sauropodengattungen unterschieden. Die Zähne von Diplodocus waren wie Stifte geformt und an der Oberseite stumpf. Wahrscheinlich streifte er mit diesen Zähnen wie mit einem Rechen Blätter von den Zweigen ab. Brachiosaurus hingegen hatte eher spatenförmige Zähne, mit denen er auch zähere Pflanzenteile, etwa ganze Zweige, abreißen konnte.

Gasfabrik

Die Zähne von Diplodocus waren nicht geeignet, um Pflanzenteile zu zermalmen. Also schluckte Diplodocus alles unzerkaut hinunter und überließ den Rest seinem riesigen Verdauungssystem. Das musste dann ordentlich arbeiten! Dabei entstanden auch typische Gase, die nicht immer fein gerochen haben. In einer Sauropodenherde wurde ununterbrochen gerülpst und gepupst!

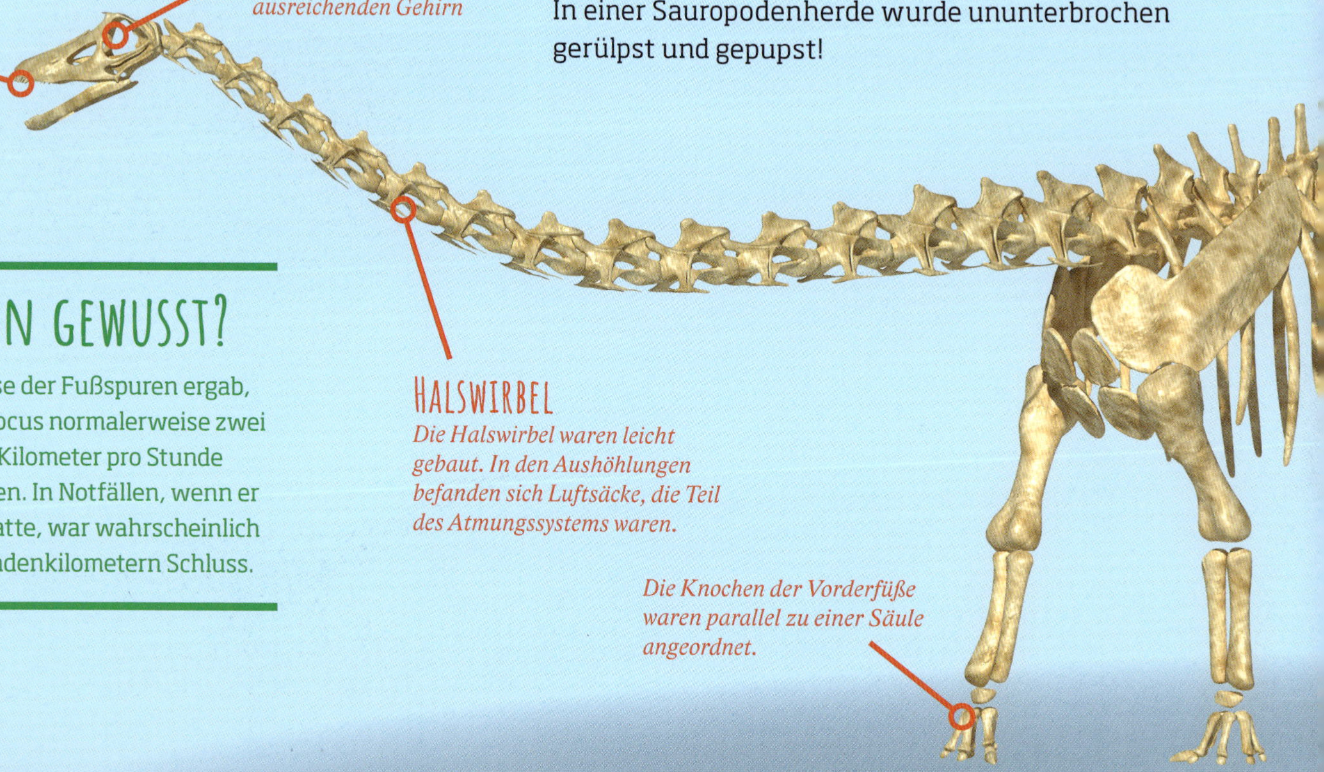

Kleiner Kopf mit einem kleinen, aber für einen Pflanzenfresser durchaus ausreichenden Gehirn

Bleistiftartige Zähne zum Abzupfen von Blättern

Halswirbel
Die Halswirbel waren leicht gebaut. In den Aushöhlungen befanden sich Luftsäcke, die Teil des Atmungssystems waren.

Die Knochen der Vorderfüße waren parallel zu einer Säule angeordnet.

Schon gewusst?

Die Analyse der Fußspuren ergab, dass Diplodocus normalerweise zwei bis vier Kilometer pro Stunde zurücklegten. In Notfällen, wenn er es eiliger hatte, war wahrscheinlich bei 25 Stundenkilometern Schluss.

Steckbrief

Diplodocus

Bedeutung: »Doppelbalken«

Gruppe: Echsenbeckensaurier

Zeit: vor 157 bis 145 Millionen Jahren, Jura

Lebensraum: Baumsteppen, Waldgebiete

Länge: etwa 27 Meter

Gewicht: etwa 11 bis 16 Tonnen

Fundort: Nordamerika

Nahrung: Pflanzen, Blätter und Nadeln von Bäumen

Peitschenschwanz

Der Schwanz hatte mehrere Funktionen. Er war Verteidigungswaffe und bildete das Gegengewicht zum langen Hals. Bei einigen Arten wie Giraffatitan hatte man nachgewiesen, dass der Schwanz am Ansatz besonders muskulös war und die Hinterbeine beim Gehen nach vorne unterstützte. Das Tier sparte so Energie. Längere und dünnere Schwänze von Sauropoden könnten auch zur Kommunikation in der Herde eingesetzt worden sein. Vielleicht haben sie freundlich gewedelt, so wie Hunde. Eines aber konnten die Schwänze nicht: die Peitsche knallen lassen. Für das Knallgeräusch hätte die Schwanzspitze mit unglaublicher Geschwindigkeit bewegt werden müssen und dabei wäre sie abgebrochen!

An die Grenzen

Bei der Entwicklung der großen Sauropoden ging die Biologie an ihre Grenzen. Wie versorgten Sauropoden ihren Körper mit ausreichend Sauerstoff? Eine Lunge, wie wir Menschen sie haben, hätte nicht ausgereicht. Stattdessen hatten die Sauropoden eine sehr viel leistungsfähigere Lunge, etwa wie die heutiger Vögel. Dieses Atmungssystem war mit der Entwicklung von Luftsäcken verbunden. So konnte genug sauerstoffhaltige Luft in den Körper gelangen und ihn auch kühlen. Denn die großen Körper hatten im Vergleich zu ihrem Volumen eine nur geringe Oberfläche, um überschüssige Körperwärme abzuführen.

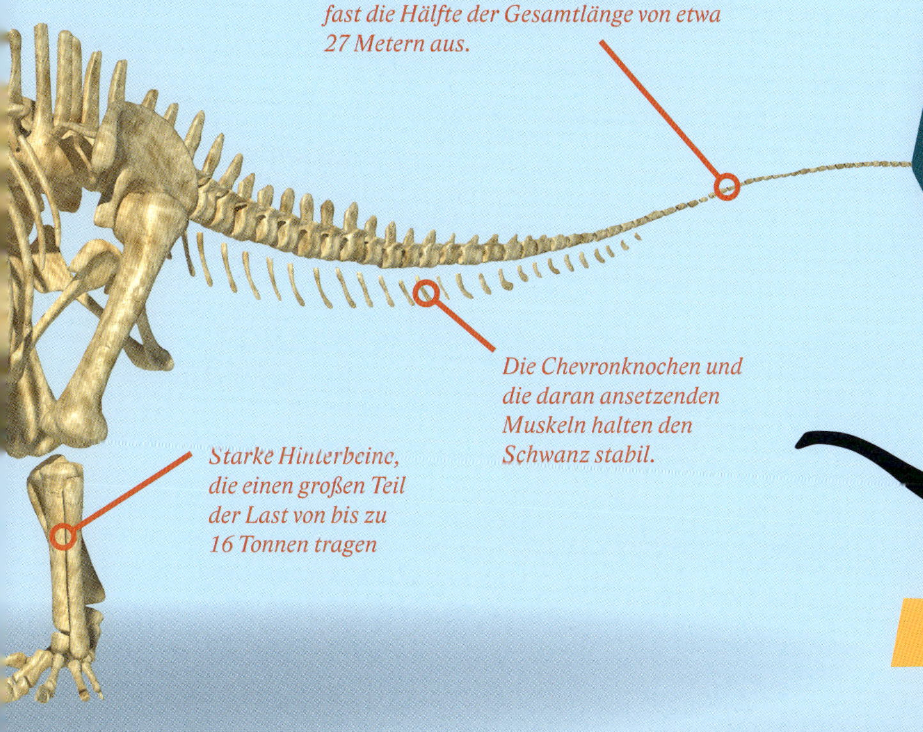

Unglaublich!

Diplodocus war bis zu 16 Tonnen schwer. Um zu dieser Größe heranzuwachsen und sein Gewicht zu halten, verbrachte er einen Großteil der Zeit mit Fressen. Der lange Hals half ihm dabei, Energie zu sparen. Er konnte eine große Fläche abweiden, ohne dabei den Körper zu bewegen.

Gigantismus und Inselverzwergung

Nicht nur die pflanzenfressenden Sauropoden wie Diplodocus und Titanosaurus, auch die fleischfressenden Theropoden wie Allosaurus und T. rex entwickelten sich zu Riesen. Dabei begannen deren Vorfahren in der Trias als kleine Tiere. Dass aus ihnen im Jura so große Dinosaurierarten wurden, hing mit dem für Pflanzen idealen Klima zusammen. Futter war in großen Mengen vorhanden. So konnte die Evolution immer größere Arten hervorbringen.

Gigantismus

Man bezeichnet diese Entwicklung hin zu riesigen Formen als Gigantismus. Das Riesenwachstum hatte einen entscheidenden Überlebensvorteil. Die meisten Räuber wagten sich nicht an die gigantischen Sauropoden heran. Wer wollte schon von den tonnenschweren Tieren erdrückt werden oder einen fiesen Schlag mit dem Schwanz abbekommen? Zudem lebten die Sauropoden in Herden und konnten gemeinsam gegen Angreifer vorgehen. Allerdings zogen die Räuber nach und entwickelten eigene Riesenformen. Dennoch war es ein großes Risiko, sich an gesunde und erwachsene Sauropoden heranzuwagen. Aber es gab auch Entwicklungen zu kleineren Arten. Und das hatte ebenfalls mit Nahrung zu tun – diesmal mit zu wenig davon.

Der kleine Tyrann

Nanuqsaurus ist ein räuberischer Theropode und nur ein Drittel so groß wie T. rex. Leider sind nur Teile des Schädels gefunden worden. Die Fundstelle selbst liegt im heutigen Alaska. Nanuq bedeutet in der Sprache der dort lebenden Inuit Eisbär. Zu Lebzeiten des Tieres vor rund 70 Millionen Jahren in der späten Kreidezeit lag der Fundort am nördlichen Rand des damaligen

Abgeschnitten vom Süden, konnte Nanuqsaurus nur als kleine Version eines Tyrannosauriers die harten Winter im Norden überstehen.

Inselkontinents Laramidia. Eine damals bis zu 5 000 Meter hohe Bergkette schuf im Norden einen abgegrenzten Lebensraum, gewissermaßen eine Insel. Die Tiere, die hier lebten, waren von denen weiter im Süden abgeschnitten und entwickelten sich unabhängig von ihnen weiter.

Kalte Insel

Damals herrschte nicht jenes extreme arktische Klima wie heute – es war etwas wärmer als im heutigen Alaska. Dennoch mussten die Tiere mit den dunklen und kalten arktischen Wintern zurechtkommen. Das arktische Klima und das wechselhafte Nahrungsangebot über das Jahr hinweg führten zu einer geringeren Körpergröße bei den Pflanzenfressern. Und die Fleischfresser wurden ebenfalls kleiner. Eigentlich eine schlaue Lösung der Natur. Denn kleine Räuber müssen weniger fressen. Die zur gleichen Zeit lebenden größeren Verwandten lebten alle weiter im Süden. Biologen und Biologinnen kennen diese Besonderheit unter dem Namen Inselverzwergung.

Europas Inselzwerg

Ein weiterer Fall von Inselverzwergung mit nur sechs Metern Länge: der kleinwüchsige Sauropode Europasaurus. Europasaurus lebte vor etwa 150 Millionen Jahren wegen des damals hohen Meeresspiegels in einer Inselwelt. Sein Fundort in der Nähe von Goslar in Deutschland lag damals auf einer kleinen Insel mit subtropischem Klima. Es war warm und feucht. Mit steigendem Meeresspiegel wurde die Insel immer kleiner und die Nahrung knapper. Kleinere Tiere, die weniger Nahrung benötigten, waren im Vorteil und hatten bessere Überlebenschancen als große Tiere mit großem Appetit.

Zu Lebzeiten des Europasaurus war Europa eine Inselwelt. Zahlreiche kleinere Inseln waren von viel Meer umgeben. Die Inselbewohner mussten mit der begrenzten Nahrung der Insel auskommen. Und das konnten kleinwüchsige Sauropoden besser als riesengroße.

Stegosaurus und Co

Trias | **Jura** | Kreidezeit

Stegosaurier sind vierbeinige pflanzenfressende Dinosaurier mit einem schweren Schwanz, der mit meist langen Stacheln besetzt ist. Stegosaurier sind von Kopf bis Schwanzspitze zwischen drei und neun Metern lang. Der Kopf ist verglichen mit dem Körper äußerst klein.

Wärmeaustauscher

Das gemeinsame Merkmal der Stegosaurier sind die großen, meist dreieckigen Platten, die in Doppelreihen auf dem Rücken stehen. Wie die Platten genau auf dem Rücken platziert waren, ist umstritten. Sie könnten paarweise, aber auch gegeneinander angeordnet gewesen sein, gewissermaßen auf Lücke. Einige Paläontologen und Paläontologinnen sehen in den Platten Vorrichtungen, um die Körperwärme zu regulieren. Tatsächlich gibt es Hinweise, dass Stegosaurier wechselwarme Tiere waren und ihre Temperatur nicht selbst auf gleich hohem Niveau halten konnten. Die Knochenplatten waren mit einer gut durchbluteten Haut überzogen. Wenn die Tiere ihre Platten der Sonne zuwandten, konnten sie so die Sonnenwärme aufnehmen. Wendeten sie sich von der Sonne ab oder stellten sie sich in den Schatten, so konnte über die Platten Wärme abgegeben werden. Einige der Platten sind in der Tat sehr dünn und in

Steckbrief

Stegosaurus

Bedeutung: »Dachechse«

Gruppe: Vogelbeckensaurier

Zeit: 157 bis 148 Millionen Jahre, Jura

Lebensraum: Wälder

Länge: etwa 9 Meter

Gewicht: etwa 4 bis 5 Tonnen

Fundorte: Nordamerika, Europa

Nahrung: niedrigwachsende Pflanzen, Farne

Schon gewusst?

Aus fossilen Fußspuren kann man darauf schließen, dass Stegosaurus in Familiengruppen wanderte und sich auch in der Gruppe gegen Räuber wehrte.

Die Rückenplatten waren nicht mit dem Rest des Skeletts verwachsen, die vier Stacheln hingegen schon. Die Platten sind nach Größe auf dem Rücken angeordnet. Die größten auf dem Rumpf, die kleineren auf Hals und Schwanz.

Größenvergleich

feinen Rillen könnten die Blutgefäße verlaufen sein, mit denen die Wärme in den Körper hinein- oder bei Überhitzung hinaustransportiert wurde. Allerdings trugen einige Stegosaurierarten nicht dünne und flache Knochenplatten, sondern kegelförmige, die zur Wärmeregulierung weniger gut geeignet sind.

UNGLAUBLICH!

Der vier bis fünf Tonnen schwere Stegosaurus verfügte über ein winziges Gehirn von nur 80 Gramm. So hielt man Stegosaurus für ausgesprochen dumm. Aber es reichte, um das Leben eines Pflanzenfressers zu führen.

Balzen und angeben

Es könnte durchaus sein, dass die Platten weithin sichtbare Signale waren, etwa um die Rangordnung in der Gruppe deutlich zur Schau zu stellen. Die Platten ließen die Tiere größer und gefährlicher wirken – sie könnten somit sowohl Fressfeinde als auch Rivalen eingeschüchtert haben. Als Waffe waren sie jedenfalls nicht brauchbar, denn sie waren nicht fest mit den Wirbelknochen verwachsen. Ziemlich sicher halfen sie auch bei der Suche nach einer Partnerin. Möglicherweise leuchteten die gut durchbluteten Platten kräftig rot.

Langsam, aber wehrhaft

Im Gegensatz zu den knöchernen Platten auf dem Rücken waren die Stacheln an der Schwanzspitze fest mit den Schwanzknochen verwachsen und dienten offensichtlich der Verteidigung. Der massive Schwanz war am Ende mit bis zu einem Meter langen Stacheln bestückt. Ein Treffer mit den Stacheln konnte einen angreifenden Allosaurus schwer verletzen. Das zeigen Löcher in Allosaurusknochen, die vermutlich von Stegosaurusstacheln stammen. Aua!

Allosaurus – der mit den Höckern

TRIAS | JURA | KREIDEZEIT

Allosaurus ist einer der häufigsten großen Theropoden der Jurazeit. Viele Skelette wurden im Westen der USA entdeckt. In seinem gewaltigen Schädel steckten zahlreiche scharfe, nach hinten gebogene, gesägte Zähne. Das Maul konnte er extrem weit aufreißen. So konnte er die Beute nicht nur mit allen Zähnen festhalten, sondern auch große Fleischbrocken herausschneiden.

HÖRNER
Fossil erhalten sind zwei knöcherne Fortsätze über den Augen. Vielleicht saßen darauf zwei Hörner.

Anders als T. rex

Die Arme sind größer als die des T. rex, der viel später gegen Ende der Kreidezeit lebte. Auch hatte Allosaurus an jeder Hand drei Finger mit Krallen, T. rex hatte nur zwei. Wegen der kräftigen Kiefer, der scharfen Zähne und der Krallen haben einige Forschende vermutet, dass er auch größere Pflanzenfresser angriff, etwa Stegosaurier, Hadrosaurier und vielleicht auch Sauropoden. Tatsächlich gibt es an diesen großen Pflanzenfressern Bissspuren von Allosaurus. Vielleicht aber waren die Tiere bereits tot und Allosaurus hatte somit nur Aas gefressen. Dass die Jagd auf große Pflanzenfresser durchaus gefährlich für Allosaurus war, zeigt ein Loch im Schwanzwirbel eines Allosaurus. Es passt in Form und Durchmesser zu den Schwanzstacheln von Stegosaurus. Hier hatte wohl ein Stegosaurus einen Angriff abwehren können.

ALLOSAURUS
Er ist das für die Jurazeit, was T. rex für die Kreide ist: der bekannteste große Raubdinosaurier. Allerdings ist Allosaurus im Vergleich zu T. rex eher leicht gebaut. Besonders fallen die zwei flachen Knochenleisten auf der Schnauze und die zwei dreieckigen Hörner über den Augen auf.

SCHARFE KRALLEN
Mit den gebogenen Krallen an den drei Fingern hielt Allosaurus die Beute fest.

»DOPPELKAMMECHSE«
Ähnlich wie Allosaurus hat auch Dilophosaurus zwei dünne Knochenleisten auf dem Kopf. Die sind aber so zerbrechlich, dass sie nur zum Angeben gewesen sein können.

Steckbrief

Allosaurus

Bedeutung: »Andersartige Echse«

Gruppe: Echsenbeckensaurier

Zeit: vor 157 bis 145 Millionen Jahren, Jura

Lebensraum: Waldgebiete

Länge: etwa 8,5 bis 10 Meter

Gewicht: etwa 2,5 Tonnen

Fundorte: Nordamerika, Europa

Nahrung: Fleisch, Aas

Der massive Schädel war nicht so schwer, wie er aussieht. Durch große Löcher wurde Gewicht eingespart. Dennoch hatte das Tier eine enorme Beißkraft. In den Kiefern saßen mehr als 70 messerscharfe Zähne mit gezackten Schneidekanten. Fiel ein Zahn mal aus, was öfter geschah, wuchs ein neuer nach.

Massiver Schwanz

Mit seinem langen Schwanz hielt Allosaurus beim Laufen das Gleichgewicht.

Das enorme Gewicht wurde von den drei kräftigen Zehen getragen. Eine vierte, kleinere Zehe saß auf der Fußinnenseite und trug nicht zum Laufen bei.

Archaeopteryx – der Urvogel

In Süddeutschland wurden inzwischen zwölf Exemplare des Archaeopteryx gefunden.

Warum sind Vögel heute zahnlos?

Die Entwicklung der Zähne im Ei benötigt viel Zeit, in der das Ei Gefahr läuft, von Räubern gefressen zu werden. Wenn also ein Vogelembryo keine Zähne ausbilden muss, kann er früher schlüpfen und hat einen enormen Überlebensvorteil! Vögel kommen sehr gut ohne Zähne allein mit ihrem Hornschnabel zurecht.

ZÄHNE

Mit den spitzen Zähnen packte der Jäger seine Beute.

Archaeopteryx hatte ein tiefschwarzes Gefieder wie heutige Krähen und Raben. Das verrät die Form von mikroskopisch kleinen Farbkörperchen, die man in den fossilen Federn nachweisen kann.

Im Jahr 1859 wurde in einem Steinbruch in Süddeutschland das erste Fossil eines Archaeopteryx entdeckt. Ein seltsames Tier: Das Skelett war ähnlich gebaut wie das kleiner Dinosaurier, etwa Compsognathus. So hatte Archaeopteryx einen langen knöchernen Schwanz, eine Reihe von spitzen Zähnen in den Kiefern und Krallen an Hinter- und Vordergliedmaßen. Doch da war noch etwas: Er hatte Flügel, die eindeutig mit Federn bestückt waren. Federn waren auch am Schwanz und am restlichen Körper. Archaeopteryx war teils Dinosaurier, teils Vogel! Dieses Fossil wurde weltberühmt, weil es Charles Darwins Vorstellungen vom Wandel der Arten belegte.

Konnte er fliegen?

Der Name Archaeopteryx bedeutet »uralter Flügel«. Konnte dieser Urvogel – eine Zwischenform von Urreptil und heutigem Vogel – aber wirklich schon vom Boden abheben und durch Flügelschlagen aktiv fliegen? Oder konnte er nur mit seinen Krallen auf Bäume hinaufklettern und aus der Höhe zum Gleitflug starten? Was ihn mit modernen Vögeln verbindet, sind seine Profilfedern. Das sind asymmetrische Federn,

Ichtyornis beherrschte den aktiven Flatterflug. Er war somit ein echter Vogel und teilte sich den Luftraum mit den Pterosauriern, den ersten Wirbeltieren, die fliegen konnten.

die erst das Fliegen ermöglichen. Allerdings hatte Archaeopteryx ein flaches Brustbein, an dem wahrscheinlich nur kleine und schwache Flugmuskeln angesetzt haben. Die Arm- und Handknochen von Archaeopteryx ähneln zudem heutigen Wachteln und Fasanen, die zwar fliegen können, aber nur über kurze Strecken. Vielleicht war Archaeopteryx einfach nur ein schlechter Flieger. Auf jeden Fall halfen ihm seine bescheidenen Flugkünste bei der Jagd und um selbst Räubern zu entkommen.

Gefiederte Dinosaurier

Als in den 1990er-Jahren in China weitere kleine gefiederte Dinosaurier entdeckt wurden, begann sich die Sicht auf die Vögel zu ändern. Man erkannte, dass sich die ersten federartigen Strukturen bei Theropoden, also zweibeinigen Dinosauriern entwickelt haben. Das war lange Zeit, bevor die ersten Urvögel weiterentwickelte Federn zum Fliegen nutzten! Die chinesischen Funde zeigten, dass sich Federn viele Millionen Jahre vor dem Vogelflug zu entwickeln begannen. Die relativ kleinen Dinosaurier liefen auf zwei Beinen und hatten bereits kleine Flügel an den Armen. Allerdings taugten die nicht zum Fliegen.

Nutzen der Federn

Die Evolution brachte Federn zunächst zum Wärmen hervor. Aber Federn konnten auch prächtig schwarz glänzen oder bunt sein. Sie waren ideal, um andere einzuschüchtern oder für sich zu gewinnen. Ein prächtiges Federkleid war wichtig, um eine Partnerin zu finden. Auch mit kleinen gefiederten Flügeln konnte man die ersten größeren Hüpfer machen und einem Verfolger entkommen. Mit den Flügeln wurden auch die Sprünge größer und schließlich konnte man damit gleiten und im Flatterflug aktiv fliegen. Natürlich musste auch der Körper umgebaut werden. Es brauchte eine kräftige Flugmuskulatur – und die setzte an einem hervorstehenden Brustbein an. Der Dino-Schwanz und die Krallen an den Flügeln verschwanden langsam.

STECKBRIEF

Archaeopteryx

Bedeutung: »Uralter Flügel«

Gruppe: Echsenbeckensaurier

Zeit: vor 151 bis 146 Millionen Jahren, Jura

Lebensraum: Waldgebiete

Länge: etwa 45 Zentimeter

Gewicht: bis 1 Kilogramm

Fundort: Deutschland

Nahrung: Insekten, kleine Reptilien

Flugsaurier des Juras

Trias | **Jura** | Kreidezeit

Die Flugsaurier des Juras sind nach wie vor klein. Allerdings gibt es neben Langschwanzflugsauriern nun auch Flugsaurier mit kurzen Schwänzen. Der bekannteste ist wohl der Kurzschwanzflugsaurier Pterodactylus. Als seine Fossilien entdeckt wurden, hielt man sie noch für ein Meerestier, das die Hautflügel als Flossen benutzte. Später erkannte man den Irrtum: Es handelte sich um ein fliegendes Reptil. Viele vollständige Skelette von Jungtieren wie auch von erwachsenen Tieren wurden in den Kalksteinbrüchen von Solnhofen in Süddeutschland gefunden – neben den Fossilien von Meerestieren wie Fischen und Ammoniten. Flugsaurier haben wohl im Flug die nahe der Wasseroberfläche schwimmenden Tiere geschnappt. Denkbar ist auch, dass Flugsaurier bei der Jagd im Sturzflug ins Wasser eintauchten. Allerdings liefen sie dann Gefahr, selbst gefressen zu werden, etwa von Haien oder Meeressauriern.

Pterodactylus

Mit nur einem Meter Flügelspannweite war Pterodactylus ein zwar kleiner Flugsaurier, dafür aber ein guter Flieger. Auffällig: der kurze Schwanz und der sehr lange Hals. Damals im Jura lebte er in den Küstengebieten eines flachen Binnenmeeres, das große Teile Süddeutschlands bedeckte. Der lange spitze Schnabel war voller kleiner scharfer Zähne – ideal zum Fangen von Fischen. Neuere Untersuchungen deuten darauf hin, dass er mit seinem Schnabel auch die Schalen wirbelloser Tiere knacken konnte, etwa Ammoniten.

Steckbrief

Kein Dino!

Pterodactylus

Bedeutung: »Flügelfinger«

Gruppe: Pterosaurier

Zeit: vor etwa 150 Millionen Jahren, Jura

Lebensraum: Meeresküsten, Fluss- und Seeufer

Spannweite: etwa 1 Meter

Länge: etwa 1 Meter

Gewicht: etwa 2 Kilogramm

Fundorte: Süddeutschland, Großbritannien, Tansania (Ostafrika)

Nahrung: Fische und wirbellose Tiere

Dimorphodon

Dieser kleine und kurzhalsige Flugsaurier wurde gerade einmal einen Meter lang, wobei ein Großteil auf den langen Schwanz mit dem rautenförmigen Schwanzsegel entfiel. Umso größer und massiger wirkte der 25 Zentimeter lange Kopf mit seinem kräftigen Schnabel, der an heutige Papageientaucher erinnert. Wie der Seevogel war auch Dimorphodon ein Küstenbewohner. Mit dem bezahnten Schnabel fing er Fische, indem er knapp über das Meer glitt und nur mit dem Schnabel ins Wasser eintauchte. Gefunden wurde er in Großbritannien.

Rhamphorhynchus

Rhamphorhynchus war im Mittel- und Oberjura ein weitverbreiteter Flugsaurier. Seine Fossilien wurden in Afrika und Europa gefunden. Der Langschwanzflugsaurier wurde bis 1,30 Meter lang und hatte eine Flügelspannweite von bis zu zwei Metern. Wie fast alle Flugsaurier lebte er in der Nähe der Küste, wo er sich von Fischen ernährte. Der lange Schwanz mit dem Rautensegel half ihm beim knappen Flug über die Wasseroberfläche beim Steuern. Dabei tauchte er immer wieder den langen Schnabel ins Wasser und schnappte sich die Fische. Auch wenn sie noch so sehr zappelten: dem festen Biss mit den spitzen Zähnen entkamen sie nicht.

Weg da!

Wie es wohl zu dieser Situation vor 70 Millionen Jahren in der ausgehenden Kreidezeit gekommen ist? Zwei ansonsten harmlose Parasaurolophus sind aufgebracht und bedrängen einen fleischfressenden Tyrannosaurier. Normalerweise würden die beiden Pflanzenfresser vor dem Räuber Reißaus nehmen und davonlaufen. Vermutlich vertreiben die beiden den Räuber von ihrem Nest. Weg da! Zwei gegen einen – das könnte klappen!

Die Welt in der Kreide

TRIAS JURA **KREIDEZEIT**

Weltkarte der Kreide

Die Kontinente in der Kreidezeit vor 145 bis 66 Millionen Jahren. Laurasien und Gondwana zerbrachen weiter in kleinere Landmassen. Die heutigen Kontinente sind bereits zu erahnen. Mit dem Aufbrechen der Landmassen nahm der Anteil feuchter und grüner Küstenlandschaften zu und die Wüsten wurden weniger. Auf den einzelnen durch Meere getrennten Kontinenten entwickelten sich die Dinosaurier unterschiedlich – die Artenvielfalt der Dinos nahm zu.

Die Kreide oder Kreidezeit ist die dritte und letzte Periode des Erdmittelalters. Der Name kommt von den mächtigen Kreideschichten, die aus unzähligen winzigen kalkhaltigen Algen bestehen. Diese Ablagerungen haben sich in den kreidezeitlichen Flachmeeren gebildet.

Neue Kontinente und Ozeane

In der Kreide zerfielen nun die beiden Großkontinente Laurasien und Gondwana. Nordamerika trennte sich von Eurasien und Südamerika und spaltete sich auch von Afrika ab. Indien löste sich von Afrika und Australien und war nun ein eigener kleiner Kontinent, der sich nach Norden in Richtung Asien bewegte. Australien und Antarktika hatten sich ebenfalls vom Rest losgelöst, waren aber noch miteinander verbunden. Anfangs war der Meeresspiegel noch hoch, sodass weite Teile der Kontinente überflutet waren. Gegen Ende der Kreidezeit sank der Meeresspiegel und die Umrisse der Kontinente sahen bereits so ähnlich aus wie die heutigen Kontinente.

Neue Lebensräume

Durch das Auseinanderbrechen der Landmassen entstanden neue Lebensräume. Die nun voneinander getrennten Kontinente hatten ihre eigenen Lebensbedingungen – je nach Position auf dem Globus umfassten sie polare bis tropische Landschaften und Klimaregionen. Auf jedem Kontinent entwickelten sich Pflanzen und Tiere getrennt und so bildete sich eine Vielzahl neuer Arten.

Das Klima

In der Unterkreide war es an den meisten Orten warm oder zumindest mild. Ideal für viele Pflanzen! Tropenwälder und andere Wälder breiteten sich aus. Gegen Ende der Kreide wurde es weltweit kälter, insbesondere in der Nähe der Polargebiete.

Pflanzen

In der Kreidezeit wandelte sich die Pflanzenwelt. Neu hinzu kamen Blütenpflanzen, zu denen auch die Gräser zählen. Vor allem gegen Ende der Kreide verdrängten die Blütenpflanzen vielerorts Farne, Palmfarne, Ginkgos und Nadelbäume.

Komischer Vogel

In der Kreide entwickelten sich viele hoch spezialisierte Dinosaurier wie Therizinosaurus: ein riesiger gefiederter Theropode mit säbelartigen Klauen.

Tiere

In der Kreide lebten ähnliche Tierformen wie im vorangegangenen Jura. Allerdings waren die Arten vielfältiger: Jeder Kontinent brachte seine eigenen Landtierarten hervor. So entwickelten sich in der Kreide viele neue Dinosaurierarten. Auch bei den kleinen Krabbel- und Flugtieren tat sich etwas. Mit den sich verbreitenden Blütenpflanzen kamen neue spezialisierte Insektenarten auf. Die Insekten trugen wesentlich zur Verbreitung von Blütenpflanzen bei. Kleine Säugetiere gab es bereits seit der Trias. Nun aber entwickelten sich die ersten Plazentatiere. Zu ihnen gehören alle Säugetiere außer Beuteltiere wie Känguru, Koala und Kloakentiere wie das Schnabeltier. Die Gruppe der Plazentatiere ist heute die häufigste Gruppe der Säugetiere. Mäuse, Katzen und der Mensch zählen dazu.

Tiere in den Meeren

Die großen Meeressaurier standen in der Kreide ganz oben an der Spitze der Nahrungskette. Aber auch andere Räuber wie Fische und Haie schwammen in den kreidezeitlichen Meeren. Leichte Beute waren wirbellose Tiere wie Ammoniten – allerdings musste man dazu das Gehäuse knacken oder die Weichtiere aus dem Gehäuse ziehen können.

Wir können sie fast schon als Maskottchen der Kreidezeit bezeichnen: Die bekanntesten Dinosaurier dieser Periode sind T. rex und Triceratops.

Gegen Ende der Kreidezeit wuchsen vielerorts frühe Vertreter der Blütenpflanzen, wie Magnolien mit ihren üppigen Blüten. Zwischen ihnen summten Insekten umher.

Microraptor

Vor 125 bis 120 Millionen Jahren lebte in den Wäldern der unteren Kreide dieser kleine gefiederte Dinosaurier. Microraptor hatte an Armen und Beinen vogelähnliche Federn, mit denen er hervorragend durch die Luft gleiten konnte. Selbstständig im Flatterflug fliegen konnte er wohl aber nicht. Wahrscheinlich kletterte er mit seinen krallenbesetzten Händen und Füßen Baumstämme hoch, um dann im Gleitflug nach unten zu schweben – und sich so Beutetiere in der Luft und am Boden zu schnappen. Der gefiederte Fächer am Schwanzende half ihm, das Gleichgewicht zu halten und den Gleitflug zu lenken. Mit nur einem halben Meter Länge war er ein eher kleiner Räuber und genau das bedeutet sein Name. Für die im Gleitflug fliehende Echse sieht es hier schlecht aus!

Psittacosaurus – Papageienschnabel

Trias | Jura | **Kreidezeit**

Was für ein lustiger Schnabel! Er ist auch der Grund für den Namen dieses Dinosauriers und bedeutet »Papageienechse«. Psittacosaurus zählt zu den Ceratopsiern oder Horndinosauriern, zu denen auch Triceratops oder Centrosaurus gehören. Die meisten Ceratopsier lebten in der späten Kreidezeit und erreichten eine beachtliche Größe. Psittacosaurus hingegen war ein früher Ceratopsier und lebte in der frühen Kreidezeit. Im Gegensatz zu seinen späteren Verwandten ist er mit nur zwei Metern Länge ein eher kleiner Vertreter dieser Dinosauriergruppe. Außerdem liefen zumindest die erwachsenen Tiere überwiegend auf den Hinterbeinen. Auch andere frühere Gattungen der Ceratopsier waren klein und hatten einen schmalen Hornschnabel, mit dem sie Pflanzenteile abzupfen konnten. Die hinten im Maul befindlichen scharfen Zähne halfen, die Nahrung zu zerschneiden. Möglicherweise verbrachte Psittacosaurus viel Zeit im Wasser.

Steckbrief

Psittacosaurus

Bedeutung: »Papageienechse«

Gruppe: Vogelbeckensaurier

Zeit: vor 125 bis 110 Millionen Jahren, Kreide

Lebensraum: feuchte Wälder

Länge: etwa 2 Meter

Gewicht: ca. 20 Kilogramm

Fundort: Asien

Nahrung: Pflanzen, unter anderem auch Samen und Nüsse

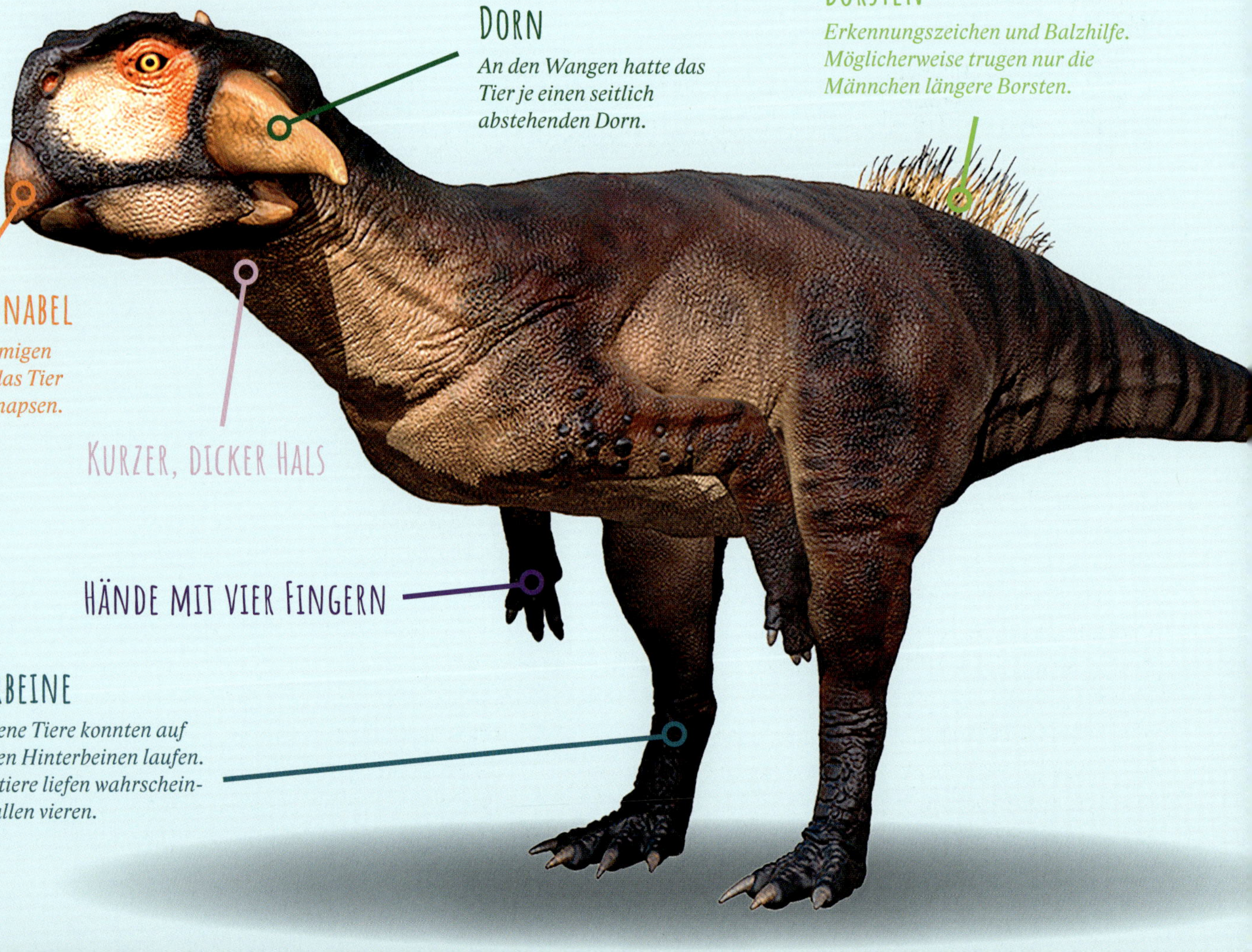

Dorn

An den Wangen hatte das Tier je einen seitlich abstehenden Dorn.

Borsten

Erkennungszeichen und Balzhilfe. Möglicherweise trugen nur die Männchen längere Borsten.

Papageienschnabel

Mit dem hakenförmigen Schnabel konnte das Tier Pflanzenteile abknapsen.

Kurzer, dicker Hals

Hände mit vier Fingern

Hinterbeine

Erwachsene Tiere konnten auf den langen Hinterbeinen laufen. Die Jungtiere liefen wahrscheinlich auf allen vieren.

Unglaublich!

Mehr als 400 Exemplare der Gattung Psittacosaurus wurden entdeckt. Er gehört damit zu den Dinosauriern, die am besten erforscht sind. Anhand der Schädelform wurden mehr als zehn Arten identifiziert. Die bizarr anmutenden Borsten auf der Schwanzoberseite wurden nur bei einem einzigen Fossil entdeckt.

Geisterhaft

Das sind die fossilen Knochen eines Psittacosaurus-Teenagers mit Babys.

Psittacosaurus ist ein eher kleiner Dino. Er reicht einem erwachsenen Menschen fast bis zur Hüfte.

Repenomamus ist ein für das Erdmittelalter ungewöhnlich großes fleischfressendes Säugetier und konnte auch kleinen Dinos und vor allem deren Jungtieren gefährlich werden.

Die lieben Kleinen

In China wurden die fossilen Skelette von 25 Psittacosaurusbabys entdeckt. 24 waren gleich alt, eines etwas älter. Direkt neben den versteinerten Babyskeletten fand sich ein großer Schädel, der jedoch nicht zu einem ausgewachsenen Tier gehört. Psittacosaurus dürfte sich mit acht oder neun Jahren zum ersten Mal fortgepflanzt haben. Der Schädel hingegen gehörte einem nur vier oder fünf Jahre alten Jugendlichen. Hier hatte möglicherweise ein Babysitter sich um den Nachwuchs mehrerer Mütter gekümmert, als vermutlich eine Schlammlawine die Krabbelgruppe verschüttete. Solche besonderen Fossilien erzählen uns also vom Sozialleben der Dinosaurier.

Fressfeinde

Wahrscheinlich wurde Psittacosaurus von fleischfressenden Dinosauriern gejagt. Aber auch im Bauch eines Repenomamus, einem bis zu einem Meter langen Säugetier, fanden sich die fossilen Überreste eines jungen Psittacosaurus. Die meisten anderen Säugetiere aus dieser Zeit waren eher so groß wie eine Ratte. Man vermutet auch, dass sich fleischfressende oder allesfressende Säugetiere über die Gelege von Dinosauriern und anderen Reptilien hermachten und den Inhalt der Eier fraßen.

Citipati und seine Eier

Trias | Jura | **Kreidezeit**

Citipati zählt zu den Theropoden, genauer zu den Oviraptoriden, übersetzt »Eierdieben«. Und diese gehören wiederum zu den Maniraptoren, was »Handräuber« bedeutet. Maniraptoren zeichnen sich durch große Hände mit Krallen aus. Typisch für sie ist auch der kurze, kräftige Schnabel. Damit konnten sie ganz unterschiedliche Nahrung aufnehmen: kleine Säuger und Reptilien, aber auch harte Samen und Früchte. Vielleicht haben sie die Nester anderer Dinosaurier und Reptilien geräubert und die Eier ausgeschlürft oder die Jungen gefressen. Citipati war nah mit Raubdinosauriern wie dem Velociraptor verwandt. Auffallend sind seine langen Federn an den Armen. Fliegen konnte Citipati damit allerdings nicht. Solche Flügel sind aber hilfreich beim schnellen Rennen, um enge Kurven zu laufen, und natürlich bei der Balz, also bei der Suche nach einer Partnerin oder einem Partner.

Sorgsame Eltern

Außerdem konnte Citipati die Flügel wärmend über seine Eier legen. Die Gelege enthielten typischerweise um die 30 Eier, die in bis zu drei oder vier Kreisen angeordnet waren. So konnte das Elterntier bequem in der Mitte sitzen, ohne die Eier zu zerdrücken. Hatte die Mutter alle Eier gelegt, so übernahm wahrscheinlich das Männchen das Brüten. Nach etwa 44 Tagen schlüpften dann die Küken. Citipati hat also ähnlich gebrütet wie moderne Vögel.

Steckbrief

Citipati

Bedeutung: »Herr des Scheiterhaufens«

Gruppe: Echsenbeckensaurier

Zeit: vor 83 bis 71 Millionen Jahren, Kreide

Lebensraum: Ebenen und Wüsten

Länge: etwa 2 bis 3 Meter

Gewicht: ca. 50 Kilogramm

Fundort: Mongolei

Nahrung: Allesfresser, z.B. Eier, kleinere Tiere, Blätter und Samen

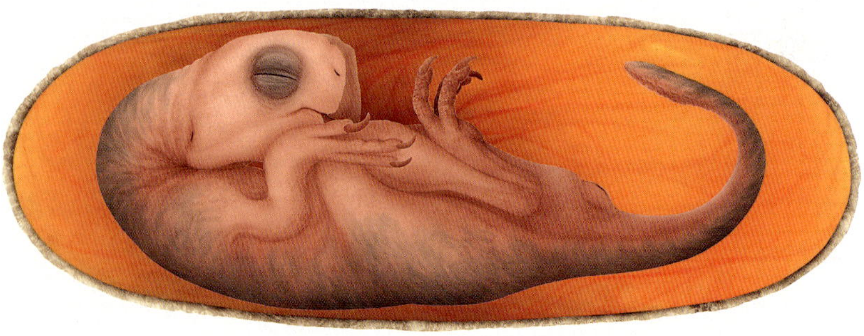

Paläontologen haben versteinerte Citipati-Eier gefunden, die Überreste der Embryonen, also der ungeborenen Tiere, enthielten. Die Eier messen bis zu 18 Zentimeter.

Augen

Die großen Augen saßen seitlich am Kopf. So hatte er ein umfassendes Blickfeld und konnte Gefahren frühzeitig erkennen.

Kamm

Auf dem Kopf saß ein Knochenkamm, der mit einer Hornschicht überzogen war.

Gefiederte Arme

Von den Vordergliedmaßen gingen lange Federn ab, ähnlich wie die Schwungfedern der Vögel.

Auch heutige Vögel, wie der flugunfähige Kasuar, tragen Kämme auf dem Kopf zur Schau. Vielleicht war der Kamm von Citipati ähnlich auffällig gefärbt.

Schon gewusst?

Oviraptosaurier waren eine sehr erfolgreiche und weit verbreitete Gruppe von Dinosauriern. Es gab sie von truthahngroß bis zu acht Meter Länge.

Tarbosaurus – mit Fleischhunger

Trias | Jura | **Kreidezeit**

Tarbosaurus war ein großer asiatischer Tyrannosaurier und nahe mit dem nordamerikanischen Tyrannosaurus verwandt. Tyrannosaurus und Tarbosaurus lebten in etwa zur gleichen Zeit in der Oberkreide. Einige Experten und Expertinnen sehen in ihnen zwei Arten ein und derselben Gattung. Allerdings gibt es einige auffallende Unterschiede, sodass man besser von zwei Gattungen spricht. Tarbosaurus und Tyrannosaurus haben unterschiedliche Schädelformen. Insbesondere an der Form der Schnauze kann man die beiden voneinander unterscheiden. Tarbosaurus hat zudem mehr Zähne im Kiefer. Die Hände mit den zwei bekrallten Fingern sind noch kleiner als die von Tyrannosaurus. Bei einem Tarbosaurierfossil hat man möglicherweise Reste eines Kehlsacks gefunden. Vielleicht kam dieser beim Balztanz zum Einsatz. Die Männchen könnten den Kehlsack aufgeblasen haben, so wie manche Vögel es tun.

Steckbrief

Tarbosaurus

Bedeutung: »Furchteinflößende Echse«

Gruppe: Echsenbeckensaurier

Zeit: vor 72 bis 66 Millionen Jahren, Kreide

Lebensraum: Flusslandschaften, Überschwemmungsgebiete

Länge: etwa 12 Meter

Gewicht: ca. 5 Tonnen

Fundorte: China, Mongolei

Nahrung: Fleisch

Tarbosaurus hatte die Sinne eines Jägers. Er witterte mögliche Beutetiere über eine feine Nase und konnte die Entfernung über sein hoch entwickeltes räumliches Sehen gut abschätzen.

Der Schädel von Tarbosaurus war schmaler und weniger robust gebaut als der von Tyrannosaurus. Tarbosaurus hatte zudem mehr Zähne im Maul. Der größte bekannte Schädel ist 1,3 Meter lang.

Frischfleisch und Aas

Tarbosaurus machte unter anderem Jagd auf Pflanzenfresser, etwa auf Sauropoden, Hadrosaurier und Ankylosaurier. Mit seinem kräftigen Kiefer und den scharfen Zähnen konnte Tarbosaurus dem Opfer tödliche, knochenbrechende Bisse zufügen. Allerdings ging es ihm wie allen Top-Prädatoren: Manchmal musste er seinen Fleischhunger auch mit Aas stillen. Sehr wahrscheinlich stahl er sogar Beutetiere, die kleinere Räuber erlegt hatten.

Größenvergleich

Der asiatische Tarbosaurus hatte noch kürzere Arme und kleinere Hände als sein amerikanischer Verwandter Tyrannosaurus rex.

Therizinosaurus – mit den Riesenklauen

Trias | Jura | **Kreidezeit**

Als die ersten Fossilien dieses ungewöhnlichen Tieres 1948 in der Wüste Gobi in der Mongolei entdeckt wurden, ahnten die Ausgrabenden nicht, dass es sich um einen Dinosaurier handelte. Sie fanden nur einen gewaltigen Arm und ein Schulterblatt, erkannten jedoch nicht, dass es sich um Dinosaurierknochen handelte. Sie glaubten, eine Riesenschildkröte vor sich zu haben. Weitere Fossilien wurden entdeckt, darunter Zähne und Teile der Hinterbeine sowie ein Fuß mit vier Zehen. So stellte sich heraus, dass es sich um einen riesigen und höchst bemerkenswerten Dinosaurier handelte. Einer groben Schätzung zufolge dürfte er bis zu elf Meter lang gewesen und auf zwei Beinen gelaufen sein.

Schon gewusst?

Anders als die meisten Theropoden hinterließ Therizinosaurus nicht dreizehige, sondern vierzehige Fußabdrücke.

Der aufrecht auf zwei Beinen laufende Therizinosaurus konnte mit seinem langen Hals auch höher wachsende Äste erreichen und davon die Blätter und Zweige fressen. Da nur Teile des Skeletts gefunden wurden, ist die genaue Gestalt des Dinosauriers nicht bekannt.

Steckbrief

Therizinosaurus

Bedeutung: »Sensenechse«

Gruppe: Echsenbeckensaurier

Zeit: vor 72 bis 66 Millionen Jahren, Kreide

Lebensraum: Wälder

Länge: etwa 8 bis 11 Meter

Gewicht: bis zu 6 Tonnen

Fundorte: China, Mongolei

Nahrung: Pflanzen

Kein anderer Dinosaurier hatte so große Krallen wie Therizinosaurus.

An jeder Hand saßen drei 60 Zentimeter lange sensenartige Krallen, die ihm den Namen Therizinosaurus einbrachten, der »Sensenechse« bedeutet. Wer solche Krallen hat, muss ein gefährlicher Räuber sein, dachte man anfangs noch. Therizinosaurus war ein zwar gewaltiger, aber harmloser Pflanzenfresser. Mit den leicht gekrümmten Krallen zog er wohl Äste zum Maul, um dann mit seinem scharfen Schnabel davon zu fressen. Auch dürfte er sich damit erfolgreich gegen Fleischfresser gewehrt haben. Und wehrhaft musste Therizinosaurus sein: Er war zu langsam, als dass er vor Angreifern wie dem Theropoden Tarbosaurus hätte davonlaufen können.

Ungewöhnlicher Theropode

Therizinosaurus ist der größte bekannte Maniraptor. Zu dieser Gruppe gefiederter Theropoden zählen auch Velociraptor und Oviraptor. Theropoden sind in der Regel Fleischfresser. Therizinosaurus ist einer der wenigen Theropoden, die sich von Pflanzen ernährten. Möglich ist natürlich, dass hin und wieder auch eine kleine Echse zwischen den Blättern war.

Wie seine nahen Verwandten dürfte Therizinosaurus ein Federkleid getragen haben. Sein massiger Körper enthielt ein großes Verdauungssystem für die Verarbeitung der groben Pflanzenteile. Mit dem Schnabel zwickte er seine Nahrung von den Bäumen.

Troodon – der mit viel Hirn

TRIAS | JURA | **KREIDEZEIT**

Im Verhältnis zu seiner Körpergröße hatte Stenonychosaurus – der besser bekannt ist unter dem Namen Troodon – von allen Dinosauriern das größte Gehirn. Auf jeden Fall war der gefiederte Theropode leicht gebaut und entsprechend schnell. So jagte dieser räuberische Dinosaurier auch schneller Beute mühelos hinterher. Er verfügte über einen schmalen Schädel mit nach vorne gerichteten Augen. Dadurch konnte er die Entfernung zu einem Beutetier genau einschätzen, bevor er sich zu einem Sprint entschloss. Seine Augen waren groß und so konnte Troodon auch im Dämmerlicht und in der Nacht gut sehen. In seinen Kiefern saßen rund 120 nach hinten gebogene Zähne, wie sie typisch für Räuber sind. Nicht auszuschließen ist, dass er Allesfresser war und sich zusätzlich von Pflanzen ernährte.

Eierberg

Egg Mountain in Montana, USA, war in der späten Kreidezeit ein beliebter Brutplatz verschiedener Dinosaurierarten. So finden sich hier auch die Gelege von Troodon. Alles deutet darauf hin, dass sich Troodon um die Eier gekümmert hat. Vermutlich haben sich die Elterntiere in die Mitte der in Kreisen angeordneten Eier gesetzt und diese mit ihrer Körperwärme ausgebrütet.

Rudeljäger – ja oder nein?

Troodon gehört der Gruppe der Dromaesaurier an, was »rennende Echse« bedeutet. Dromaeosaurier sind auch als Raptoren bekannt. Troodon dürfte zu den geschicktesten räuberischen Dinosauriern gehört haben. In der Vergangenheit hat man ihm nachgesagt, im Rudel zu jagen. Das erfordert, sich untereinander abzusprechen, was in der Tat ein Zeichen für eine hohe Intelligenz wäre. Wir kennen die Rudeljagd von Wölfen und Löwen. Ob sein Gehirn aber für eine solche abgesprochene Jagd im Rudel ausgereicht hat, wird derzeit noch diskutiert. Von den verwandten Velociraptoren gibt es Hinweise, dass es wohl kein ausgeprägtes Rudelverhalten gab und sie nicht nach Plan, sondern einfach chaotisch ein Beutetier angegriffen haben.

TROODON

Die Unterschenkelknochen waren länger als die Oberschenkelknochen, was einen schnellen Läufer auszeichnet. Alle drei Zehen endeten in scharfen Klauen; die zweite Zehe war sichelförmig gebogen. Diese Klaue wurde während des Laufens nach oben geklappt. Mit ihr konnte er seine Beute fest auf den Boden drücken.

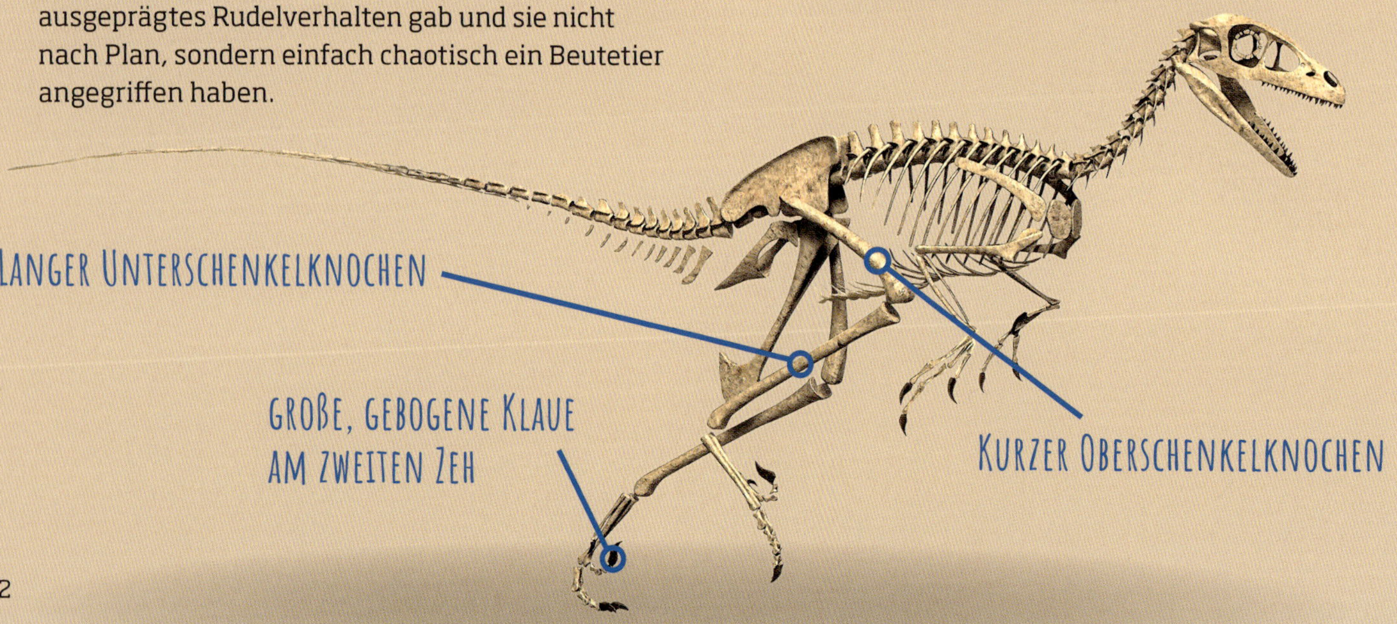

Scharfer 3D-Blick

Die Augen von Troodon blickten nach vorne. Dadurch entstand ein weites, sich überlappendes Blickfeld. Die beiden sich überlappenden Bilder vom linken und rechten Auge wurden vom Gehirn in ein dreidimensionales Bild verrechnet. Für Räuber ist diese Fähigkeit entscheidend. Nur so können sie die Distanz zum Beutetier genau einschätzen und im entscheidenden Augenblick zum Sprung ansetzen.

Leicht und flink

Troodon hatte einen leichten Körperbau. Das machte ihn schnell, flink und beweglich. Die halbe Körperlänge machte allein der Schwanz aus. Bei der Jagd half er, das Gleichgewicht zu halten. Durch schnelle Gegenbewegungen war es Troodon möglich, rasche Richtungswechsel durchzuführen. Es war sicher nicht einfach, ihm zu entkommen.

Größenvergleich

Steckbrief

Troodon

Neuer Name: Stenonychosaurus

Bedeutung: »Wunden reißender Zahn«

Gruppe: Echsenbeckensaurier

Zeit: vor 76 Millionen Jahren, Kreide

Lebensraum: Wälder

Länge: etwa 2,5 bis 3 Meter

Gewicht: etwa 35 bis 45 Kilogramm

Fundorte: Nordamerika, Asien

Nahrung: Fleisch- oder Allesfresser

Euoplocephalus – der Gepanzerte

TRIAS · JURA · **KREIDEZEIT**

Wie andere Ankylosaurier war auch Euoplocephalus kompakt gebaut und gut gepanzert. Sein Körperbau erlaubte ihm nur, niedrigwachsende Pflanzen abzuweiden. Zusätzlich zu den Platten aus Knochenschilden boten Stacheln Schutz vor Angriffen.

STECKBRIEF

Euoplocephalus

Bedeutung: »Gut gepanzerter Kopf«

Gruppe: Vogelbeckensaurier

Zeit: vor 76 bis 74 Millionen Jahren, Kreide

Lebensraum: Wälder

Länge: bis zu 6 Meter

Gewicht: bis zu 2 Tonnen

Fundort: Nordamerika

Nahrung: Pflanzen

Euoplocephalus gehört zu den am besten untersuchten Vertretern aus der Gruppe der Ankylosaurier. Sein Name bedeutet »gut gepanzerter Kopf«, aber auch der Rest seines Körpers war teilweise von Platten geschützt. Bei einigen fossilen Skelettfunden saßen die Panzerplatten noch am richtigen Platz. Wie der mit ihm nahe verwandte Ankylosaurus trug auch Euoplocephalus seinen Körper mit seinen kurzen und stämmigen Beinen dicht über dem Boden. Bei Gefahr konnte er sich mit dem ungepanzerten und daher ungeschützten Bauch einfach auf den Boden werfen. Der Dinosaurier hatte aber auch eine Verteidigungswaffe. Die Wirbel des Schwanzendes waren zu einem steifen, knöchernen Stab verschmolzen und endeten in einer großen, scheibenförmigen Keule. Wahrscheinlich holte Euoplocephalus damit seitlich aus und konnte einem Angreifer harte Schläge verpassen. Man geht davon aus, dass er mit seinem muskulösen Schwanz die Keule auf 110 Kilometer in der Stunde beschleunigen konnte. Ein solcher Schlag konnte sogar Knochen brechen. Mit der Schwanzkeule trug er vermutlich auch Auseinandersetzungen mit Artgenossen aus, etwa um Rivalen zu vertreiben. Die Keule sowie die abstehenden Hörner am Hinterkopf dienten wohl auch dazu, Weibchen zu beeindrucken.

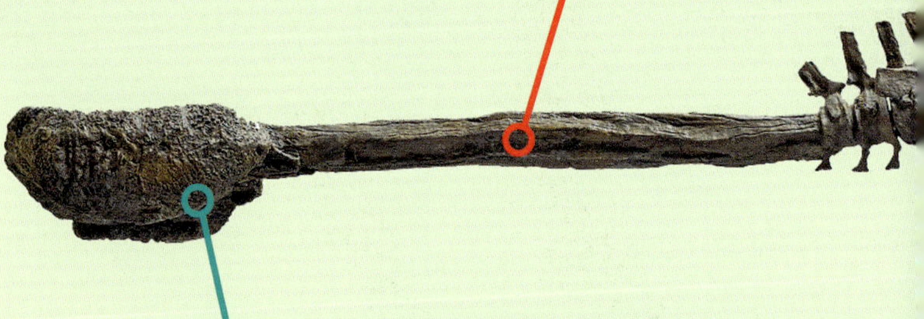

Nicht wählerisch

Der Pflanzenfresser weidete niedrigwachsende Pflanzen ab. Möglicherweise grub er zudem nach Wurzeln und stärkehaltigen Knollen. Seine breiten Kiefer deuten darauf hin, dass er nicht allzu wählerisch war und möglichst schnell alles fraß, was er finden konnte.

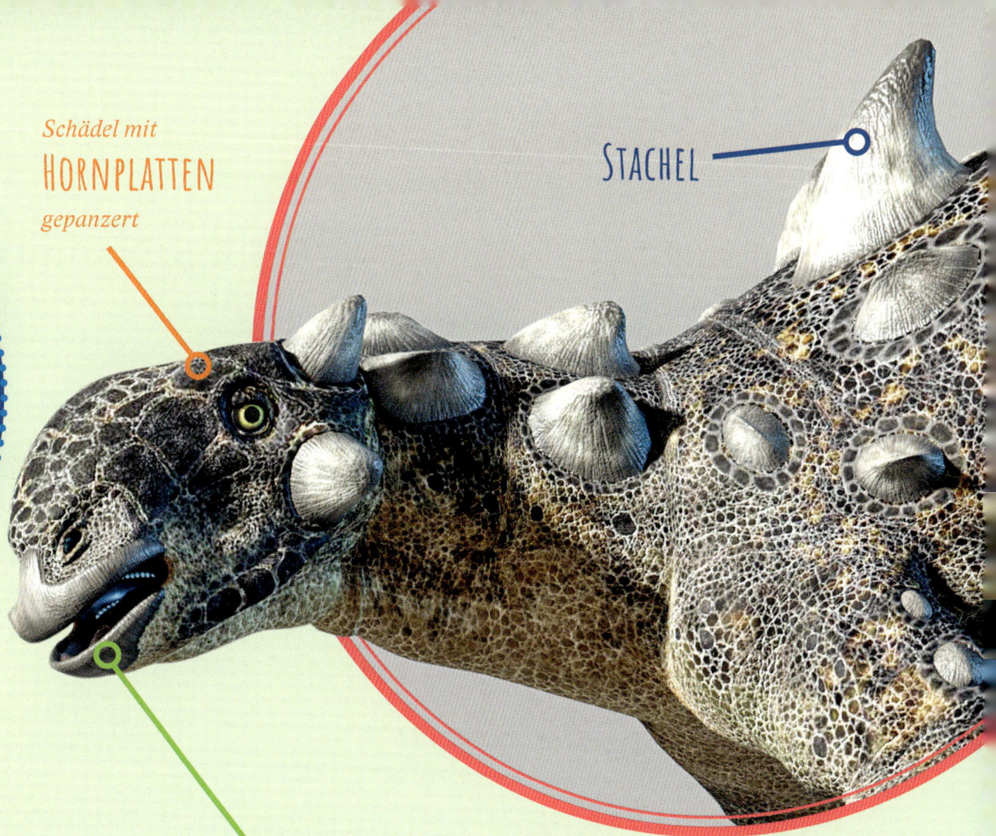

Ein Mosaik aus kleineren Panzerplatten bedeckte fast den ganzen Schädel. Sogar die Augen konnten mit beweglichen, knöchernen Lidern verschlossen werden.

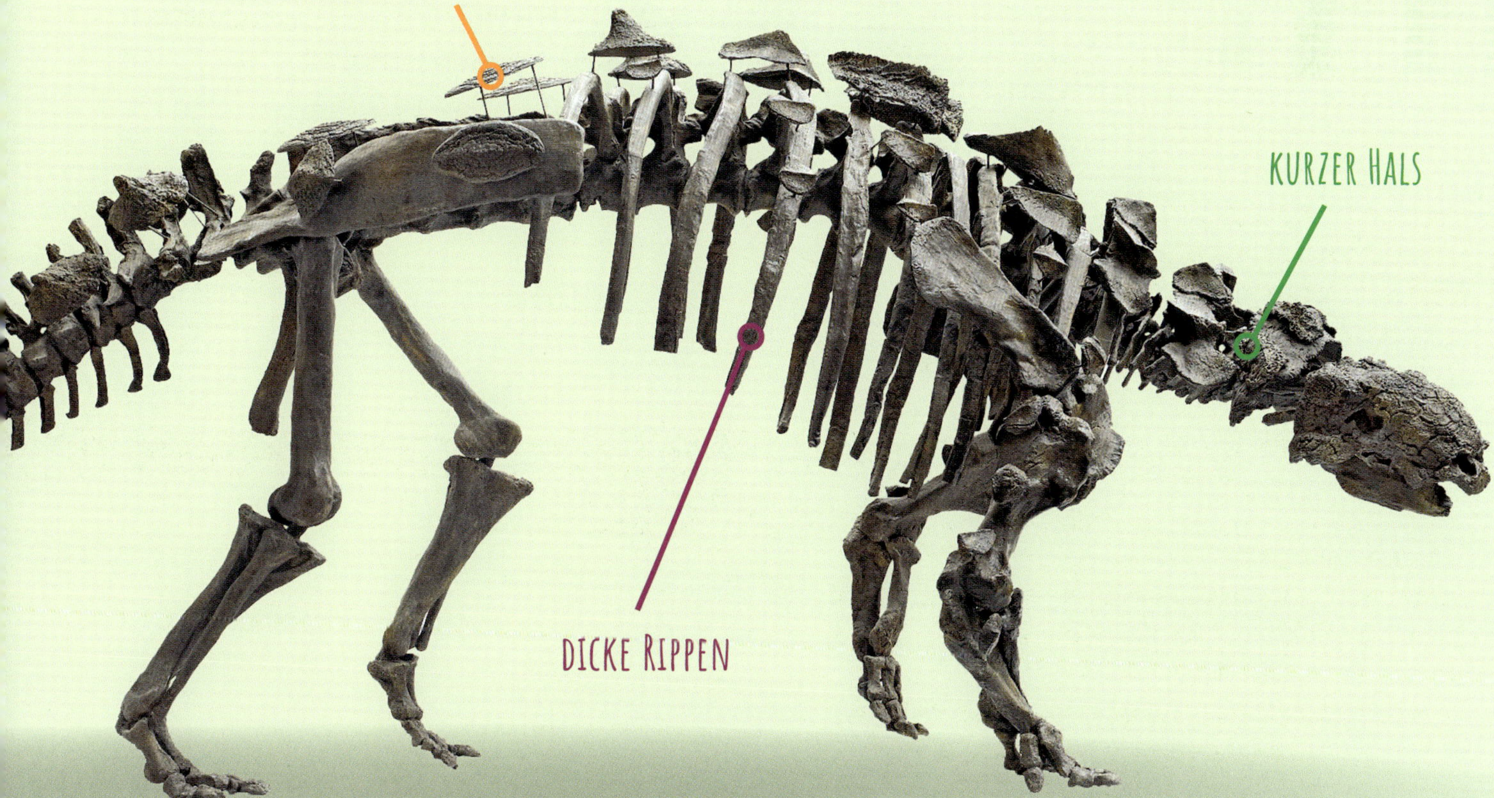

Triceratops – der mit den Hörnern

Trias | Jura | **Kreidezeit**

Er ist ein Star unter den Dinosauriern: Triceratops. Seinen Namen verdankt er den drei Hörnern – ein kurzes auf der Schnauze und zwei längere auf der Stirn über den Augen. Triceratops lebte zeitgleich mit T. rex und war einer der letzten Ceratopsier auf dem Planeten. Die Gruppe der Ceratopsier oder Horndinosaurier erkennt man leicht an den Hörnern und den meist großen Nackenschilden. Der Nackenschild ragt hinten am Schädel hoch hinauf und hat vermutlich dazu gedient, Bisse von Raubsauriern in den Nacken abzuwehren. Auch große Räuber werden es sich zweimal überlegt haben anzugreifen.
An einigen fossilen Triceratopsknochen sind Bissspuren von Tyrannosaurierzähnen erhalten: Angebissene Nackenschilde und abgebissene Hörner zeugen von erbitterten Kämpfen. Doch einige Triceratops haben Tyrannosaurierangriffe durchaus überlebt und die Wunden sind verheilt. So mancher Räuber dürfte im Kampf von Triceratops sogar besiegt worden sein.

Ich bin hier der Boss!

Mindestens genauso wichtig war eine andere Funktion des Nackenschildes und der Hörner – sie dienten zum Angeben und Imponieren. Je größer der Schild und je länger die drei Hörner, umso mächtiger und gefährlicher erschien das Tier. Nackenschild und Hörner halfen, die Rangordnung in der Gruppe festzulegen, Rivalen einzuschüchtern und Fortpflanzungspartnerinnen zu beeindrucken.
Einige Verletzungen an den Nackenschilden deuten darauf hin, dass es zu Kämpfen zwischen Artgenossen gekommen ist.

Steckbrief

Triceratops

Bedeutung: »Dreihorngesicht«

Gruppe: Vogelbeckensaurier

Zeit: vor 71 bis 66 Millionen Jahren, Kreide

Lebensraum: bewaldete Ebenen

Länge: etwa 7 bis 9 Meter

Gewicht: etwa 6 bis 12 Tonnen

Fundort: Nordamerika

Nahrung: niedrigwachsende Pflanzen

Größenvergleich

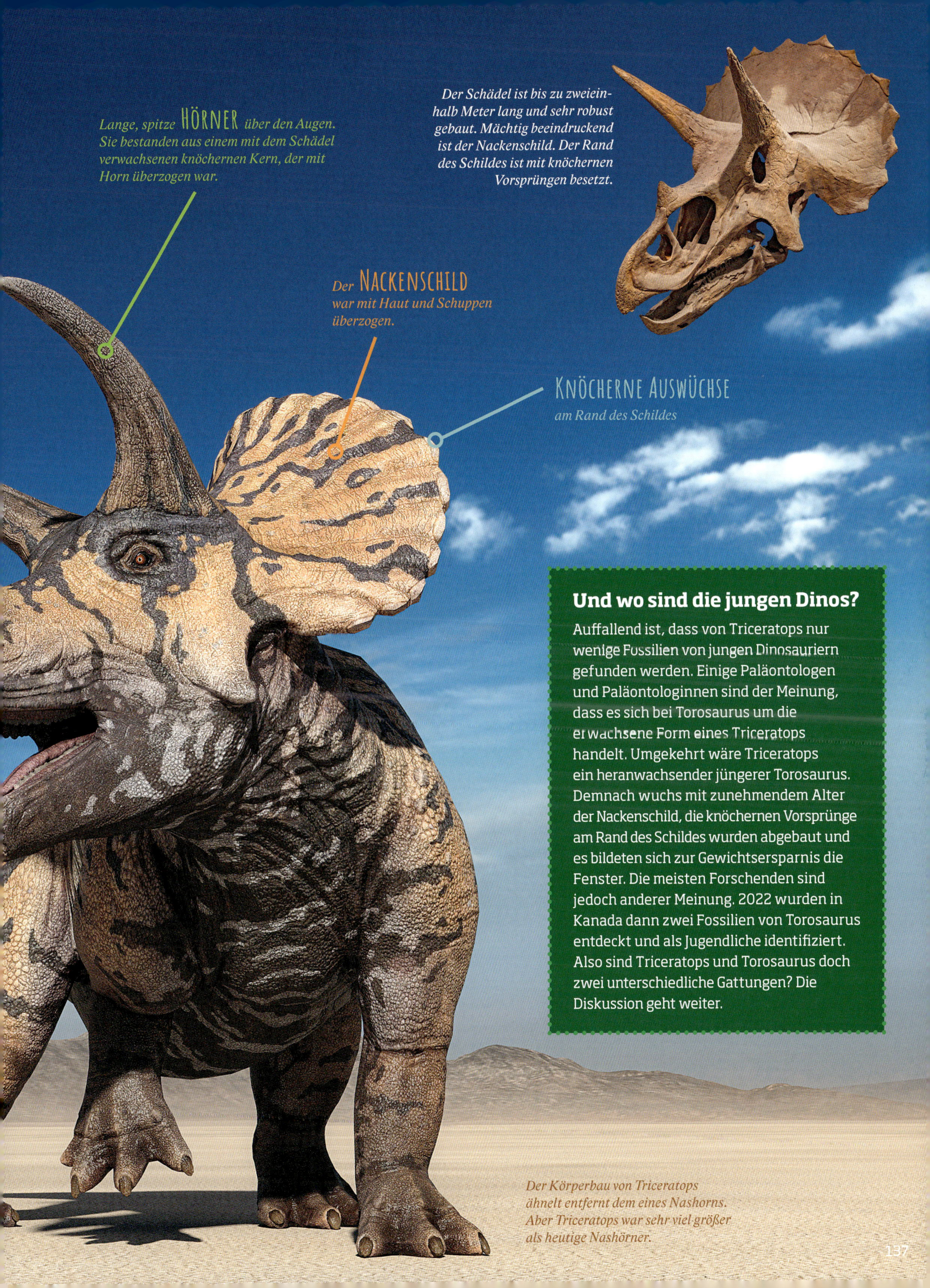

Und wo sind die jungen Dinos?

Auffallend ist, dass von Triceratops nur wenige Fossilien von jungen Dinosauriern gefunden werden. Einige Paläontologen und Paläontologinnen sind der Meinung, dass es sich bei Torosaurus um die erwachsene Form eines Triceratops handelt. Umgekehrt wäre Triceratops ein heranwachsender jüngerer Torosaurus. Demnach wuchs mit zunehmendem Alter der Nackenschild, die knöchernen Vorsprünge am Rand des Schildes wurden abgebaut und es bildeten sich zur Gewichtsersparnis die Fenster. Die meisten Forschenden sind jedoch anderer Meinung. 2022 wurden in Kanada dann zwei Fossilien von Torosaurus entdeckt und als Jugendliche identifiziert. Also sind Triceratops und Torosaurus doch zwei unterschiedliche Gattungen? Die Diskussion geht weiter.

Der Körperbau von Triceratops ähnelt entfernt dem eines Nashorns. Aber Triceratops war sehr viel größer als heutige Nashörner.

Pachycephalosaurus – Dickkopf

Trias | Jura | **Kreidezeit**

Echter Dickschädel

Pachycephalosaurus lebte in der Oberkreide vor 70 bis 66 Millionen Jahren. Er wurde etwa fünf Meter lang und im Durchschnitt knapp eine halbe Tonne schwer. Er lief auf zwei Beinen. Auffallend ist seine dicke Schädeldecke.

Steckbrief

Pachycephalosaurus

Bedeutung: »Dickkopfechse«

Gruppe: Vogelbeckensaurier

Zeit: vor 70 bis 66 Millionen Jahren, Kreide

Lebensraum: bewaldete Ebenen

Länge: bis 5 Meter

Gewicht: etwa 500 Kilogramm bis 1 Tonne

Fundort: Nordamerika

Nahrung: Pflanzen, evtl. auch Insekten und kleine Echsen

Eine höchst seltsame Gruppe von pflanzenfressenden Dinosauriern erschien erst spät in der Kreidezeit und erlebte so das Ende der Dinosaurier mit: die Pachycephalosaurier mit ihren massiven, kuppelartigen Schädeldächern. Der mit dem größten Dickschädel war Pachycephalosaurus, der der ganzen Gruppe den Namen gab. Einige andere Mitglieder dieser Gruppe hatten weniger dicke und abgeflachte Schädeldächer. Man findet ihre Überreste in Erdschichten aus der späteren Kreide in Nordamerika und Asien.

Dino mit Helm

Das Schädeldach von Pachycephalosaurus ist bis zu 25 Zentimeter dick, also zwanzigmal so dick wie der Schädelknochen anderer Dinosaurier. Er hatte einen regelrechten Knochenhelm auf dem Kopf. Ob die Tiere Anlauf nahmen und sich gegenseitig mit ihren Schädeln rammten? Wohl eher nicht. Aber man konnte den Helm natürlich für ein weniger rabiates Gerangel unter Rivalen einsetzen, für rituelle Kämpfe, ähnlich wie die Männchen der amerikanischen Dickhornschafe, die ihre Hörner aneinanderdrücken. Der Sieger dieses Kräftemessens hat die besten Chancen bei einem Weibchen.

Blätter – Nüsse – Früchte

Pachycephalosaurier konnten mit ihrem Hornschnabel Pflanzenteile abrupfen. Da im Kiefer unterschiedlich geformte Zähne saßen, konnte er verschiedenste Pflanzenteile verwerten: neben Blättern auch Nüsse und Früchte. Möglicherweise waren Pachycephalosaurier aber nicht nur Pflanzenfresser, sondern Allesfresser. Warum nicht auch mal eine kleine Echse fressen?

Und wo sind die Kleinen?

Warum aber findet man von Pachycephalosaurus keine Fossilien von Babys oder Jungtieren mit einer solchen Kappe? Viele Paläontologinnen und Paläontologen sind überzeugt, dass Fossilien von Jungtieren bereits gefunden wurden. Allerdings sahen sie so anders aus als die Erwachsenen, dass man sie für eine eigene Gattung hielt. Folglich bekamen sie auch einen eigenen Gattungsnamen.

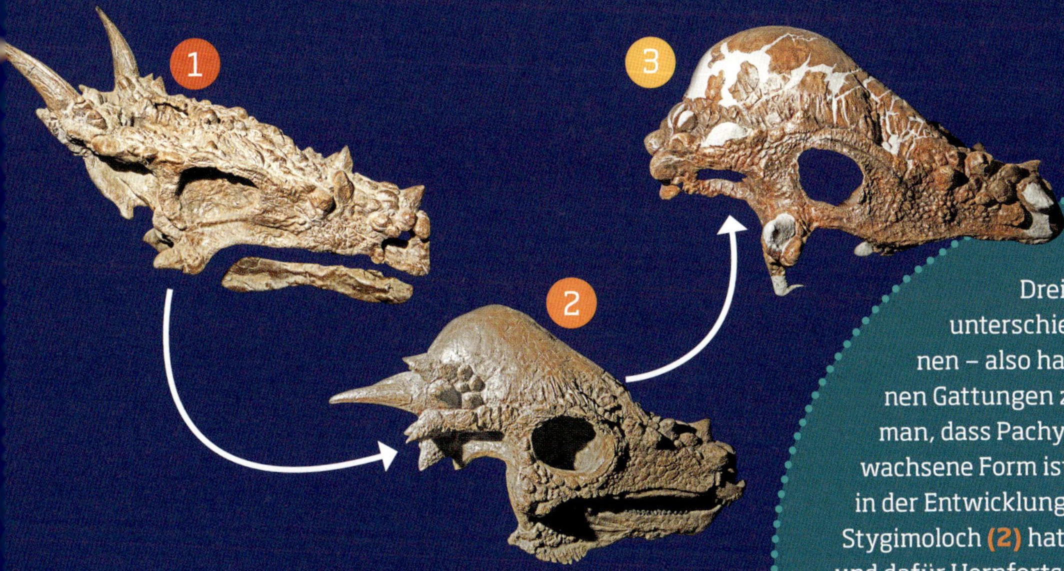

Drei Schädel, wie sie unterschiedlicher nicht sein können – also hat man sie drei verschiedenen Gattungen zugeordnet. Heute aber weiß man, dass Pachycephalosaurus **(3)** die ausgewachsene Form ist und die dicke Kuppel erst spät in der Entwicklung des Individuums gebildet wird. Stygimoloch **(2)** hat nur eine winzige Schädelkuppel und dafür Hornfortsätze. Er ist eine jüngere Form. Bei Dracorex **(1)** ist überhaupt keine Kuppel zu sehen. Die Stacheln am Hinterkopf werden mit zunehmendem Alter kleiner, das Knochenmaterial wird abgebaut. Dafür wächst die Schädelkuppel. Beim ausgewachsenen Pachycephalosaurus sind von den Stacheln nur noch kleine Hubbel zu sehen, dafür aber der stabile und große Helm.

Die Jungen!
Demnach sind Dracorex und Stygimoloch noch im Wachstum befindliche Pachycephalosaurus. Alle drei haben gemeinsam, dass sie dickschädelige Tiere sind, vor etwa 70 Millionen Jahren lebten und auch noch im selben Teil Nordamerikas. Allerdings sehen die Schädel in unterschiedlichen Lebensphasen auch unterschiedlich aus.

Größenvergleich

Titanosaurier

Trias | Jura | **Kreidezeit**

Viele Sauropoden waren riesengroß und tonnenschwer. Doch eine Gruppe der Sauropoden stellte alle anderen in den Schatten: die Titanosaurier. Der in Argentinien gefundene Argentinosaurus war solch ein massiger Gigant. Aber es gab auch vergleichsweise kleine Titanosaurier, so Saltasaurus.

Titanosaurier

Die Titanosaurier waren eine Gruppe von zum Teil besonders schweren Sauropoden. Sie waren sehr viel massiger gebaut als die Gruppe der im Vergleich fast schon schmalen Diplodociden. Titanosaurier lebten vom späten Jura bis zum Ende der Kreidezeit. Bei manchen Titanosauriergattungen sind nur unsichere Größen- und Gewichtsangaben möglich, denn es wurden oft nur einzelne Knochen gefunden. Bei Argentinosaurus waren das ein paar Rippen, einige Wirbel und zwei Beinknochen, darunter ein 155 Zentimeter langer Unterschenkelknochen. Wenn man jedoch die Knochen des Argentinosaurus mit den vollständigeren Skeletten anderer Titanosaurier vergleicht, so kann man auf seine enorme Größe und sein Gewicht schließen. Um diesen Körper zu ernähren, konnte das Tier nicht wählerisch sein. Es musste alles an Pflanzen nehmen, was ihm vor sein Maul kam. Es fraß vermutlich nicht nur Blätter, sondern auch härtere Pflanzenteile.

Was für Knochen!

Die Fuß- und Beinknochen von Argentinosaurus mussten so massiv sein, um das enorme Gewicht tragen zu können.

Steckbrief

Argentinosaurus

Bedeutung: »Echse aus Argentinien«
Gruppe: Echsenbeckensaurier
Zeit: vor 96 bis 94 Millionen Jahren, Kreide
Lebensraum: bewaldete Ebenen, Wälder
Länge: etwa 30 bis 35 Meter
Gewicht: etwa 60 bis 88 Tonnen
Fundort: Argentinien
Nahrung: Blätter, Zweige und andere Pflanzenteile

Argentinosaurus war einer der höchsten und schwersten Sauropoden. Wie groß und schwer er genau war, werden wir erst sagen können, wenn in Zukunft hoffentlich ein vollständigeres Skelett gefunden wird.

Größenvergleich

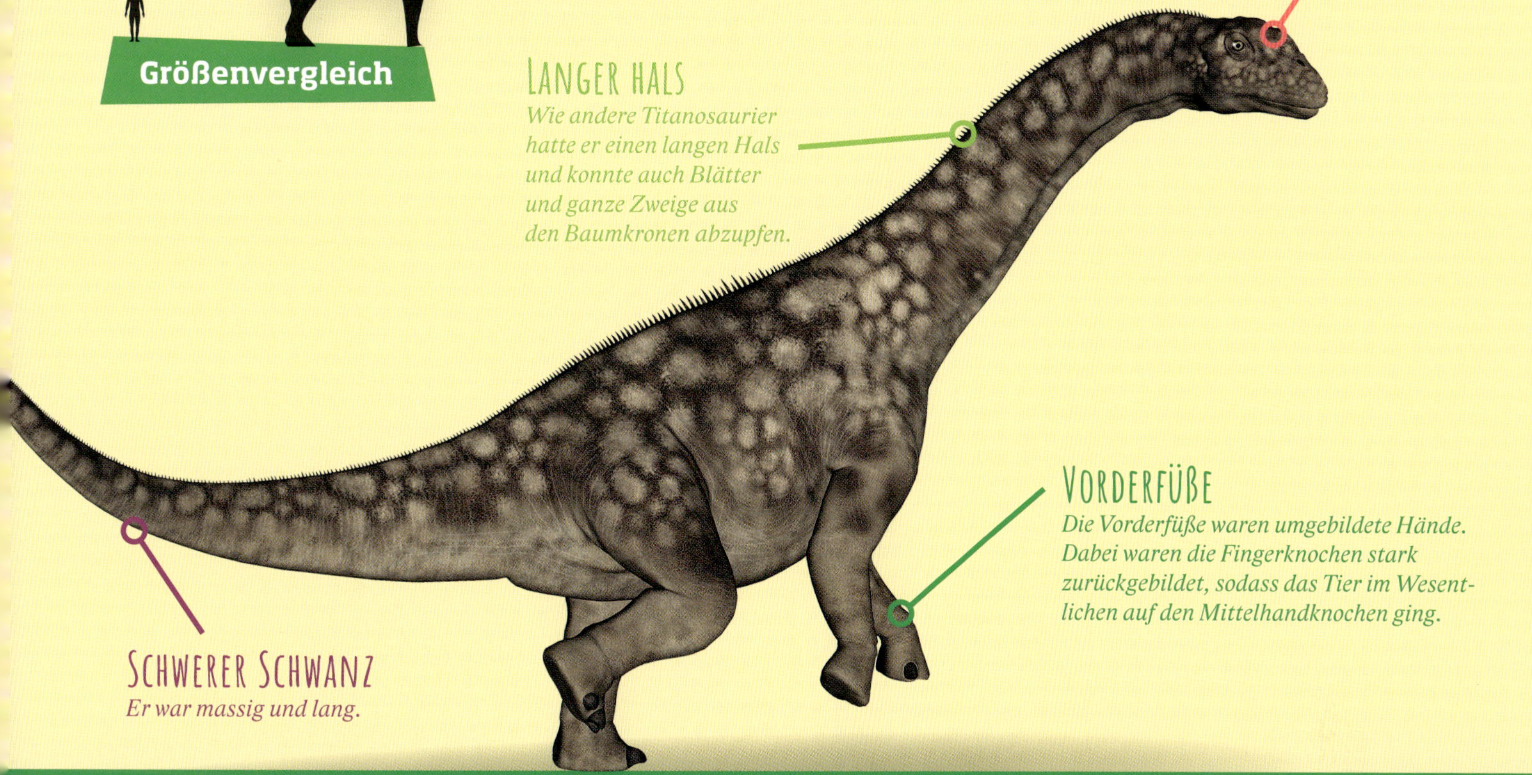
Kopf
Dieser Kopf ist ausgedacht. Tatsächlich wurde noch kein Schädel eines Argentinosaurus entdeckt.
Langer Hals
Wie andere Titanosaurier hatte er einen langen Hals und konnte auch Blätter und ganze Zweige aus den Baumkronen abzupfen.
Vorderfüße
Die Vorderfüße waren umgebildete Hände. Dabei waren die Fingerknochen stark zurückgebildet, sodass das Tier im Wesentlichen auf den Mittelhandknochen ging.
Schwerer Schwanz
Er war massig und lang.

T. rex und seine Geheimnisse

Trias | Jura | **Kreidezeit**

Steckbrief

Tyrannosaurus rex

Bedeutung: »König der Schreckensechsen«
Gruppe: Echsenbeckensaurier
Zeit: vor 67 bis 66 Millionen Jahren, Kreide
Lebensraum: Waldgebiete
Länge: bis 12 Meter
Gewicht: bis 9 Tonnen
Fundort: Nordamerika
Nahrung: Fleisch, auch Aas

Tyrannosaurus rex, kurz T. rex genannt: Der »König der Schreckensechsen«, ein schuppiges, fleischfressendes Monster. So wird er meist dargestellt. Aber war er wirklich so?

Die Vorfahren

T. rex geht auf kleine zweibeinige räuberische Dinosaurier zurück, die mit daunenartigen Federn bedeckt waren. Sie lebten zusammen mit dem sehr viel größeren Allosaurus und anderen Räubern im Jura. Die Vorfahren von T. rex waren kleine, flinke Jäger. Leider können die Forschenden den rätselhaften Aufstieg der Tyrannosaurier mangels Fossilien aus der mittleren Kreidezeit nicht nachvollziehen. Sie hoffen daher auf neue Fossilfunde, die diese Lücke schließen.

Unglaublich!

Die Außenseiten von T. rex Zähnen zeigen nur geringe Abnutzungsspuren. Wahrscheinlich waren diese durch Lippen vor dem Austrocknen geschützt. Sie waren so weniger anfällig für Abnutzungsspuren. Bei geschlossenem Maul hat man seine fürchterlich großen Zähne also gar nicht gesehen!

Warum hat T. rex so lächerlich kurze Arme?

Die Arme haben sich zurückgebildet, damit sie im wilden Fressrausch nicht von Kollegen abgebissen werden.

Federn oder Schuppenhaut?

Als der erste T. rex ausgegraben wurde, stellte man ihn sich mit schuppiger Haut vor, ähnlich wie heute lebende Reptilien. Doch mit denen ist T. rex nur entfernt verwandt. Ab den 1990er-Jahren entdeckte man in China verschiedene Dinosaurier, deren Haut mit feinsten flaumartigen Federn bedeckt war. Darunter waren auch einige nähere Verwandte von T. rex.

Gefiederter »kaiserlicher Drache«

2004 wird ein chinesischer Fund erstmals beschrieben: Dilong paradoxu. Dilong bedeutet »kaiserlicher Drache« und der Theropode lebte vor 136 bis 131 Millionen Jahren, also in der frühen Kreide in Ostasien. Diese Frühform eines Tyrannosauriers war nur eineinhalb Meter lang und somit sehr klein. Am Skelett zeigen sich entlang des Schwanzes, am Kiefer und auch an anderen Körperstellen faserartige Abdrücke. Das Tier war zumindest stellenweise mit sogenannten Protofedern bedeckt, also Vorformen von Federn. Dieser federartige Flaum ist zum Fliegen völlig ungeeignet. Die frühen Tyrannosaurier entwickelten die Federn vermutlich, um bei der Suche nach einer Partnerin zu punkten. Später, als deren Nachfahren ganz oder nahezu ganz in ein Federkleid gehüllt waren, war es ein Schutz gegen die Kälte.

War T. rex gefiedert?

Es ist also durchaus möglich, dass auch der nahe Verwandte T. rex teilweise oder ganz mit solchen Protofedern ausgestattet war. Tatsächlich gibt es aber keine Hinweise auf Federn bei T. rex. Forschende schließen allerdings nicht aus, dass T. rex und andere große Tyrannosaurier vielleicht zumindest etwas Flaum auf dem Rücken oder an anderen Körperstellen hatten.

Es kommt auf die Größe an

Dass Tyrannosaurier mit zunehmender Größe ihre Federn mehr und mehr verloren haben, kann einfach erklärt werden. Ein kleiner Tyrannosaurier hat im Vergleich zu seinem Körpervolumen eine sehr große Oberfläche und verliert über diese große Fläche viel Wärme. Ein Federkleid hält den Dino warm. Bei einem großen Dinosaurier ist das Gegenteil der Fall: Bei den Sprints, die er bei der Jagd nach Beutetieren hinlegt, heizt sich der Körper auf und die Wärme muss abgeführt werden. Das mag ein Grund dafür gewesen sein, dass bei der Entwicklung des T. rex die Federn verloren gingen.

Als bekannt wurde, dass viele räuberische Verwandte des T. rex ein Federkleid trugen, stellte man sich auch Tyrannosaurus rex mit Federn vor. Heute glaubt man, dass er höchstens an einigen wenigen Stellen mit Federn bedeckt war und nicht komplett.

Kampf der Titanen

TRIAS | JURA | KREIDEZEIT

Die großen Raubdinosaurier wie Allosaurus in der Jurazeit und T. rex in der Kreide waren sicherlich furchterregend. Aber sie waren nicht unverwundbar. An Frischfleisch zu kommen, war höchst riskant. Denn die Beutetiere hatten zum Teil gefährliche Verteidigungswaffen. Deswegen machten die Räuber viel lieber Jagd auf unerfahrene Jungtiere oder ältere, schwache und kranke Tiere. Doch halbwüchsige Raubsaurier waren unerfahren und leichtsinnig. Sie überschätzten sich häufig und zogen sich bei den Kämpfen Verletzungen zu, etwa gebrochene Rippen oder Stichverletzungen. Und so könnte der Kampf eines übermütigen, halbstarken Tyrannosaurus rex und einem erfahrenen und gesunden Ankylosaurus ausgesehen haben ...

Wertes Publikum, liebe Kampfsportfans!

Ich heiße sie willkommen zu einem unglaublichen Ereignis, zum Schwergewichtskampf des Jahres. Heute werden zwei Titanen der Kreidezeit aufeinandertreffen. Auf der einen Seite der mächtige und blutrünstige Tyrannosaurus rex – berüchtigt und gefürchtet wie kaum ein anderer. Sein Gegner: der schwergepanzerte Ankylosaurus. Seine Fans nennen ihn auch die Hammerkeule. Sehen Sie sich nur diesen Knochenhammer an. Einfach hammermäßig! Sein Gegner hat wirklich nichts zu lachen. Bei diesem Kampf gibt es nur eine Regel und die heißt: Es gibt keine Regeln – alles ist erlaubt. Applaus für die Kämpfer und Ring frei!

T. rex schnaubt, ja er wird alles geben. Und Ankylosaurus faucht. Was das heißt? Komm doch! Was du kannst, kann ich auch! Die beiden Kämpfer haben sich im Blick. Es wäre ein Fehler, den anderen zu unterschätzen. Und doch tut der junge und unerfahrene T. rex den ersten Schritt. Er ist sich seiner Kräfte sicher – zu sicher, wenn mich jemand fragt. Da stürmt er auf Ankylosaurus zu. T. rex brüllt. Aber Brüllen ist nicht alles. Denn nur wer zuletzt brüllt, hat auch gewonnen.

Was tut Ankylosaurus? Ich fasse es nicht. Er wirft sich mit einem Rumms auf den Boden und liegt einfach so da. Auf dem Bauch. Die einzige Stelle, die nicht gepanzert ist. Das Beste, was er tun konnte!

T. Rex

Kampfname: The King

Kampfgewicht: 5 Tonnen

Länge: 9 Meter

Intelligenz: *** geht so

Waffen: Monsterklauen, Dolchzähne

Ankylosaurus

Kampfname: The Hammer

Kampfgewicht: 3,5 Tonnen

Länge: 8 Meter

Intelligenz: * na ja

Waffen: Panzer, Schwanz mit Hammerkeule

T. rex staunt nicht schlecht. Er nagt am Panzer. Mit seinen Sägezähnen. Der Panzer leidet, aber T. rex beißt nicht durch! Ein Zahn bricht ihm aus. Aua!

Umdrehen müsste er seinen Gegner, ihn auf den Rücken werfen. Aber genau das kann T. rex nicht. Ankylosaurus liegt auf dem Boden wie festbetoniert. T. rex umtänzelt Ankylosaurus. Auf der anderen Seite sieht es nicht anders aus. Ein Schritt zurück und das nutzt Ankylosaurus: Er setzt seine Waffe ein. Er schleudert seinen Knochenhammer T. rex entgegen und ... verfehlt ihn.

T. rex ist wütend, wagt einen neuen Angriff. Und genau das ist sein Fehler! Nun ist T. rex nahe genug und ein weiter Schlag mit dem Hammer trifft den linken Unterschenkel von T. rex. Autsch, das tut weh! T. rex brüllt, diesmal vor Schmerz. Er ist angeschlagen. Er schnaubt, ist abgelenkt. Reiß dich zusammen! T. rex ist viel zu sehr mit sich selbst beschäftigt, mit seinem Schmerz. Das nutzt Ankylosaurus und donnert ihm ein weiteres Mal den Hammer ... wieder auf dieselbe Stelle. Höre ich da Knochen knacken?! Ja. Das hat gesessen. T. rex taumelt ... aber er fällt nicht. Er ist angeschlagen. Mehr noch: Er ist geschlagen! Er räumt den Ring. Unglaublich, aber wahr! Der »König der Schreckensechsen« hat verloren!

Was für ein Kampf! Und Ankylosaurus hat ihn gewonnen. Wir haben den Sieger. Wir werden dieses Aufeinandertreffen nicht so schnell vergessen und T. rex sicherlich auch nicht!

Spinosaurus – der Größte

TRIAS JURA **KREIDEZEIT**

Wahrscheinlich war Spinosaurus ein Fischfresser. Mit dem zwei Meter hohen Rückensegel könnte er seine Körpertemperatur reguliert haben. Aber das Segel dürfte noch weitere Funktionen gehabt haben.

RIESENSEGEL

Es ließ ihn größer und für Tiere der gleichen Art schöner erscheinen.

Im Jahr 1912, vor mehr als einem Jahrhundert, fand ein deutscher Paläontologe in der ägyptischen Wüste die versteinerten Knochen eines ganz besonderen fleischfressenden Dinosauriers. Es war nur ein Teilskelett – doch war bald klar, dass dieser Räuber größer war als Tyrannosaurus rex. Von den Rückenwirbeln gingen auffällig lange Fortsätze ab. Dieses Tier musste ein gewaltiges Segel auf dem Rücken haben! Diesen Fortsätzen verdankt es seinen Namen Spinosaurus, also »Dornechse«. Leider sind diese einzigartigen Fossilien im Zweiten Weltkrieg zerstört worden. Doch seit den 1990er-Jahren wurden weitere Funde in Nordafrika gemacht. Zudem gibt es mit dem in Brasilien entdeckten Irritator einen nahen Verwandten von Spinosaurus, der ähnlich gebaut war und sich ähnlich verhalten haben dürfte.

Mächtig beeindruckend

Neueren Schätzungen zufolge wurde Spinosaurus 15 bis 18 Meter lang und brachte bis zu neun Tonnen auf die Waage. Damit wäre Spinosaurus der größte fleischfressende Dinosaurier und größer als Tyrannosaurus und Giganotosaurus.

Segel oder Buckel?

Die meisten Forschenden der Paläontologie gehen davon aus, dass zwischen den Fortsätzen der Rückenwirbel Haut aufgespannt war und Spinosaurus somit über ein Rückensegel verfügte. Einige Experten und Expertinnen jedoch vermuten, dass die Dornfortsätze von Muskeln umgeben waren und das Tier somit eher einen Höcker hatte. Nicht ganz klar ist, welche Funktion dieses auffällige Merkmal hatte. Denkbar ist, dass darüber die Temperatur geregelt wurde. Ein Segel könnte dazu gedient haben, überschüssige Wärme abzustrahlen oder sich in der Morgensonne aufzuwärmen. Auch wird diskutiert, ob Segel oder Höcker der Kommunikation mit Artgenossen diente, zum Beispiel um Konkurrenten einzuschüchtern. Ein farbenprächtiges Segel könnte, wenn es groß genug war, bei der Suche nach einem Partner oder einer Partnerin durchaus hilfreich gewesen sein.

STECKBRIEF

Spinosaurus

Bedeutung: »Dornechse«

Gruppe: Echsenbeckensaurier

Zeit: vor 113 bis 94 Millionen Jahren, Kreide

Lebensraum: Sümpfe, Küsten

Länge: etwa 15 bis 18 Meter

Gewicht: bis 9 Tonnen

Fundort: Nordafrika

Nahrung: vorwiegend Fisch; auch Landwirbeltiere und Pterosaurier

Fleisch oder Fisch?

Ebenfalls nicht bewiesen ist, ob sich der Fleischfresser auf Fisch spezialisiert hatte. Für Letzteres spricht die lange krokodilartige Schnauze, die mit spitzen kegelförmigen Fangzähnen besetzt ist. Die eignet sich ideal für das Fangen von Fischen. In der Schnauze befinden sich kleine Gruben, die möglicherweise Drucksensoren enthielten, die im Wasser beim Aufspüren der Beute dienten. Somit wäre Spinosaurus ein im Wasser jagender Räuber, der es nicht auf andere Dinosaurier, sondern auf die größeren Fische abgesehen hatte, die damals in den Flüssen Gondwanas schwammen. Aber auch Landtiere hat er nicht verschmäht.

Vieles spricht dafür, dass Spinosaurus auch unter Wasser jagte. Mit dem paddelförmigen Schwanz und wahrscheinlich Schwimmhäuten zwischen den Zehen der Hinterfüße glitt er durch das Wasser auf der Suche nach Beute. Er ernährte sich unter anderem von Mawsonia, einem Fisch so groß wie ein Auto. Allerdings könnte er kein allzu guter Schwimmer gewesen sein.

Ornithomimosaurier – Vogelnachahmer

TRIAS JURA **KREIDEZEIT**

Die Gruppe der Ornithomimosaurier waren schlank gebaute und mit zwei bis fünf Metern Länge mittelgroße Theropoden. Diese Vogelnachahmerechsen ähnelten dem heute lebenden Afrikanischen Strauß und waren wie er schnelle und ausdauernde Läufer. Erkannten sie nahende Räuber rechtzeitig, konnten sie fliehen. Wie der heutige Strauß waren sie – bis auf die frühesten Vertreter – zahnlos oder hatten höchstens winzige Zähnchen. Die Ornithomimosaurier entwickelten sich ursprünglich aus Fleischfressern und waren Allesfresser.

Schon gewusst?

Ornithomimus war der erste Ornithomimosaurier, der benannt wurde, und so verlieh er der ganzen Dinosaurierfamilie den Namen Vogelnachahmerechsen. Er hatte ungewöhnlich lange Hände mit jeweils drei Fingern. Daran saßen schlanke und nur leicht gekrümmte Krallen. Wahrscheinlich hielt das Tier beim Fressen damit Zweige fest.

Struthiomimus bedeutet »Straußennachahmer«. Wie der afrikanische Laufvogel Strauß hatte er lange, kräftige Läuferbeine. Aber anders als der Strauß hatte er einen langen Schwanz, der ihm beim Laufen unterstützte. Fossilien zeigen das Tier oft mit dem typisch nach hinten gezogenen Hals. Diese eigentümliche Haltung wird durch ein Band hervorgerufen, das den Hals im Laufe der Verwesung nach hinten zieht.

Unglaublich!

Einige Vogelnachahmer, wie Gallimimus, waren bis zu 80 Kilometer in der Stunde schnell. So schnell wie kein anderer Räuber! Schnell mussten sie auch sein, denn sie hatten keine Panzerung und außer Krallen keine Verteidigungswaffen.

Gallimimus, der »Hühnernachahmer«, zählt mit sechs Metern Länge zu den größten Ornithomimosauriern. Mit seinen langen, muskulösen Beinen konnte er mühelos jedem Raubsaurier davonlaufen. Sein langer Schwanz half ihm, auch bei engen Kurven und schnellen Richtungswechseln das Gleichgewicht zu halten.

Megazostrodon – klein und putzig

Augen
Mit seinen großen Augen konnte der Räuber auch bei wenig Licht gut sehen. So ging er nachts auf die Jagd, wenn viele seiner Fressfeinde schliefen.

Ohren
Er hatte ein gutes Gehör. Er hörte Beutetiere trappeln und rascheln, aber auch herannahende Feinde.

Fell
Das dichte Fell hielt die Wärme im Körper. Bei kleinen Tieren ist das besonders wichtig.

Tarnung
Das Fell war unauffällig gefärbt, etwa braun oder grau.

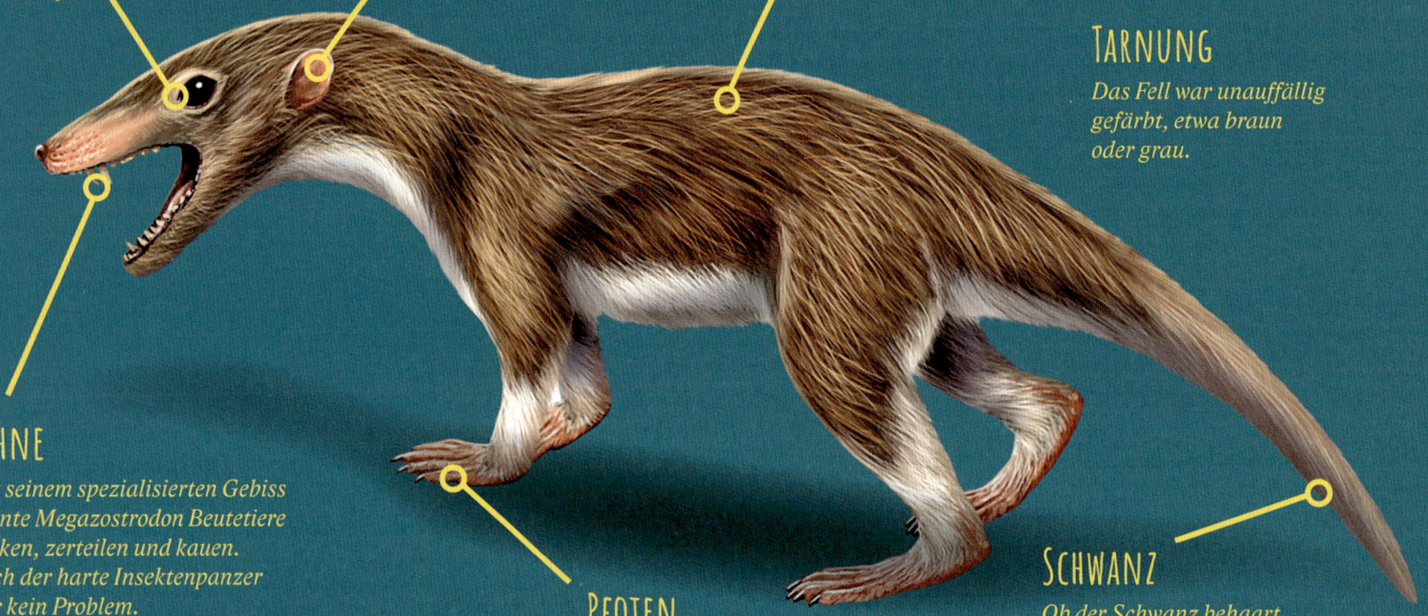

Zähne
Mit seinem spezialisierten Gebiss konnte Megazostrodon Beutetiere packen, zerteilen und kauen. Auch der harte Insektenpanzer war kein Problem.

Pfoten
Mit den bekrallten fünf Zehen konnte er die Beute festhalten.

Schwanz
Ob der Schwanz behaart war? Vielleicht hatte Megazostrodon auch einen nackten, schuppigen Schwanz, so wie heute lebende Ratten.

Klein wie eine Maus war Megazostrodon, eines der frühen urtümlichen Säugetiere. Vielleicht stand es in der evolutionären Entwicklung noch zwischen den Cynodontiern und den echten Säugetieren. Es besaß schon viele Merkmale, die wir von echten Säugetieren kennen: ein wärmendes Fell und unterschiedlich geformte Zähne. Wie wir Menschen hatte das Megazostrodon vier Zahntypen: Schneidezähne, Eckzähne, Prämolaren und Molaren – die letzten beiden sind Backenzähne, mit denen sich Nahrung zu einem Brei zermahlen ließ, vorzugsweise kleinere Tiere. Wie eine heutige Spitzmaus könnte es Insekten, Spinnen und Würmer gefressen haben. Diese vielseitigen Zähne werden später, nach dem Ende der Kreidezeit, eine wichtige Rolle bei der Entwicklung der Säugetiere spielen.

Steckbrief

Kein Dino!

Megazostrodon

Bedeutung: »Großer Gürtelzahn«

Gruppe: ursprüngliches Säugetier

Zeit: vor 199 bis 196 Millionen Jahren, Jura

Lebensraum: Wälder

Länge: etwa 10 Zentimeter

Gewicht: etwa 20 bis 30 Gramm

Fundort: Lesotho (Südafrika)

Nahrung: Würmer, Insekten und andere kleine Tiere

DINO-SCHRECK

Megazostrodon war klein, aber auch für so manchen großen Dinosaurier eine Gefahr – nämlich dann, wenn er sich über dessen Gelege hermachte und die Eier knackte, um sie auszuschlürfen.

Jäger und Gejagter

Aber der kleine Fleischfresser war auch selbst ein Gejagter. Seine schlimmsten Fressfeinde waren kleine Raubdinosaurier. Vielleicht versteckte sich das nur spitzmausgroße Tier tagsüber in einem unterirdischen Bau, wo auch die Jungen Schutz fanden. Erst nachts wagte sich Megazostrodon für die Nahrungssuche aus seinem Versteck. Auf diese Lebensweise weist sein vergleichsweise großes Gehirn hin. Mit seinen großen Augen, dem gut ausgeprägten Geruchssinn und einem feinen Gehör sowie den Tasthaaren war Megazostrodon bestens für die nächtliche Jagd ausgestattet.

Was für Ohren!

Es hatte ein Mittelohr, das bereits dem der Säugetiere ähnelte. Dieses bestand aus drei Gehörknöchelchen: Hammer, Amboss und Steigbügel. Die hatten sich aus einem Teil des Unterkiefers entwickelt und übertrugen den Schall vom Trommelfell auf das Innenohr mit den Hörsinneszellen. Übrigens: Amphibien haben nur ein einziges Gehörknöchelchen, den Steigbügel.

Aus dem Ei geschlüpft

Wahrscheinlich brachte Megazostrodon seine Jungen nicht lebend zur Welt, sondern legte Eier. Wenn jedoch die Jungen geschlüpft waren, wurden sie von der Mutter über Milchdrüsen mit Milch gesäugt. Ein Säugetier, das Eier legt, die Jungen aber dann säugt, gibt es auch heute noch: das australische Schnabeltier. Es ist also ein Überbleibsel aus dem Erdmittelalter!

Das australische Schnabeltier ist ein Überbleibsel aus dem Erdmittelalter. Ein Säugetier, das Eier legt, aber die Jungen mit Muttermilch ernährt. Es ist über Ecken mit Megazostrodon verwandt.

Das Leben und Verhalten der Dinos

Neun Meter lang wurde Abelisaurus, ein räuberischer Theropode der späten Kreidezeit. Gejagt hat er dort, wo heute Argentinien liegt. Aber der gefährliche Fleischfresser konnte auch zärtlich sein. Zur Paarungszeit hat er schon mal mit seiner Liebsten oder seinem Liebsten geschmust. Das Schmusen selbst ist nicht fossil erhalten. Doch es gibt durchaus Spuren, dass Dinos mächtig gebalzt und die Männchen Tänze für die Weibchen aufgeführt haben – auch die großen Räuber.

Du wirst erstaunt sein, was inzwischen alles über das Verhalten der verschiedenen Dinosaurier bekannt ist. Sicher, in einigen Fällen sind es Vermutungen, die nur schwer zu überprüfen sind. Aber die Wissenschaft macht Fortschritte. Wir dürfen darauf gespannt sein.

Verliebte Dinos – Paarungszeit

Pachycephalosaurus mit ihren helmartigen, verknöcherten Schädeln haben vielleicht beim Kopfdrücken herausgefunden, wer der Stärkere ist. Auch die Stacheln auf Kopf und Schnauze könnten der Balz gedient haben.

Die Männchen vieler Tierarten kämpfen um Weibchen – das ist bei Hirschkäfern so, ebenso bei Elefanten und dem Vogel Pfau. Sie kämpfen gegen Rivalen und versuchen, einem Weibchen ihre beste Seite zu zeigen und es zu beeindrucken. Dieses Verhalten wird Balz genannt. Bei den Dinosauriern dürfte es nicht anders gewesen sein.

Lästige Rivalen

Richtig zur Sache ging es mit den Rivalen, also anderen Männchen. Da wurde alles eingesetzt, was einem die Natur gegeben hat. Dabei muss es nicht bis zum Allerletzten, dem Tod, gegangen sein. Sinnvoller sind ritualisierte Kämpfe, bei denen am Ende der Unterlegene aufgibt. Der Stärkere bekommt dann das Weibchen. Der Schwächere hat in der nächsten Paarungszeit eine zweite Chance, seine Gene weiterzugeben. Nämlich dann, wenn er erfahrener, geschickter und kräftiger geworden ist. Es könnte bei Triceratops so ähnlich verlaufen sein wie bei heute lebenden Hirschen, die sich mit ihren Geweihen ineinander verkeilen. Vermutlich haben sie mit ihren Hörnern gerungen. Andere Arten oder Peitschenschwänze setzten andere Waffen ein, so Schwanzkeulen. Irgendwann gibt der Unterlegene nach. Letztlich geht es darum, wer die besseren Gene hat.

Zwei Triceratopsmännchen wollen wissen, wer der Stärkere ist und seine Gene weitergeben darf. Ein großer Nackenschild und lange Hörner waren Zeichen für ein kräftiges Männchen mit guten Genen.

Schon gewusst?

Balzrituale sind wichtig bei der Partnerwahl. An ihnen erkennen die Weibchen, ob ein Männchen kräftig ist und gute Gene hat, sodass aus der Beziehung gesunder Nachwuchs hervorgeht.

Sicherlich haben auch Ankylosauriermännchen ihre Schwanzkeulen für rituelle Kämpfe eingesetzt. Vielleicht haben sie damit auch nur den Rivalen gedroht.

Weibchen beeindrucken

Aber mit einem gewonnenen Kampf ist das Männchen noch lange nicht am Ziel. Denn es geht darum, mit allen Mitteln das Weibchen zu überzeugen. »Ich bin stark, ich bin schön und sieh mal, wie ich tanzen kann!« Auffallende Körpermerkmale wie bunte Federn, leuchtende Kämme, Dornen, Nackenschilde oder Hörner können den Ausschlag geben. Die Platten des Stegosaurus etwa könnten sich nur entwickelt haben, um die Gunst der Weibchen zu gewinnen.

Überzeugend ist auch ein ausgefallener Balztanz, begleitet von einem möglichst betörenden Gesang. Sogar von großen Theropoden weiß man, dass sie Tänze für die Angebetete aufgeführt haben.

Der auffallende Kamm dieses Tsintaosaurus konnte bei der Balz ein Weibchen überzeugen. Je größer und bunter, umso besser.

Tanzplätze

In Colorado, USA, und an anderen Orten wurden regelrechte Balzplätze freigelegt. Die sollen eindeutig zeigen, dass ein großer Theropode gescharrt und so seine Zuneigung zu einem Weibchen ausgedrückt hat. Welcher Dinosaurier hier sein Bestes gegeben hat, lässt sich nicht eindeutig sagen – es könnte aber auch ein T. rex gewesen sein. Sicherlich hatte ein zehn Meter langer und mehrere Tonnen schwerer balzender T. rex einen beeindruckenden Tanz hingelegt! So wie heutige Hähne im Boden scharren und eine Henne umtanzen, so dürfte das vor über 66 Millionen Jahren auch T. rex getan haben. Mit seinen Krallen hat er den Boden aufgekratzt und Staub aufgewirbelt – und vielleicht sogar gewaltig gegurrt.

Eier und Nester

Die meisten heute existierenden Säugetiere bringen lebende Junge zur Welt. Die Entwicklung des Embryos findet bei diesen Tieren vollständig im Mutterleib statt. Über die Nabelschnur wird das heranwachsende Leben mit allen Nährstoffen und Sauerstoff versorgt und Abfallprodukte werden entfernt. Dass ein Säugetier einmal über eine Nabelschnur mit dem Körper der Mutter verbunden war, zeigt eine Narbe am Bauch: der Bauchnabel.

GRÜNZEUG DRAUF!

Sauropoden legten ihre Eier in eine Erdgrube und deckten sie mit Pflanzenteilen ab. Die verrottenden Pflanzen erzeugten die nötige Wärme.

Dinos legen Eier

Dinosaurier hingegen bringen keine lebenden Jungen zur Welt, sondern legen Eier. Diese Eier können kugelförmig oder länglich geformt sein. Einige haben harte Schalen wie bei Hühnereiern, andere eine ledrige Haut, so wie Schlangeneier. Zwar sind die Eier je nach Art unterschiedlich groß, doch sind selbst die Eier der größten Dinosaurier überraschend klein. Die größten sind nur etwa so groß wie ein Basketball. Die allermeisten jedoch sind sehr viel kleiner.

Auch Baby Yingliang, ein Ovoraptosaurier, stand kurz vor dem Schlüpfen – schaffte es aber nicht mehr. Dieses kleine Skelett versteinerte zusammen mit der Eischale.

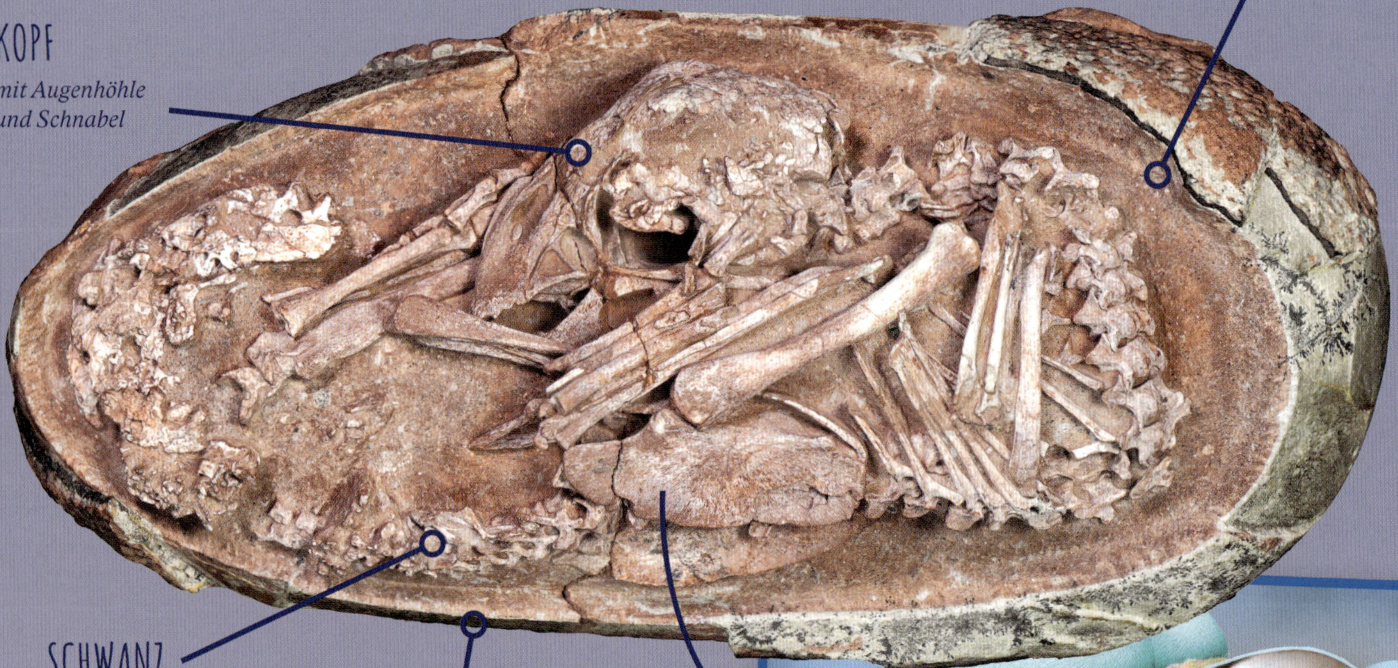

LUFTBLASE

Das kleine Skelett liegt mit seiner Wirbelsäule nicht an der Eischale an. In seinem Rücken sind die Reste eines Luftsacks zu erahnen.

KOPF

mit Augenhöhle und Schnabel

SCHWANZ

Er liegt im spitzen Teil des Eies an die Innenseite der Schale geschmiegt.

SCHALE

ähnlich der einer Vogelschale, allerdings etwas dicker

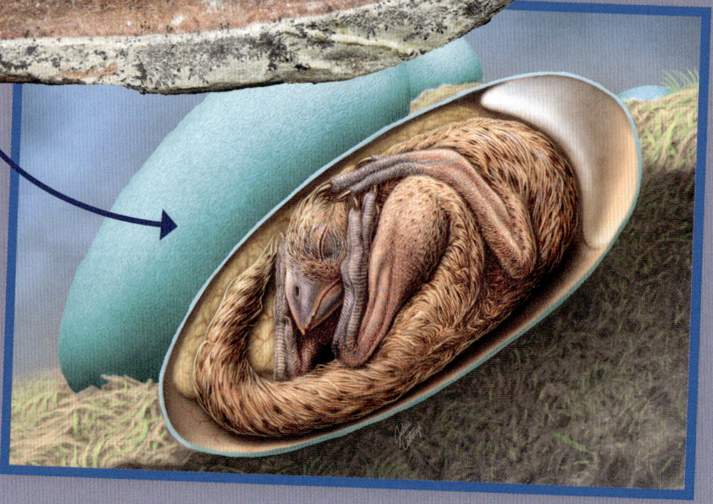

Große Dinos – kleine Eier

Sogar die riesigen Sauropoden legten vergleichsweise kleine Eier. Dieses Ei eines Apatosaurus ist nur so groß wie ein Basketball. Beim Schlüpfen waren die Jungen etwa 30 Zentimeter lang.

Dino-Bauchnabel

Auch Dinos und Hühnerküken haben einen Bauchnabel. Das liegt daran, dass der heranwachsende Vogelembryo mit einer Art Nabelschnur mit dem Eidotter verbunden ist, in dem alle Nährstoffe enthalten sind. Über die Nabelschnur werden auch Abfallprodukte entsorgt. Wenn beim Schlüpfen die Nabelschnur abgestoßen wird, bleibt eine Narbe am Bauch des Kükens zurück. Bei dem seltenen Fossil eines Psittacosaurus, bei dem auch die Schuppen des Bauches als versteinerter Abdruck erhalten sind, entdeckte man tatsächlich eine längliche Narbe: den Bauchnabel eines Dinos.

Ei gelegt – und nun?

Noch im Bauch der Mutter wächst im Ei ein Embryo heran. Das Ei enthält genug Nährstoffe, damit das Wachstum auch nach der Eiablage noch weitergehen kann. Allerdings brauchen die Eier Wärme und Schutz. Doch ob sich die Eltern um ihr Gelege kümmerten und wie, das hing von der Dino-Art ab. Manche Arten brüteten ihre Eier in einem selbst angelegten Nest auf dem Erdboden aus. Andere Dinosaurier legten ihre Eier in Erdmulden ab, brüteten aber nicht. Vermutlich bewachten sie die Nester, so wie es heutige Krokodile tun. Räuber, die es auf die Dino-Eier abgesehen hatten, hatten kaum eine Chance.

Brutpflege

VERLORENE EIER

Dieses versteinerte Protoceratops-gelege wurde in der Wüste Gobi in der Mongolei gefunden. Typisch für Protoceratops sind die länglichen Eier. Vielleicht kamen die Eltern in einem Sandsturm ums Leben. Denn die Eier wurden nie ausgebrütet.

Alle Dinosaurier schlüpften aus Eiern. Das überrascht nicht weiter, denn Dinos sind Reptilien, genauso wie Schildkröten, Schlangen, Krokodile und Vögel. Ja, auch Vögel sind Reptilien. Auch wenn wir heute umgangssprachlich zwischen Vögeln und Reptilien unterscheiden. Allerdings sehen die fossilen Dino-Eier meist nicht ganz so aus wie etwa Hühnereier. Manche Dino-Eier sind kugelrund, andere sind länglich. Du kannst die Eier gut von einem Stein unterscheiden, wenn du dir die Oberfläche genau ansiehst. Steine sind glatt und aus einem Stück. Versteinerte Dino-Eier haben eine fein gemusterte Oberfläche. Sie sind oft angeknackst und die dünnen Schalenstücke sind gegeneinander verschoben.

Brütende Dinos

Wie Hühner und die meisten Vögel haben auch viele Dinos ihre Eier bebrütet. Die Weibchen legten die Eier in ein Nest und setzten sich dann darauf oder hielten ihre Flügel wärmend über das Gelege. Kleine und sogar mittelgroße Dinos, die gefiedert waren, taten es genauso. Allerdings mussten vor allem die etwas größeren vorsichtig sein, wenn sie sich auf das Nest setzten. Es gibt sogar Fossilien, die zeigen, wie Dinos gebrütet haben.

Fürsorgliche Dino-Eltern

Die Gattungsbezeichnung Oviraptor ist lateinisch und bedeutet Eierräuber. Als man eines seiner versteinerten Skelette in den 1920er-Jahren fand, schien er sich gerade über ein fremdes Gelege herzumachen. Die unbewachten Eier wären leichte Beute für Dinosaurier oder andere Tiere gewesen, die auch Eier fraßen. Nur in diesem einen Fall beschuldigte man Oviraptor zu Unrecht. Es waren nämlich die eigenen Eier, die er ausbrütete, als er vermutlich von einem Sandsturm überrascht oder von einer Sanddüne verschüttet wurde. Als der Irrtum erkannt wurde und sich Oviraptor als fürsorglicher Brüter herausstellte, war zwar seine Ehre wiederhergestellt, doch der Name Eierräuber blieb ihm.

Brüten, aber wie?

Heute kennt man bereits mehrere Arten von Oviraptoren, von denen die meisten zwischen einem und acht Meter lang waren. Sie alle haben ihre Eier ausgebrütet. Doch wie taten sie das genau? Eher wie Krokodile oder mehr wie Vögel? Krokodile vergraben ihre Eier und die Jungen schlüpfen nahezu gleichzeitig. Bei brütenden Vögeln schlüpfen die Küken oft zu unterschiedlichen Zeiten. Um das herauszufinden, haben deutsche, schweizerische und taiwanesische Paläontologen und Paläontologinnen genauer nachgeforscht.

FRISCH GESCHLÜPFT

Ach, wie süß! Es ist ein Protoceratops. Man kann deutlich den für ihn typischen Hornschnabel erkennen.

BEIM KLAUEN ERWISCHT?

In der Mongolei ausgegraben wurde ein Dinosaurier, der sich – auf den ersten Blick – über ein fremdes Nest hermachte. Die Forscher gaben dem vermeintlichen Eierdieb auch gleich den passenden Namen: Oviraptor. Tatsächlich brütete das Tier aber seine eigenen Eier aus.

Na klar, wie Vögel!

Untersucht wurden drei etwa 18 Zentimeter große Oviraptoreier, die vor 67 Millionen Jahren am Ende der Kreidezeit in der chinesischen Jiangxi-Provinz gelegt wurden. Es handelte sich um ein eng beieinander liegendes Eipaar und ein etwas weiter entferntes drittes Ei. Alle drei Eier wurden in ein und demselben Sedimentblock gefunden und stammten aus dem gleichen Gelege. Aus der Größe und der Anordnung der Embryonenknochen schlossen die Forscher, dass das einzelne Ei früher gelegt und bereits weiter entwickelt war als das Eipaar. Aber auch bei den beiden anderen Eiern waren die Embryonen unterschiedlich weit entwickelt. Die Verhältnisse sprachen also eher für ein Brutverhalten wie bei heutigen Vögeln. Tatsächlich sind Oviraptoren mit den Vögeln näher verwandt und mit den Krokodilen nur entfernt über Ecken.

Das dauert aber!

Bei einigen Dinosaurierarten dauerte das Brüten mindestens drei bis sechs Monate lang. Verglichen mit heutigen Vögeln ist das ungewöhnlich viel Zeit. Zum Vergleich: Vögel brüten im Schnitt zwischen 11 und 85 Tagen. Woher die Forscher und Forscherinnen das wissen? Sie untersuchten versteinerte Dino-Embryos in Eiern. Mit Röntgenstrahlen durchleuchteten sie die Eier und zählten an den Dino-Zähnchen Anlagerungslinien. Die Linien zeigen, wie sich die Zähne entwickelten. Ähnlich wie bei den Jahresringen von Bäumen kann man diese Anlagerungslinien auszählen – jede Linie entspricht einem Tag. So kann man ermitteln, wie lange sich die Embryonen im Ei entwickeln. Im Falle von Protoceratopseiern waren die Dino-Babys drei Monate alt und immer noch nicht geschlüpft. Ein ausgewachsener Protoceratops ist etwa so groß wie ein Hausschwein und legt rund 200 Gramm schwere Eier.

Wer brütet?

Vor allem bei heutigen Vögeln ist die männliche Brutpflege weit verbreitet. Wie aber war das bei den Dinosauriern? Amerikanische Forschende haben drei verschiedene Dino-Arten aus der Gruppe der Theropoden untersucht. Zu den Theropoden zählen auch die direkten Vorfahren heutiger Vögel. Es handelte sich bei den untersuchten Fossilien um Dinosaurier, deren Fossilien direkt auf den versteinerten Gelegen gefunden wurden – und zwar in Brutposition. Das Erstaunliche: Bei den Tieren wurden keinerlei Veränderungen der Knochen festgestellt, die normalerweise bei den Weibchen mit dem Wachstum der Eier im Körper einhergehen. Das deutet also darauf hin, dass die brütenden Tiere Männchen waren.

Erholung für das Weibchen

Zudem hatten die Forschenden die Größe des Geleges im Auge. Bei modernen Vögeln sind es die Männchen, die die besonders großen Gelege bebrüten. Und die untersuchten Dino-Gelege waren in der Tat groß. Sie umfassten 22 bis 30 große Eier, die nicht auf einmal, sondern nach und nach gelegt wurden. Für das Weibchen war das eine anstrengende Zeit, in der es seine Energie einteilen musste. Dafür übernahm das Männchen den Hauptteil des Ausbrütens.

Waren Dinosaurier gute Eltern?

Der Name Dinosaurier bedeutet schreckliche Echse, dabei hatten die Tiere auch ihre liebevollen Seiten. Je nach Gattung kümmerten sie sich mehr oder weniger um ihren Nachwuchs. Das Verhalten selbst ist jedoch nicht versteinert. Aber die fossilen Nester und Dino-Eier verraten, wie viel Zeit und Mühe die Dinosaurier für die Brutpflege aufwendeten und ob die Babys nach dem Schlüpfen in der Nähe des Nestes blieben.

Gute-Mutter-Echse

Maiasaura, die Gute-Mutter-Echse, verdankt ihren Namen der liebevollen Fürsorge ihrer Jungen. Dieser Entenschnabeldinosaurier lebte in der späten Kreidezeit vor etwa 80 bis 75 Millionen Jahren im heutigen Nordamerika. Im US-Bundesstaat Montana fand man Hunderte von versteinerten Gelegen auf einem Hügel, der dann auch Egg Mountain, also Eierberg, genannt wurde. Maiasaura brütete in einer Kolonie, so wie es viele Seevögel heute tun. Gemeinsam konnten sie auf diese Weise ihre Eier und den geschlüpften Nachwuchs bestmöglich vor Räubern schützen. Zwischen den Nestern war genug Platz, sodass sich die neun Meter langen Erwachsenen bewegen konnten, ohne die Eier zu zertreten.

Zu Hause ist es am schönsten ...

... und am sichersten. In den Nestern und dazwischen wurden fossile Pflanzenreste gefunden. Diese könnten Nestbaumaterial gewesen sein oder auch Futter, das die Eltern ihrem frisch geschlüpften Nachwuchs brachten. Möglich ist auch, dass die Jungen bereits nach wenigen Tagen das Nest verließen, selbst Futter suchten und danach wieder ins Nest zurückkehrten.

Haben Dinos miteinander gespielt?

Wenn die jungen Maiasaurababys mit ihren Geschwistern eng an eng in einem Nest aufwuchsen, dann haben sie wahrscheinlich auch miteinander gespielt. Sehen wir uns Tiere an, die mit den Dinos verwandt sind, so können wir bei ihnen Spielverhalten beobachten. Junge Vögel und sogar Krokodile sowie Alligatoren spielen als Kinder miteinander. Dino-Arten, die längere Zeit im Nest verbrachten, werden auch miteinander gespielt, gerangelt und gestritten haben. Spielen mit Gleichaltrigen ist nichts anderes als Training fürs Leben. Dabei eignen sich die Jungen überlebenswichtige Fähigkeiten an und werden jeden Tag stärker, schneller und schlauer.

Sauropoden waren anders

Auch Sauropoden schienen ihre Eier in Brutkolonien abgelegt zu haben. In Indien wurden mehrere Nester von Titanosauriern gefunden. Deren Abstand war aber so gering, dass sich die erwachsenen Sauropoden unmöglich dazwischen bewegen konnten. Wahrscheinlich haben die Mütter nach der Eiablage das Nest verlassen und anderen Weibchen Platz gemacht. Doch ganz aufgegeben haben sie ihre Nester wohl nicht. Vermutlich haben sie sich in der Nähe aufgehalten, die Brutkolonie bewacht und gegen Räuber verteidigt.

MAIASAURA

Maiasaura ist das bekannteste Beispiel für einen Dinosaurier mit Brutpflege. Die frisch geschlüpften Jungen waren etwa 30 Zentimeter lang.

Tyrannosaurus rex

Dieser T. rex freut sich, denn seine ersten Jungen durchbrechen bereits die Schale. Doch die winzigen Tiere werden schnell wachsen! Ob sie von ihren Eltern gefüttert wurden, ist nicht bekannt. Möglicherweise jagten sie von Anfang an Insekten oder kleine Echsen.

Gemeinschaftliches Brüten

Forschende um den Paläontologen John Robert Horner haben Ende der 1970er-Jahre im US-Bundesstaat Montana Gelege verschiedener Dino-Arten gefunden. Die fossilen Eier und Skelette zeigen, dass vor rund 80 Millionen Jahren am Egg Mountain mindestens drei Dino-Arten mit unterschiedlicher Brutpflege brüteten. Maiasaura brüteten in Kolonien und brachten Nesthocker zur Welt, so wie heutige Vögeln. Orodromeus brüteten ebenfalls in Nistkolonien; allerdings scheinen die geschlüpften Jungen Nestflüchter gewesen zu sein. Und schließlich Troodon: Mehrere Weibchen legten wohl ihre Eier in ein Gemeinschaftsnest und brüteten diese kollektiv, also gemeinsam aus. Das erklärt auch die hohe Zahl an Eiern in einem Nest – es sind bis zu 24 Stück! Zu den heute bekannten Kollektivbrütern gehört der Afrikanische Strauß.

Wie tönten Dinosaurier?

ROAAAR!

Tyrannosaurus rex wird oft mit aufgerissenem Maul und fürchterlich brüllend dargestellt. Aber tat er das wirklich? Denn um die Beutetiere nicht unnötig zu warnen, war es klüger, sich eher leise zu verhalten.

Von weidenden Herdentieren wie den Hadrosauriern nimmt man an, dass sie sich gegenseitig warnten, wenn sich Räuber näherten.

Wir kennen Dinosaurier von Spielfilmen wie »Jurassic Park« oder von Dokumentationen, die versuchen, den Dino-Alltag nachzustellen. Die Animationstechnik lässt sie laufen, fressen und miteinander kämpfen. Dabei brüllen sie oft furchterregend. Je größer das Tier, umso lauter wird es dargestellt. T. rex brüllt ohrenbetäubend und der in die Enge getriebene Ankylosaurier röhrt wütend zurück. Diese Geräusche scheinen zu den gewaltigen Tieren zu passen. Aber wie klangen Dinos wirklich?

Töne versteinern nicht

Alle Laute, die ein T. rex von sich gegeben hat, sind längst verhallt. Doch bei manchen Fossilien ist auch der Kehlkopf versteinert, wie bei dem eines Pinacosaurus grangeri, einem Ankylosaurier. Das Fossil wurde im Jahr 2005 in der Mongolei ausgegraben. Besonders interessierten sich die Forschenden für die Körperteile, die an der Stimmerzeugung beteiligt waren. Genau genommen sind es zwei knöcherne Teile des Kehlkopfs, an denen Muskeln ansetzten. Mit ihnen lassen sich die Atemwege öffnen und schließen sowie deren Form verändern. Die Forschenden verglichen diese Knochen mit denen anderer Reptilien wie Krokodile, Schildkröten und Vögel. Das Ergebnis: Der untersuchte Ankylosaurier konnte seine Atemwege sehr weit öffnen und entsprechend laut rufen. Zugleich konnte er wie ein Vogel die Stimmritze leicht verändern und so wohl auch vogelähnliche Töne von sich geben. Es könnte also sein, dass Ankylosaurier singen konnten.

GURR-GURR!

Der zu den Ankylosauriern gehörende Pinacosaurus grangeri hatte einen Kehlkopf, ähnlich wie heute lebende Vögel. Möglicherweise hat er damit auch vogelähnliche Laute erzeugt. Vielleicht zwitscherten oder gurrten die tonnenschweren Tiere.

Wozu tönen?

Diese Laute wurden bei der Balz eingesetzt oder wenn die Elterntiere Kontakt zu den Jungen hielten. Über arttypische Laute markierten sie ihr Revier oder wurden auch schon mal lauter, wenn sie Raubtiere vertreiben wollten. Welche Geräusche die Dinosaurier in der entsprechenden Situation von sich gegeben haben, lässt sich derzeit nicht sagen. Es dürfte wohl so sein wie bei modernen Vogelarten. Ein einziger Vogel kann ein breites Spektrum an Geräuschen erzeugen. Diese werden nicht nur im Kehlkopf und mit den Stimmritzen erzeugt, sondern auch durch andere Organe und Teile der Atemwege wie Mund, Nase oder Stimmkopf. Der Stimmkopf bewegt sich nach oben und nach unten und verändert so den Klang der Rufe. Ein Stimmkopf wurde zwar nicht bei dem untersuchten Fossil gefunden. Doch kennt man den versteinerten Stimmkopf eines Vogels, der vor etwa 67 Millionen Jahren zu der Zeit der Nichtvogel-Dinos gelebt hat. Vielleicht wird in naher Zukunft das Fossil eines Nichtvogel-Dinosauriers mit einem Stimmkopf entdeckt. Bis dahin dürfen wir weiterhin annehmen, dass Ankylosaurier möglicherweise gegurrt und gezwitschert haben.

Jagd im Rudel

Kleine Räuber – kleine Beute? Das muss nicht immer so sein! Gemeinsam im Rudel können auch größere Beutetiere überwältigt werden. Vor allem dann, wenn man klug vorgeht und sich untereinander abspricht. Ob die drei Deinonychus hier wirklich so schlau waren und nach einer ganz bestimmten Strategie vorgegangen sind, wird inzwischen bezweifelt. Wahrscheinlich verlief die Attacke eher ziemlich chaotisch ab. Der angegriffene Tenontosaurus, ein pflanzenfressender Iguanosaurier, aber wehrt sich heftig. Die Rudeljagd ist oft mit tödlichen Risiken für die Angreifer verbunden. Das zeigt ein Fund aus dem US-Bundesstaat Montana: Neben dem toten Tenontosaurus lagen dort vier Skelette von Deinonychus. Da ging wohl etwas mächtig schief!

T. rex – Junge und Alte jagen anders

Von den gefürchteten Tyrannosauriern gab es mehrere Arten. Während im kreidezeitlichen Nordamerika T. rex den Pflanzenfressern und anderen Beutetieren nachstellte, war das in Asien Tarbosaurus. Er war ein gewaltiger Theropode und wie T. rex ein Tyrannosaurier. Ein erwachsener Tarbosaurus hatte wie T. rex einen gewaltigen Schädel mit Merkmalen, die auf einen kraftvollen Biss schließen lassen: Er hatte starke Zähne sowie große Muskelansatzstellen und damit kräftige Muskeln. Sein Schädel, die Kiefer und die Zähne waren ein gefürchtetes Beißwerkzeug – mit dem die Beute gepackt und ein Todesbiss durchgeführt werden konnte. Sie konnten damit auch die dickste Haut durchtrennen und Knochen brechen.

JUNGTIER

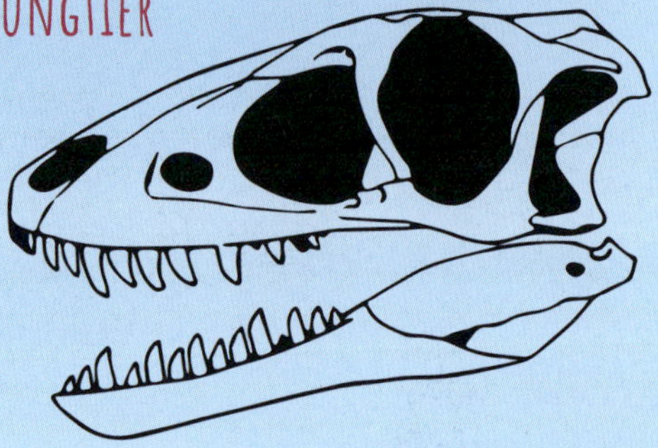

ERWACHSENES TIER

Kleine jagen anders

Jungtiere hingegen waren anders gebaut. In der Mongolei haben Paläontologen 2006 den ersten gut erhaltenen Schädel eines nur zwei bis drei Jahre alten Tarbosaurus entdeckt. Es ist der jüngste bekannte Schädel eines Tyrannosauriers. Er stammt aus der späten Kreidezeit und ist 70 Millionen Jahre alt. Dieser Schädel war im Vergleich zu den Schädeln

TOP-PRÄDATOREN

So wie bei Tarbosaurus junge und ältere Tiere unterschiedliche Ernährungs- und Jagdgewohnheiten hatten, dürfte es auch bei anderen Tyrannosauriern wie etwa T. rex gewesen sein. Junge und Erwachsene kamen sich bei der Jagd nicht in die Quere. Das machte die Tyrannosaurier zu extrem erfolgreichen Spitzenräubern, in der Fachsprache auch Top-Prädatoren genannt.

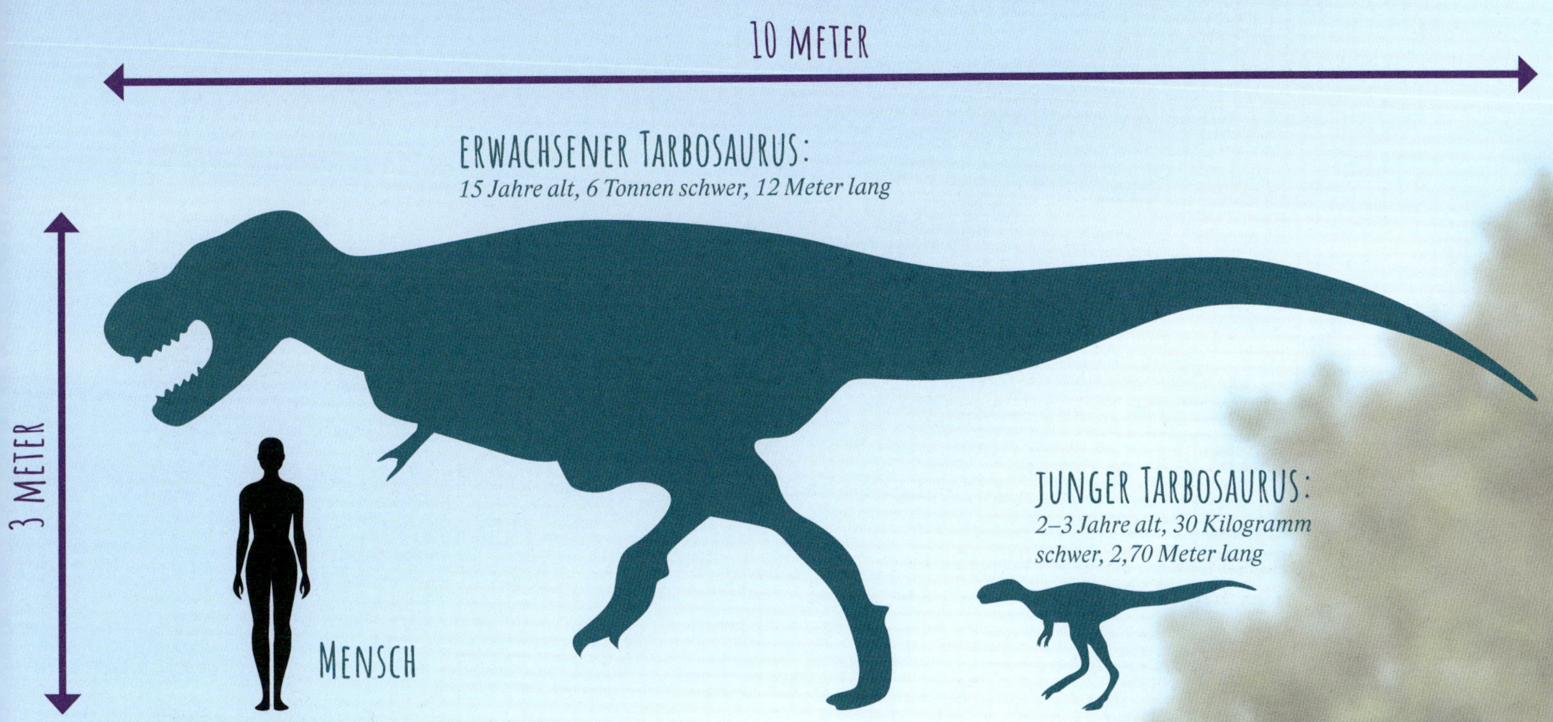

erwachsener Tiere geradezu zart gebaut. Aus der Länge der ebenfalls erhaltenen Beinknochen schlossen die Forschenden auf eine Körpergröße von 2,70 Metern und ein Gewicht von etwa 30 Kilogramm. Verglichen mit den rund sechs Tonnen schweren erwachsenen Tieren also ein Leichtgewicht! Der nur 28 Zentimeter lange Schädel hatte weder besonders kräftige Knochen noch große Muskelansatzstellen. Damit konnte das Jungtier nicht besonders kräftig zubeißen und auch nicht durch heftige seitliche Bewegungen Fleischbrocken aus der Beute herausreißen. Die Jungtiere mussten zwangsläufig andere Beutetiere als ihre Eltern jagen.

Jäger von Anfang an

Nicht bekannt ist, ob die Eltern den Jungtieren Nahrung brachten – vermutlich war das auch gar nicht notwendig. Obwohl er noch klein und viel weniger gefährlich als seine Eltern war, war ein junger Tarbosaurus wahrscheinlich bereits ein geschickter Jäger. Er war schnell und wendig und konnte sich selbst gut versorgen.

Aber es fehlte ihm an Kraft. Also jagte er kleinere Beutetiere, die leichter zu erlegen sind. Und vor allem war dabei das Risiko kleiner, sich den zarten Schädel zu verletzen. Deshalb mussten Jungtiere vorsichtig sein. Die Eltern hingegen mit ihren starken Schädeln konnten größere Beute erlegen und brutaler vorgehen. Jungtiere und erwachsene Tiere verfolgten also unterschiedliche Jagdstrategien. Das hatte einen großen Vorteil für beide Seiten: Sie waren keine Nahrungskonkurrenten und standen sich bei der Jagd nicht im Weg. Während die erwachsenen Tarbosaurier Hadrosaurier wie Saurolophus oder Sauropoden erlegten, zielten die Jungtiere eher auf kleinere Pflanzenfresser ab. Sie jagten Beutetiere wie Prenocephale, der einen kuppelförmig verdickten Schädel hatte und maximal zweieinhalb Meter lang wurde. Mit dem Alter und der Körpergröße wuchs dann auch die Vorliebe für größere Beutetiere.

Armer, kranker Dino!

PARASITEN

125 Millionen Jahre alt ist dieser Bernstein aus der Kreidezeit. Er hat die Parasiten jener Zeit bis heute bewahrt. Auch große Dinos waren vor Flöhen, Zecken und Milben nicht sicher.

SCHON GEWUSST?

Manchmal lästig, aber doch wichtig! Neben den gewaltigen Dinosauriern trugen auch kleinere Tiere wie Insekten zum Funktionieren der Ökosysteme des Erdmittelalters bei. Ebenso wichtig waren Pflanzen und Mikroorganismen wie Pilze, Bakterien und sogar Viren.

Das Leben in Herden und Rudeln hatte viele Vorteile. Allerdings breiteten sich in den Gruppen auch lästige Parasiten und zum Teil sogar tödlich verlaufende Infektionskrankheiten aus. Manche Dinos waren von Würmern, Milben, Zecken, Flöhen und Läusen befallen. Sie hatten Durchfall, brachen erschöpft zusammen und starben schließlich an Entkräftung oder an den Folgen einer schweren Krankheit. Sobald sich die Räuber über den Kadaver hermachten, sprangen die Parasiten auf sie über, drangen in ihre Haut ein und breiteten sich über ihren Blutkreislauf im Körper aus. Lebenswichtige Organe wurden geschädigt. Blutsaugende Insekten verbreiteten mikroskopisch kleine Erreger, Amöben und Würmer. Beißende Fliegen trugen Krankheitserreger von einem Tier zum anderen weiter, was zu einer raschen Ausbreitung innerhalb der Herde führte. So übertrugen sie Krankheiten innerhalb einer Art, zwischen Dinosauriern verschiedener Arten und sogar zwischen Dinos und anderen Wirbeltieren.

Zerfressene Kiefer

Der eine oder andere T. rex dürfte Parasiten zum Opfer gefallen sein. In manchen Kieferknochen finden sich Löcher, die nicht etwa Kampfspuren sind. Die Löcher stammen von einer Infektion mit mikroskopisch kleinen einzelligen Trichomonaden. Wir kennen diese Krankheit bei heutigen Vögeln. Waren Rachen und Maul eines T. rex stark mit solchen Trichomonaden befallen, konnte er nicht mehr fressen und musste verhungern.

Urzeitflöhe

In China wurden 165 bis 125 Millionen Jahre alte Flöhe entdeckt. Diese waren bis zu zwei Zentimeter groß und damit viermal so groß wie heutige Flöhe. Die Urzeitflöhe konnten nicht springen, hatten jedoch Klauen, mit denen sie sich an haarigen oder gefiederten Tieren und somit auch an Dinos festkrallen konnten.

Ökosystem – was ist das eigentlich?

Mit dem Begriff »Ökosystem« beschreibt man das Zusammenwirken aller Tiere, Pflanzen und sonstiger Organismen. Die Ökosysteme des Erdmittelalters waren genauso vielfältig wie heutige. Dennoch sahen sie ganz anders aus. Zeitreisende hätten wohl große Probleme mit den Krankheitserregern des Erdmittelalters, denn ihr Immunsystem wäre nicht darauf eingestellt. Auf jeden Fall sollten sie alle nur erdenklichen Antibiotika mitnehmen. Oder besser noch zu Hause in der Jetztzeit bleiben!

Lästige Läuse
Läuse lieben Fell und Federn. Selbst die Dinosaurier waren vor federfressenden Läusen nicht sicher. Das belegen die Fraßspuren an Dino-Federn.

Zudem hatten die Parasiten einen kräftigen Saugrüssel, mit dem es ihnen gelang, dickere Haut zu durchstechen und Dino-Blut zu saugen. Beißende Insekten können dadurch verschiedenste Krankheitserreger wie Viren, Bakterien und Fadenwürmer übertragen.

Dollys Ende

Paläontologinnen und Paläontologen staunten nicht schlecht, als sie einen jugendlichen Langhals-Dino mit Spitznamen Dolly in den Computertomografen steckten – genau genommen waren es nur ein paar seiner Halswirbelknochen. Die Diagnose: Das Tier litt an einer Atemwegsinfektion, genauer gesagt an einer Luftsackentzündung, die durch Schimmelpilzsporen hervorgerufen wurde. Man kennt solche Infektionen auch bei heutigen Reptilien und Vögeln. Die eingeatmeten Pilzsporen befallen die Lunge und können auf das Knochengewebe übergehen. Bei Vögeln verläuft eine solche Infektion oft tödlich. Dolly litt wahrscheinlich an Husten, Fieber und an einer Rotznase. Das war mehr als nur eine harmlose Erkältung. Das Tier hatte vermutlich Atemnot, verlor an Gewicht und wurde immer schwächer. Vielleicht starb es sogar daran. Möglicherweise war Dolly aber so schwach, dass sie von Räubern überwältigt wurde. Letztlich aber war es die Luftsackentzündung, die Dollys Ende bedeutete – und das im zarten Alter von nur 15 Jahren. Ohne Erkrankung hätte Dolly die besten Chancen gehabt, doppelt so alt zu werden.

Schwer krank!
Hadrosaurier lebten in großen Herden. Entsprechend häufig werden deren fossile Knochen gefunden. Darunter sind auch Schwanzwirbel, die mit Röntgenstrahlen durchleuchtet wurden. Dabei wurden seltsame Löcher entdeckt, die von einer Krebserkrankung stammen, bei der sich Immunzellen unkontrolliert vermehren und den Knochen befallen. Wir kennen so eine Krebserkrankung auch beim Menschen.

Schon gewusst? Kurioses über Dinos

Wie viele erstaunliche Fakten kennst du bereits über Dinos? Die beeindruckenden Lebewesen begeistern Menschen, seit sie die ersten Knochen dieser Tiere in der Erde gefunden haben. Hier erfährst du, welche sonderbaren Dinos die Evolution hervorgebracht hat – so seltsam, dass selbst Expertinnen und Experten staunen.

Faul und verfressen

Einige riesige pflanzenfressende Dinos, die Sauropoden, konnten nur so groß werden, weil es Nahrung im Überfluss gab und sie sehr sparsam mit ihrer Energie umgingen. Die Sauropoden vermieden alles, was anstrengend war. Sie bewegten sich langsam und legten wohl auch keine größeren Strecken am Stück zurück.

Steinfresser

Bei Brachiosaurus hat man in den fossilen Überresten im Bauch eine Ansammlung von Steinen gefunden. Früher hielt man sie für Mahlsteine, die bei der Verdauung der Pflanzen halfen. Heute nimmt man an, dass die Dinos so ihren Bedarf an Mineralstoffen gedeckt haben. Unklar ist jedoch, ob sie die Steine absichtlich oder nur zufällig gefressen haben.

Vierflügler

In China haben Paläontologen und Paläontologinnen einen 130 Millionen Jahre alten Dinosaurier mit vier Flügeln entdeckt. Microraptor gui konnte damit zwar nicht aktiv fliegen, aber immerhin von Baum zu Baum gleiten – so ähnlich wie heute lebende Gleithörnchen, die aber Säugetiere sind.

Luftgekühlt

In Argentinien entdeckt wurde Aerosteon riocoloradensis. Der zehn Meter lange Theropode hatte keine Schweißdrüsen, dafür aber eine Luftkühlung: Unter seiner Haut verlief ein Netz von Luftkanälen, das die Wärme nach außen abführte.

Immer größer

Dinosaurier wuchsen nie aus, so nimmt man heute an. Besonders schnell wuchsen sie in ihrer Jugendzeit. Nach der Dino-Pubertät ging das Wachstum weiter, wenn auch langsamer als zuvor. Woher wir das wissen? Die Knochen der Dinos haben Wachstumsringe, ähnlich wie die Jahresringe bei Bäumen.

Dino-Tag

Du willst die Dinosaurier feiern? In den USA ist der 2. August der Tag der Dinosaurier oder Dinosaurs Day auf Englisch. Also gleich in den Kalender schreiben und gebührend feiern!

Riesen und Drachen

Schon in der Antike kannten Griechen, Römer und Chinesen versteinerte Dinosaurierknochen. In China hielt man sie für die Knochen von Drachen, im mittelalterlichen Europa hingegen glaubte man, die Gebeine von Riesen gefunden zu haben.

Kannibalismus

In Nordamerika wurden fossile Knochen von T. rex entdeckt, die Bissspuren aufwiesen, die nur von T. rex stammen können. T. rex fraß also auch seine Artgenossen. Wahrscheinlich hatte er aber nur etwas am Kadaver eines toten Kollegen geknabbert. Auch bei heute lebenden großen Raubtieren ist es durchaus üblich, dass sie das Aas von Artgenossen fressen.

Sie haben überlebt!

Man kann es nicht oft genug sagen: Nicht Krokodile oder Eidechsen sind die Nachfahren der Dinos, sondern Vögel. Vögel haben sich aus einer Gruppe fleischfressender, gefiederter Dinos entwickelt und sind somit auch Dinosaurier.

Gute Väter

Von einigen Theropoden weiß man, dass die Männchen nachweislich beim Ausbrüten der Eier mithalfen. Möglicherweise brüteten sie die Eier sogar alleine aus, während sich das Weibchen von der anstrengenden Eierlegerei erholen konnte.

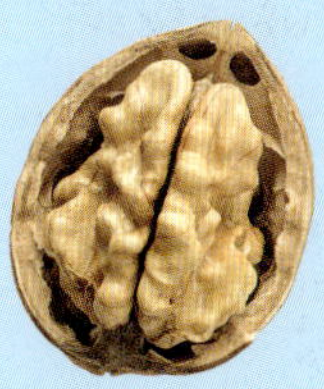

Walnusshirn

Dinos hatten nicht gerade große Gehirne. Das kleinste Gehirn im Verhältnis zur Körpergröße hatte Stegosaurus. Der Pflanzenfresser konnte über sieben Meter lang werden, besaß jedoch nur ein Gehirn von der Größe einer Walnuss. Zum Überleben hat es offensichtlich gereicht, denn Stegosaurier bevölkerten die Erde einige Millionen Jahre lang.

Quiz: Zur Zeit der Dinos

Du bist bestimmt mittlerweile Profi für das Erdmittelalter und kennst die wichtigsten Dinosaurier, die damals gelebt haben. Wie sahen sie aus? Was fraßen sie? Wie bewegten sie sich fort? In diesem Dinosaurier-Quiz kannst du zeigen, was du alles weißt! Die richtigen Antworten findest du weiter hinten im Buch auf Seite 188.

1 Wie ist die richtige zeitliche Abfolge im Erdmittelalter?

- A Trias, Jura, Kreide
- B Trias, Kreide, Jura
- C Jura, Kreide, Trias

2 Dinosaurierfossilien wurden auf allen Kontinenten entdeckt. Stimmt das?

- A Stimmt nicht.
- B Stimmt.

3 Das Fachgebiet von Forschenden, die Dino-Fossilien ausgraben und erforschen, heißt …

- A … Meteorologie
- B … Psychologie
- C … Paläontologie
- D … Grabologie

4 Welcher der folgenden drei Dinosaurier war eines der größten und schwersten Landraubtiere?

- A Parasaurolophus
- B Tyrannosaurus rex
- C Titanosaurus

Parasaurolophus

5 Welches anatomische Merkmal teilten alle Dinosaurier?

A Sie hatten alle Flügel.

B Sie liefen alle biped, also auf ihren beiden Hinterbeinen.

C Ihre Beine standen senkrecht unter dem Rumpf.

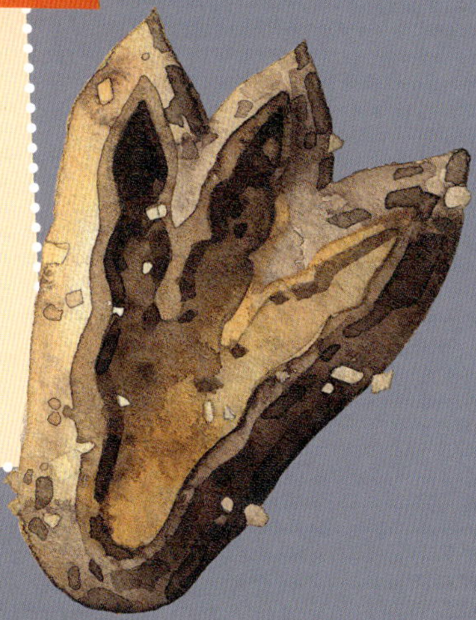

8 Was ist ein Koprolith?

A versteinertes Baumharz

B versteinerter Palmfarn

C versteinerter Kot

D versteinerte Bakterienkolonien

6 Ankylosaurier waren sehr gut gepanzert. Welcher Körperteil war nicht durch einen Panzer geschützt?

A Rücken

B Bauch

C Beine

9 Was sind Pterosaurier oder Flugsaurier?

A fliegende Dinosaurier

B die direkten Vorfahren der heutigen Vögel

C keine Dinosaurier

7 Wann verschwanden die meisten Dinosaurier?

A vor etwa 2 Millionen Jahren

B vor etwa 66 Millionen Jahren

C vor etwa 252 Millionen Jahren

10 Und was bedeutet eigentlich das Wort »Dinosaurier«?

A gefräßige Echse

B mörderische Echse

C schreckliche Echse

D große Echse

Der Einschlag und was danach kam

Die Kreidezeit endete vor 66 Millionen Jahren mit einem Massenaussterben. Ein gewaltiger Asteroid von der Größe eines wirklich großen Berges traf die Erde. Die Folgen waren ein tödlicher Feuerregen, gewaltige Tsunamiwellen, massive Vulkanausbrüche und ein lang anhaltender globaler Klimawandel. Ein Großteil des Lebens an Land und im Wasser wurde ausgelöscht, einschließlich der meisten Dinosaurier, Meeressaurier und Flugsaurier. Doch es gab auch Überlebende.

Der Asteroid

Die Dinosaurier und andere Reptilien des Erdmittelalters wie Pterosaurier und Meeressaurier starben am Ende der Kreidezeit aus. Es war eines von sechs großen Massenaussterben in der Erdgeschichte. Lange Zeit war unklar, was dieses Ereignis ausgelöst hatte. Man vermutete ein viele Jahrtausende andauerndes vulkanisches Großereignis oder einen Asteroiden, der die Erde traf – und sogar eine Kombination aus beidem konnte man sich vorstellen. Heute wissen wir, dass die eigentliche Ursache der Asteroidentreffer vor 66 Millionen Jahren war. Und es gibt viele Belege dafür.

Iridium aus dem All

In den 1980er-Jahren wurde in Italien eine sehr dünne, nur wenige Zentimeter dicke Sedimentschicht entdeckt, die ungewöhnlich viel des chemischen Elements Iridium enthält. Iridium ist selten in der Erdkruste; häufiger findet man das Metall in Meteoriten aus dem All. Das war der erste Hinweis auf einen gewaltigen Himmelskörper, der am Ende des Erdmittelalters die Erde traf.

Krater

Einen dazu passenden Einschlagkrater konnte man zunächst nicht finden – bis man durch Gravitationsmessungen mit Satelliten ein nahezu ringförmiges Gebilde in Mexiko entdeckte: den Chicxulub-Krater. Der Durchmesser des Chicxulub-Kraters beträgt etwa 180 Kilometer und liegt zur Hälfte auf der heutigen Halbinsel Yucatán und zur anderen Hälfte nördlich davon im flachen Wasser des Golfs von Mexiko.

Mehr Iridium

Seitdem wurden weltweit Sedimentschichten mit einem hohen Gehalt an Iridium entdeckt. Je näher diese am Krater lagen, umso dicker waren sie. Der Einschlagkrater war also gefunden. Inzwischen hat man Bohrungen im Golf von Mexiko direkt am Kraterrand durchgeführt und kennt dessen chemische Zusammensetzung. Auch weiß man, warum der Einschlag so verheerend war. Er ist genau zum richtigen Zeitpunkt, am richtigen Ort und im richtigen Winkel eingeschlagen, um den größtmöglichen Schaden anzurichten.

Zeit

Vielleicht wäre alles anders gekommen, wenn der Asteroid nicht ausgerechnet dort eingeschlagen wäre, wo er letztlich eingeschlagen ist. Hätte er die Erde fünf Minuten früher getroffen, wäre der Einschlag im Atlantik erfolgt, fünf Minuten später im Pazifik – beide Male in kilometertiefem Meer. Es hätte dann gewaltige Wellen gegeben, aber die wären bei Weitem nicht so zerstörerisch gewesen.

Ort

Der Einschlag im flachen Golf von Mexiko war das Schlimmste, was dem Leben auf der Erde passieren konnte. Das Untergrundmaterial hatte sich Millionen Jahre zuvor in warmen flachen Meeren gebildet. Korallen und mikroskopisch kleine Amöben, die mit Kalkpanzern umhüllt waren, bildeten eine Kalkschicht. Das Meer trocknete aus und zurück blieb unter anderem Gips, eine schwefelhaltige Verbindung. Der hohe Schwefelgehalt darin war das Todesurteil für viele Pflanzen- und Tierarten. Denn es bildete sich zusätzlich zu Staub, Asche und Rauchpartikeln eine Nebelschicht aus Schwefelsäure in der Atmosphäre.

Winkel

Der Krater ist nicht kreisförmig, sondern leicht elliptisch. Der Grund dafür ist der Winkel, in dem der Asteroid die Erde traf. Er ist nicht senkrecht eingeschlagen und hat die Erde auch nicht flach getroffen, sondern in einem Winkel von etwa 60 Grad. Ein ungünstiger Winkel, der größtmöglichen Schaden anrichtete. Wäre der Asteroid flach eingeschlagen, hätte er die Erde gestreift und die Erdkruste nur angekratzt. Für den Fall, dass der Asteroid senkrecht eingeschlagen wäre, hätte er zwar einen sehr großen Krater hinterlassen, aber vergleichsweise wenig Material in die Erdatmosphäre geschleudert. Durch den schrägen Einschlag wurde enorm viel Material aufgeschmolzen. Das verdampfte und wurde in die Erdatmosphäre hinausgeschleudert. Und das hatte heftige Folgen!

Der Tag des Einschlags

Mehr als 160 Millionen Jahre lief es gut für die Dinosaurier – zumindest bis zu diesem einen unheilvollen Tag vor 66 Millionen Jahren. Ein Asteroid, größer als der weltgrößte Berg Mount Everest, traf mit über 50 000 Kilometern pro Stunde den Planeten Erde und bohrte sich tief in die Erdkruste. Er setzte die gewaltige Energie von zehn Billionen Tonnen des Sprengstoffs TNT oder von einigen Hundert Millionen Hiroshima-Atombomben frei.

Der Krater

Diese gewaltige Energie wird als Hitze frei und lässt Schockwellen durch die Erde laufen. Die Erdkruste wird explosionsartig nach unten und zu den Seiten hin weggeschoben. Viele Billionen Tonnen Gestein schmelzen und verdampfen augenblicklich. Was nicht schmilzt und verdampft, wird zertrümmert. Innerhalb von einer Minute ist ein zunächst 100 Kilometer messender Krater mit einer Tiefe von 30 Kilometern entstanden. Das zertrümmerte Gestein hat keinen Zusammenhalt mehr und bewegt sich wie eine Flüssigkeit. An den Rändern türmt sich ein Gesteinswall so hoch wie die höchsten Berge auf. Doch dieses Loch ist nicht von Dauer. Das aufgetürmte Gestein des Walls fließt zurück zum Zentrum, wo eine gewaltige Wolke von Brocken, Staub und geschmolzenem Gestein aufsteigt. Zugleich schwingt der zusammengestauchte Erdmantel wieder nach oben. Nach nur fünf Minuten liegt ein Krater mit einem Durchmesser von 180 Kilometern vor, gefüllt mit geschmolzenem Gestein und heißem Schutt.

Die Fontäne

Eine Druckwelle hat das Meerwasser nach allen Richtungen weggedrückt. Doch das Wasser kommt eine halbe Stunde nach dem Einschlag wieder zurück und trifft nun auf das glühend heiße Gestein. Eine gewaltige Dampffontäne steigt auf und reißt weiteres Material mit sich in die Atmosphäre. Am Ort des Einschlags überlebt absolut nichts. Aber auch anderswo bleibt der Einschlag nicht ohne Folgen. Kein Ort auf der Erde bleibt von der Katastrophe verschont.

Gläserne Zeugen

An einer Stelle in North Dakota, USA, kann man sehen, was genau an diesem Tag geschah. Forschende entdeckten eine bröckelige, mit Rissen durchzogene

Das sieht übel aus!

Auch weit entfernt vom Einschlagkrater setzen zur Erde zurückfallende glühende Brocken die Vegetation in Brand. Flächenbrände nehmen den großen Dinosauriern die Lebensgrundlage.

Schon gewusst?

Unmittelbar nach dem Aufprall rast an verschiedenen Küsten ein eineinhalb Kilometer hoher Tsunami hinweg. Ihm folgen mehrere kleine Tsunamiwellen, die dann immerhin nur noch 50 bis 150 Meter hoch sind.

Gesteinsschicht. Darin eingeschlossen sind Fischfossilien, versteinerte Baumwurzeln, Stämme und Äste. Ganz offensichtlich wurden die Fische an Land geworfen. Die Kiemen der Fische sind voller Schutt. Abgedeckt ist dieses Durcheinander von einer Tonschicht, die feinste Kügelchen aus Glas enthält, welche bei Asteroideneinschlägen entstehen. Die Glaskügelchen bilden sich bei hohen Temperaturen und Druck aus dem aufgeschmolzenen Gestein und regnen anderswo herunter. Die Glaskügelchen von North Dakota entstanden auf Yucatán und regneten Tausende Kilometer entfernt nieder. Sie finden sich auch in den Kiemen der Fischfossilien.

Tödlicher Blitz

Wer tausend Kilometer vom Einschlagpunkt entfernt war, konnte eine Art zweite Sonne sehen. Dabei handelte es sich um eine mehrere Tausend Grad heiße strahlende Wolke aus verdampftem Material. Diese Plasmawolke war um ein Vielfaches heißer als die Oberfläche der Sonne. Wer diese sich schnell ausdehnende Wolke sah, war im gleichen Augenblick auch schon tot. Auf die verbrannten Körper prasselten Gesteinsbrocken und Staub – auch an den entferntesten Orten, die von dem Plasmablitz nicht direkt betroffen waren. Ausgehend vom Einschlagpunkt rasten superheiße Winde mit über tausend Stundenkilometern in alle Richtungen und vernichteten alles Leben in bis zu 1 800 Kilometern Umkreis.

Flächenbrände

Die Schockwelle löste Tsunamiwellen, Erdbeben und Vulkanausbrüche aus. Die Erdbeben ließen an vielen Orten den Boden schwanken. Die Dinos und andere Tiere verloren den Halt und stürzten zu Boden. Während die Erde schwankt, prasselt ein dichter Regen von glühendem Material herab. Auch Tausende Kilometer vom Einschlagort entfernt brennen Steppen, Wälder und die Tiere darin. Schutt, Staub und Rauch sowie gewaltige Mengen an Schwefelsäuretröpfchen verdüstern den Himmel. Nach dem Verlöschen der Feuer wird es kalt und finster.

Saurer Regen

Die Schwefelsäure ging als saurer Regen nieder. Die Ozeane versauerten und alle Lebewesen, die Kalk für Schutzhüllen brauchten, konnten nun keine schützenden Schalen und Panzer mehr aufbauen. Wälder und sonstige Pflanzen waren niedergebrannt. Der Himmel war dunkel und die Temperatur fiel um durchschnittlich 20 Grad; vielleicht sogar um 27 Grad. Wie lange Finsternis und Kälte andauerten, kann nur geschätzt werden. Heute geht man von 3 bis zu 15 Jahren aus.

Massenaussterben

Fotosynthese war kaum noch möglich und so brachen die Nahrungsketten zusammen. Das Plankton im Meer verschwand ebenso wie die Pflanzen an Land. Erst verhungerten die Pflanzenfresser und dann auch die Fleischfresser. Es starben etwa drei Viertel aller Pflanzen- und Tierarten aus. Alle Gruppen waren davon betroffen: Meeressaurier, Flugsaurier und Nichtvogel-Dinosaurier. Auch viele Vogel- und Säugetierarten verschwanden. Es gab aber auch Überlebende.

Die Überlebenden

Jetzt neu: Primaten

Die Evolution arbeitet schnell. Sobald Nischen frei werden, werden sie schon neu besetzt. Mit Purgatorius betreten kurz nach dem Massenaussterben vor 66 Millionen Jahren die ersten Primaten die Bühne des Lebens. So haben die Vorfahren des Homo sapiens ausgesehen.

Überlebt

Am Boden lebende Vögel hatten eine größere Überlebenschance als Vögel, die in den Bäumen lebten. Sie dürften ähnlich wie die hier zu sehende Wachtel von heute ausgesehen haben.

Unter den Überlebenden waren Wirbeltiere wie Reptilien, Schildkröten, Krokodile, Vögel und Säugetiere. Wer von ihnen die Vorherrschaft erringen würde, war eine Frage der Geschwindigkeit, mit der sich die bestehenden Arten zu neuen Arten weiterentwickelten. Die Krokodile blieben halbaquatische Wesen. Das bedeutet, dass sie sowohl im Wasser als auch an Land lebten. Sie entwickelten jedoch keine Beine, mit denen sie die Landschaften fernab von Gewässern hätten erobern können. Säugetiere hingegen waren an Land beweglicher und schneller, ebenso die Vögel.

Schnäbel und Zähne

Als Folge des Asteroideneinschlages gab es für große Pflanzenfresser nicht genug Nahrung. Somit fehlte es auch an Beutetieren für die großen Fleischfresser. Deshalb verschwanden T. rex und Triceratops wie auch alle anderen Nichtvogel-Dinosaurier. Weil die Wälder vernichtet wurden, starben sogar Vögel aus, die in den Bäumen lebten. Doch einige der kleineren Bodenvögel überlebten. Die Körnerfresser fanden in den ausgestorbenen Wäldern ausreichend übrig gebliebene Samen und Nüsse. Ihnen half der zahnlose Schnabel, die Körner zu knacken. Mit ihrem muskulösen Magen konnten sie die harte, aber nährstoffreiche Kost verdauen. Ähnliches Glück hatten die kleinen und unscheinbaren Säugetiere. Sie hatten die richtigen Zähne, um harte Samen zu zerbeißen. So überstanden sie die erste Zeit.

Erst Farne, dann Bäume

Fossile Pflanzensporen und Pollen, die weltweit gesammelt wurden, deuten darauf hin, dass auf allen Kontinenten die Wälder vernichtet wurden. In einer dünnen Sedimentschicht, die sich in den ersten tausend Jahren nach der Katastrophe absetzte, finden sich überwiegend die Sporen von zwei Farnarten. Solche Pionierarten sind auch heute die ersten Pflanzen, die zum Beispiel nach Vulkanausbrüchen auf den erkalteten Lavaströmen wachsen. Es brauchte Jahrtausende, bis sich die Wälder wieder erholt hatten. Nun konnten sich auch Tierarten entwickeln, die in den Baumkronen lebten.

Paraceratherium

GIGANT
Das Paraceratherium, ein Säugetier, das vor 34 bis 22 Millionen Jahren gelebt hat, ist mit dem Nashorn verwandt. Es ist das eindeutig größte Landsäugetier, das je existierte. Große Exemplare wogen bis zu 20 Tonnen und hatten eine Schulterhöhe von 5,5 Metern. Das war praktisch, denn so konnte Paraceratherium die Blätter direkt aus den Baumkronen herauszupfen.

Artenvielfalt

Säugetiere und Vögel besetzten die neu entstehenden Lebensräume. Diese Tiere entwickelten eigentümliche Formen und sogar Riesen, wie wir sie von den Dinosauriern kennen. So gingen aus den kleinen Bodenvögeln wieder kunstvolle Flieger, aber auch beeindruckende Riesenvögel wie Gastornis hervor. Die Säugetiere entwickelten ebenfalls Riesenformen wie das Riesenfaultier oder das Paraceratherium, das größte Landsäugetier der Erdgeschichte. Einige Vögel gaben das Fliegen auf und wurden zu Laufvögeln oder lernten schwimmen, so die Pinguine. Heute gibt es rund 10 000 verschiedene Vogelarten. Das Zeitalter der Dinosaurier war also niemals vorbei. Ganz im Gegenteil: Es dauert noch bis heute an!

Primaten

Auch die Evolution der Säugetiere schritt rasch voran. Einige Arten gingen zurück ins Meer. Zu ihnen zählen Wale und Delfine. Andere lernten das Fliegen und flatterten als Fledermäuse oder Flughunde durch die Lüfte. Und wieder andere gingen einen ganz eigenen Weg. Bereits einige Zehntausend Jahre nach dem Asteroideneinschlag tauchten die ersten Primaten auf. Erst nachdem die Dinosaurier verschwunden waren, bekamen sie ihre Chance. Die Primaten entwickelten ein großes Gehirn, das ihnen die Möglichkeit gab, planerisch zu handeln und in größeren Gemeinschaften zu leben. Die frühesten Vertreter der Gattung Mensch tauchten vor rund 2,8 Millionen Jahren auf, der erste Homo sapiens erst vor etwa 300 000 Jahren. Der Mensch lernte Werkzeuge herzustellen, plante seine Jagd, ließ sich in Siedlungen nieder, betrieb Landwirtschaft und züchtete Tiere. Der moderne Mensch baute Städte, entdeckte die Naturgesetze und erforschte die Geschichte des Universums und seine eigene Herkunft. Das alles wäre nicht möglich gewesen, hätte damals vor 66 Millionen Jahren nicht ein Asteroid die Erde getroffen.

SCHON GEWUSST?

Am Boden lebende Vögel hatten eine größere Überlebenschance als Vögel, die in den Bäumen lebten. Sie fanden noch Jahre nach der Katastrophe übrig gebliebene Samen und Nüsse.

Dinos aus dem Labor

Ist es möglich, ausgestorbene Dinosaurier zum Leben zu erwecken? In Romanen und in Filmen wie »Jurassic Park« verwenden Wissenschaftler und Wissenschaftlerinnen dazu Dino-DNA, die sie aus Stechmücken gewinnen. Die Stechmücke hatte das Blut eines Dinos gesaugt, bevor sie in einem Tropfen Baumharz eingeschlossen wurde. Das Baumharz versteinerte und wurde nach über 66 Millionen Jahren wieder ausgegraben. Die daraus gewonnenen Bruchstücke der Dino-DNA wurden wieder zusammengesetzt und fehlende Stellen mit Frosch-DNA ergänzt. Schlauer wäre es natürlich gewesen, hätten sie dafür Vogel-DNA benutzt. Denn es sind schließlich Vögel und nicht etwa Frösche, die die Nachfahren der Dinosaurier sind. Außerdem ist DNA ein extrem empfindliches Molekül, das bereits nach kurzer Zeit in derart kleine Bruchstücke zerfällt, dass sie nicht mehr rekonstruiert werden kann. Diese Methode, Dinos wieder zum Leben zu erwecken, funktioniert also leider nur im Film.

Huhnosaurus

Aber es gibt eine andere verrückte Idee, die durchaus vielversprechender ist. Aus einem Huhn soll ein Dino entstehen. Gleich vorneweg: Hühner sind bereits Dinosaurier. Allerdings haben wir uns an ihr Aussehen gewöhnt. Und so manches Merkmal, das ihre Vorgänger so »dinosaurig« hat aussehen lassen, ist inzwischen verschwunden. Dazu gehören der lange Schwanz, der bezahnte Schnabel und die Krallenhände an den Flügeln.

Gene anschalten

Einige der Gene, die typisch für das Aussehen der ausgestorbenen Dinosaurier sind, sind jedoch nicht völlig aus heutigen Vögeln verschwunden. Diese Gene sind oft nur abgeschaltet. Würde es uns gelingen, diese Gene wieder anzuschalten, würde das Huhn Krallenhände, Zähne im Schnabel und einen Theropodenschwanz bekommen. Dazu müsste man nur die entsprechenden abgeschalteten Gene mit einem gentechnischen Eingriff wieder aktivieren. Ziel wäre ein etwa hühnergroßer Dinosaurier, der einem Velociraptor ähnelt.

Schon gewusst?

Horners Idee, einen Dino zu erschaffen, ist einfach: Man nehme ein Huhn und schalte bestimmte Gene an. So bekommt das Huhn eine Dino-Schnauze mit Dino-Zähnen, einen Dino-Schwanz und Dino-Krallen an den Flügeln.

Der US-Paläontologe John Robert Horner, der diese Idee hatte, nennt seine Neuschöpfung auf Englisch Chickenosaurus, was man mit Huhnosaurus übersetzen kann. Er hat seine Idee bereits in Vorträgen, Büchern und Artikeln bekannt gemacht und ist der Meinung, dass so etwas schon in einigen Jahren Realität werden kann. 2018 erklärte Horner, dass bereits erste Experimente durchgeführt wurden und die DNA von Vögeln so manipuliert wurde, dass der Schnabel ein wenig mehr die Form einer Dino-Schnauze angenommen hat. Es gibt aber wohl noch einiges an zukünftiger Arbeit zu leisten.

Demnächst in der Zoohandlung?

So könnte ein Huhnosaurus aussehen. Werden wir irgendwann solche Dinos als Haustiere halten und mit ihnen an der Leine spazieren gehen? Werden wir irgendwann in Zoos gehen, um künstlich erschaffene Sauropoden und Tyrannosaurier zu bestaunen?

Schwierigkeiten

Manche Gene – wie die für lange Schwänze – sind inzwischen aber verloren gegangen. Deshalb kann man sie nicht einfach wieder anschalten. Die Gene müssten dann von anderen Tieren, etwa von Alligatoren, übernommen und in die Hühner-DNA eingebaut werden. Aber damit nicht genug. Denn als die Evolution bei den Vögeln den Theropodenschwanz zurückbildete, wurde der gesamte Bewegungsapparat umgebaut. Ein Huhn mit Schwanz hätte wohl große Schwierigkeiten, sich richtig fortzubewegen.

Dürfen wir das tun?

Das klingt alles sehr aufregend und wahrscheinlich hofft der eine oder die andere, schon bald seinen eigenen Huhnosaurus als Haustier zu halten. Allerdings ist es fraglich, ob alles das, was machbar ist, auch getan werden sollte. Welche Gefahren entlaufene Dinosaurier mit sich bringen, ist ebenfalls unklar. Genmanipulationen werfen auch immer ethische Fragen auf: Dürfen wir wirklich derart in das Leben eingreifen? Wer trotzdem nicht länger warten will und sich heute schon Dinosaurier halten möchte, soll sich einfach ein paar Hühner anschaffen!

Abgeschaltete Gene

Atavismen sind stammesgeschichtlich ältere Eigenschaften, die im Laufe der Evolution verloren gingen. Die Gene dazu sind jedoch lediglich abgeschaltet. Bei einem Hühnerembryo kann man für kurze Zeit Zähnchen im Schnabel nachweisen. Auch wird der Schwanz in der Embryonalentwicklung zunächst angelegt und dann wieder abgebaut.

Quiz: Nach den Dinos

Die große Zeit der Dinosaurier war das Erdmittelalter. Es endete vor 66 Millionen Jahren. Viele Dinosaurier starben aus, einige wenige überlebten. Du kennst dich als Dino-Experte nun auch mit dem Ende der Dinos aus und weißt, wie das Leben weiterging. Bereit für das dritte und letzte Quiz? Die Antworten zu den Fragen findest du ab Seite 188.

1 Wie nennt man den Übergang zwischen Erdmittelalter und Erdneuzeit?

- A Kreide-Paläogen-Übergang
- B Perm-Trias-Übergang

2 Wie veränderte sich die Pflanzenwelt unmittelbar nach dem großen Massenaussterben vor 66 Millionen Jahren?

- A Anstelle von Bäumen und Wäldern wuchsen Farne.
- B Anstelle von Gräsern wuchsen tropische Wälder.
- C Anstelle von Blütenpflanzen wuchsen Mammutbäume.

3 Die Säugetiere waren die ersten Wirbeltiere, die das aktive Fliegen entwickelt haben.

- A Richtig!
- B Falsch!

4 Was war die Ursache für das Massenaussterben vor 66 Millionen Jahren?

- A eine Klimaveränderung hervorgerufen durch Verdauungsgase der Sauropoden
- B eine Virusepidemie unter den Dinosauriern
- C der Einschlag eines Asteroiden
- D Ausrottung durch jagende Urmenschen

5 Welches war der erste Hinweis auf einen Asteroideneinschlag, der zum Massensterben am Ende der Kreidezeit führte?

- A ein hohes Vorkommen des seltenen Elements Kryptonit in einer Sedimentschicht
- B das chemische Element Iridium in einer dünnen Sedimentschicht
- C der etwa ein Kilometer messende Einschlagkrater in Arizona
- D ein zehn Kilometer großer Asteroid, der 1918 im Grönlandeis entdeckt wurde

6 Warum überlebten einige kleinere Säugetiere die Katastrophe?

A weil sie nur zweimal im Jahr fressen mussten

B weil sie von den Kadavern der toten Dinosaurier noch jahrelang leben konnten

C weil sie die richtigen Zähne hatten, um harte Nüsse und Samen zu knacken, und weil sie Schutz in unterirdischen Bauen fanden

7 Alle Dinosaurier sind als Folge des Massenaussterbens verschwunden.

A Falsch!

B Richtig!

8 Wie viele verschiedene Arten von modernen Dinosauriern – nämlich Vögeln – kennen wir heute?

A etwa 100

B etwa 1 000

C etwa 10 000

D etwa 60 000

9 Ausgestorbene Dinosaurier können mithilfe von Gentechnik und Dino-DNA wieder zum Leben erweckt werden.

A Ja, aber man muss fehlende DNA-Stücke mit Frosch-DNA auffüllen.

B Ja, aber man muss fehlende DNA-Stücke mit Vogel-DNA auffüllen.

C Nein, denn Dino-DNA ist nach all den Jahrmillionen nahezu vollständig zerfallen.

D Nein, denn es ist verboten, mit Dinosaurier-DNA zu experimentieren.

10 Wo findet man keine lebenden Dinosaurier?

A im Zoo

B auf Bauernhöfen mit Hühnern und Gänsen

C in paläontologischen Museen

D im Garten

Mit Dinosauriern leben?

Manche Menschen finden es schade, dass die Nichtvogel-Dinosaurier ausgestorben sind. Wie aber sähe eine Welt aus, in der der Asteroid vor 66 Millionen Jahren den Planeten Erde nicht getroffen hätte, wenn er also einfach vorbeigeflogen wäre? Kein Einschlag. Kein Massenaussterben. Die Nichtvogel-Dinosaurier hätten sich weiterentwickelt – in welche Richtung, wissen wir nicht. Sehr wahrscheinlich gäbe es uns Menschen trotzdem nicht. Denn nur weil die großen Dinos verschwanden, konnten die Säugetiere frei gewordene ökologische Nischen besetzen – darunter auch die, in der sich Primaten entwickeln konnten.

Dinos unter uns

Stellen wir uns dennoch vor, es gäbe sie noch, diese großen Dinosaurier und sie lebten mit uns Menschen – gemütliche Pflanzenfresser wie Triceratops oder Entenschnabelsaurier, aber auch mächtig hungrige Fleischfresser wie T. rex. Womöglich bekämen wir täglich Dino-Warnungen auf unsere Smartphones. Immer dann, wenn eine Gruppe T. rex durch die Straßen zieht oder eine Sauropodenherde den Stadtpark verwüstet. Unsere Städte wären mit tiefen Gräben und hohen Mauern umgeben. Wer es sich leisten kann, würde in luxuriösen Bunkern unter der Erde leben oder auf dinosaurierfreien Inseln in der Südsee. Vielleicht aber hätten die Menschen die Dinos bereits bejagt, bekämpft und die wenigen verbliebenen Tiere in Zoos oder Naturreservate verbannt – streng gesichert, versteht sich. Aber dazu ist es nicht gekommen.

Zufälle und Katastrophen

Uns Menschen gibt es nur, weil es die großen Dinos nicht mehr gibt. Der Mensch verdankt seine Existenz also der Katastrophe vor 66 Millionen Jahren und auch allen anderen großen Katastrophen sowie kleineren Ereignissen davor und danach. Die Erforschung der Erdgeschichte und der Evolution hat uns gezeigt, dass keine Art, auch nicht die des Homo sapiens, zwangsläufig hätte entstehen müssen. Neue Arten entstehen, weil sich das Leben an immer neue Lebensbedingungen anpasst. Das gilt für alle heute existierenden Arten, angefangen vom Bakterium E. coli über Marienkäfer bis zum Blauwal – ebenso für alle ausgestorbenen, heute nicht mehr existierenden Arten, darunter T. rex, Mammut und Säbelzahnkatze.

Welt ohne Mensch?

Wir wissen nicht, was geschehen wäre, wenn der Asteroid gar nicht oder an einer anderen Stelle des Planeten eingeschlagen wäre. Vielleicht wäre nur ein Teil der Nichtvogel-Dinosaurier verschwunden und die Überlebenden hätten neue Arten hervorgebracht. Allerdings wäre dann die Evolution der Säugetiere anders verlaufen. Vielleicht würden heute alle Primaten immer noch in den Wäldern an den Bäumen herumklettern. Vielleicht hätten sich die Menschenaffen gar nicht erst entwickelt. Ob es jemals eine Gattung Mensch gegeben hätte? Diesen Homo sapiens, der über sich selbst nachgedacht hat, über seine Herkunft, über die Evolution und über alles, was seit dem Urknall geschehen musste, damit es einen Planeten Erde mit Leben darauf geben konnte.

PLANET DES LEBENS
Die Erde aus dem All gesehen: Mittlerweile ist Australien ein eigener Kontinent und hat sich längst von Gondwana losgelöst. Die hellen Flecken an den Küsten sind die großen Städte. Bis in 250 Millionen Jahren werden vermutlich alle Landmassen wieder zu einem Superkontinent verschmelzen. Wie wird das Leben dort aussehen? Was ist aus den Menschen geworden?

Und wenn ein Asteroid kommt?

Der Mensch hat den Planeten dicht besiedelt. Er hat die Möglichkeit, die Natur nach seinen Vorstellungen zu gestalten. Er baute Pyramiden, Bewässerungsanlagen und riesige Städte. Er hat auch die Möglichkeit, in den Weltraum vorzudringen, etwa um Asteroiden zu erforschen. Der Mensch überwacht den erdnahen Weltraum und hat viele Tausend Asteroiden im Auge. Auch gibt es erste Versuche, die Bahn von Asteroiden zu verändern. Die Hoffnung ist, einen gefährlichen Asteroiden auf Kollisionskurs zur Erde von seiner Bahn abzubringen und ihn an der Erde vorbeizusteuern. Auf absehbare Zeit wird es zwar keinen Einschlag geben, aber da lauert noch eine andere Gefahr.

Das sechste Massenaussterben

Die Entwicklung des Lebens und das Schicksal der Dinosaurier zeigen uns, wie große Klimaveränderungen gewaltigen Einfluss auf die Entwicklung des Lebens nehmen. In der Vergangenheit kam es bereits zu mehreren Massenaussterben, bei denen oft natürlicher Vulkanismus, aber auch mindestens einmal ein Asteroid eine Rolle spielte. Derzeit befinden wir uns in einem sechsten Artensterben, bei dem jeden Tag mehrere Arten von unserem Planeten verschwinden. Diesmal aber ist es der Mensch, der dafür verantwortlich ist. Mit dazu bei trägt die Klimaerwärmung, die durch Treibhausgase verursacht ist, die der Mensch in großen Mengen freisetzt. Sie hat unseren Planeten jetzt schon verändert und vielen Arten die Lebensgrundlage genommen – auch unsere eigene. Aber wir besitzen ebenso das Wissen darüber, wie Leben und Umwelt zusammenhängen und wie sich Klimaveränderungen vermeiden lassen. Mithilfe von Technik und unserem Verhalten könnten wir unsere Zeit auf dem Planeten Erde verlängern. Diese Möglichkeit hatten die Dinosaurier nicht.

Lösungen der Quizseiten

Quiz S. 78

1 **Antwort B ist richtig.** Vor 4,6 Milliarden Jahren verdichtete sich eine riesige Gas- und Staubwolke. Daraus formte sich die Sonne. In einer Scheibe darum bildeten sich die Planeten, darunter auch die Urerde.

2 **Antwort B ist richtig.** Die ältesten Fossilien sind etwa 3,5 Milliarden Jahre alt. Die ältesten Kohlenstoffspuren, die auf Leben hindeuten, sind 3,8 bis 4 Milliarden Jahre alt.

3 **Antwort C ist richtig.** Innerhalb weniger Millionen Jahre verschwand eine einfache Welt aus weichen kissenartigen Lebewesen und wurde ersetzt durch eine Vielzahl neuer Arten mit Augen, Beinen, Panzern und Greifern.

4 **Antwort A ist richtig.** Frösche und Lurche sind Amphibien. Sie leben an und im Wasser und sind bei der Eiablage auf das Wasser angewiesen. Schlangen sowie Schildkröten sind Reptilien und können ihre Eier an Land ablegen.

5 **Antwort A ist richtig.** Die ersten einzelligen Lebewesen dürften heutigen Bakterien geähnelt haben. Trilobiten mit ihrem harten Gehäuse kamen erst Milliarden Jahre später hinzu. Und noch später entwickelten sich Moose und andere Landpflanzen.

6 **Antwort B ist richtig.** Vor etwa 300 Millionen Jahren wagten fischartige Wirbeltiere die ersten Schritte an Land. Zuvor hatten Pflanzen den Schritt an Land geschafft. Die ersten Tiere an Land waren unter anderem Würmer und Gliedertiere.

7 **Antwort B ist richtig.** Pikaia ist ein Chordatier mit einer Vorstufe der Wirbelsäule. Von Chordatieren stammen Fische und von den Fischen die Landwirbeltiere und damit die Dinosaurier ab.

8 **Antwort C ist richtig.** Pangäa ist der riesige Superkontinent, auf dem sich in der Trias, die auf das Perm folgte, die ersten Dinos entwickelten. Aber Pangäa brach später auseinander.

9 **Antwort A ist richtig.** Im Karbon mit seinen großen Sumpfwäldern. Die umgefallenen Bäume wurden unter Luftabschluss zu Kohle, auf Englisch »carbon«.

10 **Antwort B ist richtig.** Ein gewaltiges vulkanisches Ereignis hat alle Nahrungsketten im Meer und an Land zusammenbrechen lassen. Ein Großteil der Arten starb aus. Mit der Perm-Trias-Krise begann das Erdmittelalter, das Dino-Zeitalter.

Quiz S. 172

1 **Antwort A ist richtig.** Erst kommt Trias, dann Jura und am Ende Kreide oder Kreidezeit. Die Kreide endete vor etwa 66 Millionen Jahren mit einem gewaltigen Bumm!

2 **Antwort B ist richtig.** Dino-Fossilien wurden in Nord- und Südamerika, Asien, Europa, Afrika, Australien und sogar in der Antarktis gefunden.

3 **Antwort C ist richtig.** Wer sich mit ausgestorbenen Lebewesen, darunter auch Mammuts, Dinosaurier, aber auch Pflanzen befasst, wird Paläontologe oder Paläontologin genannt.

4 **Antwort B ist richtig.** Der fleischfressende Tyrannosaurus rex wurde bis über zwölf Meter lang und wog sechs bis acht Tonnen. Titanosaurus ist zwar länger und schwerer, aber er ist kein Räuber, sondern ein Pflanzenfresser.

5 **Antwort C ist richtig.** Anders als Krokodile und Eidechsen, deren Beine seitlich oder schräg seitlich abgespreizt sind, standen die Beine von Dinosauriern senkrecht unter dem Körper. Das machte sie beweglicher und schneller. Sieh dir einfach die heute noch lebenden Dinos an: Bei den Vögeln stehen die Beine unter dem Rumpf.

QUIZ S. 172

6 **Antwort B ist richtig.** Am Bauch gab es keine knöchernen Panzerplatten. Die Platten am restlichen Körper waren wenige Millimeter bis zu einigen Zentimetern groß.

7 **Antwort B ist richtig.** Vor etwa 66 Millionen Jahren kam es zu einem großen Massenaussterben, dem viele Tierarten zum Opfer fielen – darunter auch die meisten Dinosaurier. So starben T. rex und Triceratops aus, doch einige vogelartige Dinosaurier überlebten und entwickelten sich zu den heute lebenden Vögeln.

8 **Antwort C ist richtig.** Koprolithen sind versteinerte, feste Ausscheidungen oder Kot. Sie enthalten oft Knochensplitter oder Pflanzenteile und verraten damit, was Dinosaurier oder andere Tiere damals gefressen haben.

9 **Antwort C ist richtig.** Flugsaurier sind nur entfernt mit den Dinos verwandt und selbst keine Dinosaurier. Die modernen Vögel stammen auch nicht von den Flugsauriern ab.

10 **Antwort C ist richtig.** Dinosaurier bedeutet schreckliche Echse oder Schreckensechse. Geprägt hat diesen Namen im Jahr 1842 der englische Paläontologe Richard Owen. Damals wusste er noch nicht, dass Haushühner und Wellensittiche genau genommen auch Dinos sind.

QUIZ S. 184

1 **Antwort A ist richtig.** Am Ende der Kreidezeit kam es zu einem großen Massenaussterben. Im darauf folgenden Paläogen erholte sich das Leben allmählich wieder.

2 **Antwort A ist richtig.** Die Wälder und nahezu alle Vegetation wurden weltweit Opfer von Bränden. An der Stelle der verbrannten Bäume wuchsen Farne als sogenannte Pionierpflanzen nach.

3 **Antwort B ist richtig.** Die ersten Wirbeltiere, die aktiv flogen, waren die Flugsaurier, dann kamen die gefiederten Dinosaurier in Form von Urvögeln. Die Säugetiere folgten erst sehr viel später. Fliegende Säugetiere sind Fledermäuse und Flughunde.

4 **Antwort C ist richtig.** Vor 66 Millionen Jahren traf ein großer Asteroid die Erde dort, wo heute die mexikanische Halbinsel Yucatán liegt. Viele Pflanzen- und Tierarten starben sofort oder in den folgenden Jahren. Von den Dinosauriern überlebten nur kleine bodenlebende Vögel.

5 **Antwort B ist richtig.** Das chemische Element Iridium ist in der Erdkruste selten, findet sich aber häufig in Meteoriten aus dem All.

6 **Antwort C ist richtig.** Die kleinen Säugetiere überlebten in größerer Entfernung vom Einschlagort, weil sie unter der Erde Schutz fanden. Außerdem konnten sie sich von Samen und Nüssen ernähren, die die Katastrophe überstanden hatten.

7 **Antwort A ist richtig.** Nur die Nichtvogel-Dinos sind ausgestorben. Einige bodenlebende Urzeitvögel und somit Vogel-Dinosaurier haben überlebt. Aus ihnen entwickelten sich die heute lebenden Vögel.

8 **Antwort C ist richtig.** Es sind rund 10 000 verschiedene, heute lebende Vogelarten bekannt. Wer kann da noch behaupten, Dinosaurier wären ausgestorben?

9 **Antwort C ist richtig.** Nach mindestens 66 Millionen Jahren ist Dinosaurier-DNA in winzige Bruchstücke zerfallen, sodass sie nicht mehr rekonstruiert werden kann.

10 **Antwort C ist richtig.** In paläontologischen Museen findet man meist Skelette oder Nachbildungen von ausgestorbenen Dinosauriern. Lebende Dinosaurier findet man hier aber nicht – es sei denn, eine Taube hätte sich in den Dino-Saal verflogen.

Glossar

AASFRESSER: Tier, das Fleisch von einem bereits toten Tier frisst.

ALLESFRESSER: Tier, das sich sowohl von Pflanzen als auch von Tieren ernährt.

ALLOSAURIER: Gruppe fleischfressender Dinosaurier mit meist langem, schmalem Kopf, kurzen Armen und drei Fingern an den Händen.

AMMONIT: Kopffüßer mit meist spiralförmigem Gehäuse. Es gab sie vom Devon bis zur Kreidezeit.

AMPHIB: Wirbeltier mit vier Gliedmaßen, das an Land und im Wasser lebt, zur Eiablage aber das Wasser aufsucht. Beispiele sind Frösche und Molche.

ANKYLOSAURIER: Pflanzenfressende Dinosaurier, die sich auf allen vieren fortbewegen und ihren Körper durch Panzerung und Stacheln schützen.

ÄRA: Name einer geologischen Zeitspanne, die mehrere Perioden umfasst. Für uns wichtig sind die drei Ären Erdaltertum, Erdmittelalter und Erdneuzeit.

ARCHOSAURIER: Gruppe von Landwirbeltieren, zu denen unter anderem Krokodile, Dinosaurier, Meeressaurier und Pterosaurier gehören.

ART: Auch Spezies genannt. Individuen derselben Art können sich paaren und fruchtbaren Nachwuchs hervorbringen, der sich also wiederum fortpflanzen kann. Bei Fossilien ist es oft schwierig, eine Art festzulegen.

ARTHROPODEN: Gliederfüßer. Großer Stamm des Tierreichs. Heute lebende Gliederfüßer sind Insekten, Tausendfüßer, Asseln und Spinnen.

BAKTERIEN: Einzellige, einfach gebaute Organismen ohne Zellkern.

BERNSTEIN: Versteinertes Baumharz, das Millionen Jahre alte Pflanzenteile und Tiere enthalten kann.

CERATOPSIER: Gruppe vierbeiniger pflanzenfressender Dinosaurier mit Hörnern und einem Hornschnabel, die im Jura und in der Kreide lebten.

CHORDATIERE: Tiere mit Chorda dorsalis oder Wirbelsäule.

DINOSAURIER: Übersetzt schreckliche Echse. Auf dem Land lebendes Reptil, das in der Trias zum ersten Mal auftaucht und die Beine unterhalb des Rumpfes angebracht hat. Dinosaurier existieren auch heute noch in Form von Vögeln. Keine Dinosaurier sind zum Beispiel Flugsaurier, Meeressaurier und Krokodile.

DNA: Desoxyribonukleinsäure. Auch bekannt als DNS. Langes Molekül, das bei allen Lebewesen und auch bei vielen Viren die Erbinformation trägt.

Australovenator war ein Theropode und Spitzenräuber der späten Kreide. Seine Fossilien wurden in Australien gefunden.

ECHSENBECKENSAURIER: Auch Saurischier genannt. Dinosaurier, dessen Schambein im Becken nach vorne zeigt. Dazu gehören u. a. Sauropoden und Theropoden. Vögel stammen von Echsenbeckensauriern ab.

ERDALTERTUM: In dieser dem Erdmittelalter vorangehenden Ära entwickelten sich Wirbeltiere im Wasser. Pflanzen, Wirbellose und Wirbeltiere besiedelten schließlich das Land.

ERDMITTELALTER: Diese Ära umfasst die drei Perioden Trias, Jura und Kreide. Im Erdmittelalter erschienen Dinosaurier, flugfähige Reptilien, Vögel und erste Blütenpflanzen.

ERDNEUZEIT: Ära, die dem Erdmittelalter folgt. Umfasst die Perioden Paläogen, Neogen und Quartär. Die Erdneuzeit begann vor 66 Millionen Jahren nach dem Asteroideneinschlag in Yukatán und dauert bis heute an.

EROSION: Verwitterung von Gestein durch Wind, Wasser und Temperaturwechsel, aber auch durch Pflanzen oder Flechten.

EVOLUTION: Allmähliche Entwicklung von Lebewesen durch genetische Veränderung und Anpassung an die jeweils herrschenden Umweltbedingungen. Durch die Evolution gehen über längere Zeit aus bestehenden Arten neue Arten hervor.

FAMILIE: Gruppe miteinander verwandter Lebewesen, die zwischen Gattung und Ordnung steht. Beispiel: Die Art Tyrannosaurus rex gehört zur Gattung Tyrannosaurus, zur Familie Tyrannosauridae und zur Ordnung der Echsenbeckensaurier.

FLEISCHFRESSER: Tier, das sich vom Fleisch anderer Tiere ernährt. Das können kleinere Tiere wie Insekten, Schnecken oder Würmer sein, aber auch größere Wirbeltiere.

FOSSIL: Überrest eines Lebewesens, das mindestens 10 000 Jahre alt ist. Fossilien sind meist Versteinerungen, können aber auch in Baumharz eingeschlossene Pflanzenteile oder Tiere sein. Fossilien sind auch tiefgefrorene Mammuts im Permafrostboden. Besonders häufig sind harte Körperteile fossil erhalten: Knochen, Zähne und Klauen. Aber auch Trittspuren und versteinerter Kot zählen zu den Fossilien.

GATTUNG: Gruppe von Tieren oder anderen Lebewesen, die gemeinsame Merkmale teilen. Eine Gattung umfasst mehrere Arten. Zum Beispiel: Homo sapiens. Homo ist der Gattungsname, sapiens der Artname.

GEOLOGIE: Wissenschaft vom Aufbau der Erdkruste, den Eigenschaften von Gesteinen und den Prozessen, die die Erdkruste formten.

GONDWANA: Großkontinent. Als der Superkontinent Pangäa auseinanderbrach, ging daraus der südliche Urkontinent Gondwana hervor. Dieser zerbrach letztlich in Afrika, Südamerika, Australien und Antarktika sowie Indien, das sich später mit Asien verband.

HADROSAURIER: Entenschnabeldinosaurier. Gruppe pflanzenfressender Dinosaurier mit Entenschnäbeln und Knochenkämmen auf dem Kopf. Sie lebten in der Kreidezeit.

HERBIVORE: Pflanzenfresser.

ICHTHYOSAURIER: Fischsaurier. Gruppe von Meeresreptilien, die im Erdmittelalter lebten und auf den ersten Blick wie Fische aussahen, aber Reptilien waren und auch Luft über Lungen atmeten.

JURA: Zweite Periode des Erdmittelalters, die vor 201 Millionen Jahren begann und vor 145 Millionen Jahren endete.

KARNIVORE: Fleischfresser.

KOPROLITH: Versteinerter Kot eines urzeitlichen Tieres.

KREIDE: Dritte und letzte Periode des Erdmittelalters vor 145 bis 66 Millionen Jahren.

LAURASIEN: Auch Laurasia genannt. Großkontinent, der vor 180 Millionen Jahren entstand, als der Superkontinent Pangäa in Gondwana und Laurasien auseinanderbrach. Der nördliche Großkontinent Laurasien zerbrach in der Folgezeit weiter in Nordamerika und Eurasien.

MASSENAUSSTERBEN: Verschwinden einer großen Zahl von Pflanzen- und Tierarten in einem kleinen Zeitraum. Meist ausgelöst durch weltweite klimatische Veränderungen.

MESOZOIKUM: Erdmittelalter.

ÖKOLOGISCHE NISCHE: Gesamtheit der Umweltfaktoren, die eine bestimmte Art zum Überleben benötigt. Die ökologische Nische wird also bestimmt durch andere Lebewesen, Temperatur, Licht, Feuchtigkeit und vieles mehr.

OMNIVORE: Allesfresser.

ORGANISMUS: Lebewesen. Von einzelligen Bakterien über Quallen, Gräser und Bäume, Dinosaurier, Elefanten bis hin zum Menschen.

ORNITHOPODEN: Gruppe pflanzenfressender Dinosaurier aus dem Jura und der Kreide, die sich auf zwei Beinen laufend fortbewegten.

PACHYCEPHALOSAURIER: Pflanzenfressende Dinosaurier mit zwei Beinen und einem kuppelförmigen Schädel. Lebten in der Kreidezeit.

PALÄOGEN: Erste Periode des Kanäozoikums (Erdneuzeit). Begann vor 66 Millionen Jahren und dauerte bis vor 23 Millionen Jahren. In dieser Zeit entwickelten sich die Säugetiere aus kleinen Tieren zu einer enormen Vielfalt, darunter ungewöhnlich große Tiere.

PALÄONTOLOGIE: Wissenschaft, die sich mit Fossilien und ausgestorbenen Lebewesen beschäftigt.

PALÄOZOIKUM: Erdaltertum.

PANGÄA: Superkontinent, in dem einst alle Landmassen vereint waren.

PERIODE: Name einer geologischen Zeitspanne. Mehrere Perioden ergeben eine Ära.

PFLANZENFRESSER: Tier, das sich von Pflanzen und Pflanzenteilen ernährt und Blätter, Gräser, Samen oder Ähnliches frisst.

PLESIOSAURIER: Gruppe von Meeressauriern mit meist vier langen Flossen und einem außergewöhnlich langen Hals.

PRÄDATOR: Räuber oder Raubtier. Tier, das Beutetiere jagt.

PROSAUROPODEN: Vorgänger der Sauropoden, die in der späten Trias und dem frühen Jura lebten. Pflanzenfresser mit langen Hälsen, die im Gegensatz zu den Sauropoden auf zwei Beinen laufen konnten.

PROTOFEDERN: Borsten- oder flaumartige Vorstufe zu Federn.

PTEROSAURIER: Flugsaurier. Mithilfe von Flughäuten fliegende Reptilien des Erdmittelalters. Starben am Ende der Kreide aus.

REPTIL: Landwirbeltier mit vier Gliedmaßen, das Eier mit einer festen Schale legt. Dinosaurier, aber auch Flugsaurier und Meeresreptilien waren Reptilien. Heute lebende Reptilien sind Schlangen, Krokodile, Echsen und streng genommen auch Vögel. Bei Schlangen und Blindschleichen sind die Beine zurückgebildet.

SÄUGETIERE: Warmblütige Wirbeltiere mit Fell, die ihre Jungen mit Milch säugen. Säugetiere sind auch die ans Wasser angepassten Meeressäuger wie Robben oder Wale, die noch Reste einer Behaarung zeigen.

SAUROPODEN: Langhalssaurier. Meist sehr große, pflanzenfressende Dinosaurier mit vier säulenförmigen Beinen, Peitschenschwanz und langem Hals mit kleinem Kopf. Entwickelten sich aus den Prosauropoden der Trias. Lebten im Jura und in der Kreide.

SEDIMENT: Ablagerung von Sand, Gehäusen von mikroskopisch kleinen Schalen oder ähnlich feinem Material. In Sediment gepackte Überreste von Pflanzen und Tieren können versteinern.

STEGOSAURIER: Gruppe pflanzenfressender Dinosaurier des Juras und der Kreide. Mit vier stämmigen Beinen und Platten und/oder Stacheln auf dem Rücken.

SYNAPSIDEN: Unterklasse der Reptilien mit einer Öffnung hinter der Augenhöhle. Zu ihnen zählen die Säugetiere und einige ihrer Vorfahren.

TETRAPODEN: Landwirbeltiere mit vier Gliedmaßen: Amphibien, Reptilien inklusive Vögel und Säugetiere. Und auch jene Säugetiere, die den Weg zurück ins Wasser gefunden haben, wie Wale und Delfine. Manchmal sind die Gliedmaßen zurückgebildet, so bei den Schlangen oder Walen.

THEROPODEN: Fleischfressende Dinosaurier, die sich auf zwei Beinen fortbewegten. Sie lebten in allen drei Perioden des Erdmittelalters. Aus einigen Theropoden entwickelten sich die Vögel.

TRIAS: Erste der drei Perioden des Erdmittelalters. Begann vor 252 Millionen Jahren und dauerte bis vor 201 Millionen Jahren. Im Laufe der Trias entwickelten sich die ersten Dinosaurier.

TYRANNOSAURIER: Großer zweibeiniger fleischfressender Dinosaurier mit kräftigem Kiefer und kurzen Armen. An den Händen sitzen nur zwei Finger.

VOGELBECKENSAURIER: Auch Ornithischier genannt. Das Schambein zeigt im Becken nach hinten. Dazu zählen u. a. Ankylosaurier, Ceratopsier und Hadrosaurier.

WIRBELLOSE: Tiere, die keine Wirbelsäule haben, wie Insekten, Hundertfüßer, Spinnen, Würmer, Quallen, Ammoniten, Schnecken.

WIRBELTIERE: Tiere mit Wirbelsäule aus Knochen oder Knorpel wie Fische, Frösche, Schlangen, Dinosaurier, Säugetiere.

Bildquellennachweis

MIX
Papier | Fördert gute Waldnutzung
FSC® C002795

Archiv Tessloff: Icons (Illu Steckbrief), 6o, 7u, 16-17Hg., 49or (Silhouette Tiktaalik), 62-63 (Silhouetten Dinosaurier), 82ml (Postosuchus-Silhouette), 85ol (Silhouette Placerias), 86ur (Silhouette Dinosaurier), 87ur (Silhouette Dinosaurier), 88ml (Silhouette Dinosaurier), 89ml (Silhouette Effigia), 90ur (Silhouette Dinosaurier), 91mm (Silhouette Dinosaurier), 93mr (Silhouette Dinosaurier), 97om (Silhouette Dinosaurier), 99ul (Silhouette Liopleurodon), 101ol (Silhouette Dinosaurier), 103or (Silhouette Nothosaurus), 107ur (Silhouette Dinosaurier), 108or (Silhouette Dinosaurier), 110ul (Silhouette Dinosaurier), 113ur (Silhouette Dinosaurier), 125ml (Silhouette Dinosaurier), 133ul (Silhouette Dinosaurier), 136um (Silhouette Dinosaurier), 139ur (Silhouette Dinosaurier), 141ol (Silhouette Dinosaurier), 143ul (Silhouette Dinosaurier), 167o (Silhouette Dinosaurier), 180ur (Silhouette Paraceratherium);
flickr: 23ol (CC BY 2.0/Pacific Ring of Fire 2004 Expedition. NOAA Office of Ocean Exploration; Dr. Bob Embley, NOAA PMEL, Chief Scientist);
Getty: 56ul (Dimetrodon: MARK GARLICK/SCIENCE PHOTO LIBRARY), 66 (Marasuchus: Nobumichi Tamura/Stocktrek Images), 66 (Heterodontosaurus: Dorling Kindersley), 69m (San Francisco Chronicle/Hearst Newspapers), 72o (Kurt Miller/Stocktrek Images), 86ul (Sergey Krasovskiy/Stocktrek Images), 88u (Dorling Kindersley), 106-107u (Leonello Calvetti/SPL), 108u (Nobumichi Tamura/Stocktrek Images), 109u (Sergey Krasovskiy/Stocktrek Images), 162-163u (Roman Garcia Mora/Stocktrek Images), 166-167u (Mohamad Haghani/Stocktrek Images), 168ol (Marc DEVILLE/Kontributor);
Image Professionals GmbH (spl): 14om (Science Photo Library/Smithsonian Institution), 18-19Hg. (Science Photo Library/Garlick, Mark), 23mm (Science Photo Library/Stammers, Sinclair), 24ur (Science Photo Library/Plailly, Philippe), 25ol (Science Photo Library/Deagostini/UIG), 26mr (Science Photo Library/RON MILLER), 60-61 (Science Photo Library/JOSE ANTONIO PEÃ AS), 70ur (Science Photo Library/RICHARD JONES), 80u (Science Photo Library/Bizley, Richard), 81u (Science Photo Library/AMES KUETHER), 87o (Science Photo Library/Deagostini/UIG), 89u (Science Photo Library/DK IMAGES), 103m (Science Photo Library/Natural History Museum, London), 114ur (Science Photo Library/Ja Chirinos), 118-119 (Science Photo Library/JOSE ANTONIO PEÃ AS), 122-123 (Science Photo Library/Ja Chirinos), 125mr (Science Photo Library/JOSE ANTONIO PEÃ AS), 132u (Science Photo Library/ JOSE ANTONIO PEÃ AS), 139o (Nr.1: Science Photo Library/Science Source/Millard H. Sharp), 139o (Nr.2: Science Photo Library/Science Source/Millard H. Sharp), 139o (Science Photo Library/Science Source/Millard H. Sharp), 144-145 (Science Photo Library/James Kuether), 151o (Science Photo Library/Mark Hallett Paleoart), 152-153 (Science Photo Library/ JOSE ANTONIO PEÃ AS), 159o (Csotonyi, JuliUS T./Science Photo Library), 160u (Natural History Museum, London/Science Photo Library), 161o (Lunau, Claus/Science Photo Library), 164-165 (JOHN SIBBICK/Science Photo Library), 176-177 (Van Ravenswaay, Detlev/Science Photo Library), 182ur (Kaulitzki, Sebastian/Science Photo Library), 183r (Jensen, Mikkel Juul/Science Photo Library); **mauritius images:** 8-9 (Mohamad Haghani/Alamy Stock Photos), 14ur (NDK/Alamy Stock Photos), 15m (William Warren/Alamy Stock Photos), 135or (Science Photo Library/Mark Garlick), 135mm (Science Photo Library/Mark Garlick);
picture alliance: 11or (Steven Love/robertharding), 11ml (TYRONE SIU/REUTERS), 11ur (O. Schreiter/McPHOTO/blickwinkel), 12ol (KEVIN SCHAFER/photoshot/NHPA), 12mr (Francois Gohier/ardea.com/Mary Evans Picture Library), 13o (FELIPE TRUEBA/EPA-EFE), 14mr (Sem van der Wal/ANP), 15or (Kevin Schafer), 15ur (Christophe Gateau/dpa), 16ml (Francois Gohier/ardea.com/Mary Evans Picture Library), 16um (Bernardo_Gonzalez_Riga/dpaweb), 17ol (Colin Keates/Dorling Kindersley), 17or (Nest: Francois Gohier/ardea.com/Mary Evans Picture Library), 17mr (Eromanga Natural History/Xinhua News Agency), 20ur (Frank Stober/imageBROKER), 22ur (Harry Taylor/Dorling Kindersley), 25ur (De Agostini B373 095238/dpa), 31or (Aribert Jung/Klett GmbH), 32o (Patrick Frischknecht/imageBROKER), 33Hg. (W. Fiedler/WILDLIFE), 34u (Sven-Erik Arndt/Ardea/Mary Evans Picture Library), 35u (Gabriel Guzman/ASSOCIATED PRESS), 41ol (R7108/Dorling Kindersley), 43or (Michael LaBarbera/The Field Museum/dpa), 45u (F. Fox/blickwinkel), 47ol (F. Teigler/WILDLIFE), 51ur (R7108/Dorling Kindersley), 53ml (Werner Otto/OKAPIA KG), 54or (Mario Kessler/dieKLEINERT.de), 69ul (Natural History Museum/Mary Evans Picture Library), 71ul (University of Bath/empics), 77ul (Lars Schmitz/dpa), 83Hg. (R7108/Dorling Kindersley), 91ol (R7108/Dorling Kindersley), 99mr (R7108/Dorling Kindersley), 102 (Gabriel Ugueto/NMNH via ASSOCIATED PRESS), 110-111u (Dorling Kindersley/Gary Ombler), 113or (Mary Evans Picture Library/Francois Gohier/ardea.com), 114ol (Dorling Kindersley/Colin Keates), 134o (Steve Gorton/Dorling Kindersley), 134-135u (Gary Ombler/Dorling Kindersley), 140om (dpa/Oliver Berg), 142ul (Dr. Mark Witton/University of Portsmouth/Cover Images), 147ur (Davide Bonadonna/University of Portsmouth/Cover Images), 156om (Goran Stanzl/PIXSELL), 156m (Xing et al./Cover Images), 156ur (Julius Csotonyi/Cover Images), 158ur (M. Ellison/AMNH/dpa), 161ul (Alex J. Berliner/ABImages via AP Images), 169o (Science/AAAS/dpa), 170m (Zhao Chuang/dpa), 180or (L. Boucny/WILDLIFE);
Shutterstock: 1 (Dotted Yeti), 2o (Daniel Eskridge), 3ur (Warpaint), 4um (NadzeyaShanchuk), 4-5Hg. (Matis75), 5or (serpeblu), 6m (Farn: Artiste2d3d), 10mr (Ann Baldwin), 10ur (Bjoern Wylezich), 10ul (Maderla), 11ol (Alex Coan), 13ur (Gorloff-KV), 17um (Daniel Eskridge), 21mm (schwarzer Fink: Rangzen), 21mm (brauner Fink: Simone O), 21or (Dotted Yeti), 21um (Rafal Kwiatkowski), 22om (Diego Barucco), 22mm (Catmando), 22ul (Dotted Yeti), 23or (Elif Bayraktar), 23mr (Aunt Spray), 23ur (Michael Rosskothen), 24mm (Mike Pellinni), 25mm (Michael Rosskothen), 25or (Diplodocus: Warpaint), 26ol (Mopic), 27ol (Naeblys), 27mr (Christoph Burgstedt), 29or (J. Marini), 29ul (Sakurra), 30ml (VectorMine), 30um (VectorMine), 30-31Hg. (Videologia), 31ul (Pasotteo), 33or (Damsea), 35or (SciePro), 37or (Lebendkulturen.de), 38ul (mik ulyannikov), 38or (Alizada Studios), 40or (SciePro), 40mr (Catmando), 41ml (Catmando), 41mr (Dotted Yeti), 41ur (Dotted Yeti), 42o (Aunt Spray), 43ol (Silhouette Mensch: AnyaPL), 44o (Teo Tarras), 46o (Nicolas Primola), 47ur (Warpaint), 48ul (Esteban De Armas), 48-49um (Warpaint), 49or (Silhouette Mensch: AnyaPL), 49ol (Dotted Yeti), 51o (Dariush M), 51ml (Catmando), 53Hg. (Konstantin G), 54ul (Warpaint), 55ur (Elenarts), 55mr (Dotted Yeti), 56ul (Silhouette Mensch: AnyaPL), 56-57um (Melnikov Dmitriy), 57or (Michael Rosskothen), 58-59Hg. (Robert Kneschke), 59or (Catmando), 62-63 (Struktur Dinosaurier: Pirada world), 62-63 (Kontinentaldrift: tinkivinki), 64u (Daniel Eskridge), 65ml (Herschel Hoffmeyer), 65or (Daniel Eskridge), 65u (Wüste: Tokareva Irina), 65ur (Gigantoraptor: Elenarts), 66 (Coelophysis: Warpaint), 67 (Diplodocus: Warpaint), 67 (T-rex: Herschel Hoffmeyer), 67 (Huhn: Aksenova Natalya), 67 (Stegosaurus: PixelSquid3d), 67 (Euoplocephalus: Warpaint), 67 (Edmontosaurus: Warpaint), 67 (Triceratops: Jean-Michel Girard), 67 (Pachycephalosaurus: Daniel Eskridge), 68ol (rodos studio FERHAT CINAR), 69ur (Alex Coan), 70-71Hg. (STILLFX), 70ml (YuRi Photolife), 70mr (Rachelle Van De Kamp), 71or (rodos studio FERHAT CINAR), 73om (Dotted Yeti), 73ml (Herschel Hoffmeyer), 73u (Herschel Hoffmeyer), 74or (Michael Rosskothen), 75ul (Diplodocus: Warpaint), 75um (Triceratops: Jean-Michel Girard), 75mm (Rob Jansen), 75ur (racksuz), 76ul (Warpaint), 76or (Warpaint), 77ol (Herschel Hoffmeyer), 77ur (Warpaint), 77mr (Tyrannosaurus: Warpaint), 78mm (Anton Balazh), 79mr (Bjoern Wylezich), 79ul (Dewin ID), 80mr (Catmando), 81or (Irina Boldina), 81mr (tinkivinki), 82ml (Silhouette Mensch: AnyaPL), 82o (Warpaint), 84-85u (Warpaint), 85ol (Silhouette Mensch: AnyaPL), 86ur (Silhouette Mensch: AnyaPL), 87ur (Silhouette Mensch: AnyaPL), 88ml (Silhouette Mensch: AnyaPL), 88or (rodos studio FERHAT CINAR), 89ml (Silhouette Mensch: AnyaPL), 90ur (Silhouette Mensch: AnyaPL), 91mm (Silhouette Mensch: AnyaPL), 92ul (rodos studio FERHAT CINAR), 92-93um (Michael Rosskothen), 93mr (Silhouette Mensch: AnyaPL), 93ur (SciePro), 94ol (Michael Rosskothen), 94-95Hg. (Dallas Golden), 95u (Catmando), 96-97Hg. (Daniel Eskridge), 97om (Silhouette Mensch: AnyaPL), 98 (Michael Rosskothen), 99ul (Silhouette Mensch: AnyaPL), 99o (Catmando), 99mm (Michael Rosskothen), 100-101 (Catmando), 101ol (Silhouette Mensch: AnyaPL), 103or (Silhouette Mensch: AnyaPL), 104or (Kostiantyn Ivanyshen), 104ur (Warpaint), 105om (Kontinentaldrift: tinkivinki), 105ml (Rhamphorhynchus: Michael Rosskothen), 105ul (SciePro), 105mr (Dotted Yeti), 106or (Daniel Eskridge), 107ur (Silhouette Mensch: AnyaPL), 108or (Silhouette Mensch: AnyaPL), 110ul (Silhouette Mensch: AnyaPL), 111o (Michael Rosskothen), 112ul (Daniel Eskridge), 112-113 (Warpaint), 113ur (Silhouette Mensch: AnyaPL), 114-115 (Dotted Yeti), 116u (Michael Rosskothen), 117ur (Michael Rosskothen), 117o (Catmando), 119mr (Sammy33), 120-121 (Matis75), 120ol (tinkivinki), 121ol (Herschel Hoffmeyer), 121ur (BildHunter), 125ml (Silhouette Mensch: AnyaPL), 126-127 (SciePro), 127mr (Ondrej Prosicky), 128u (Daniel Eskridge), 129o (Victor1153), 129u (ChastityQ), 130u (Herschel Hoffmeyer), 131um (Silhouette Mensch: AnyaPL), 131ul (Herschel Hoffmeyer), 131mm (Dinosaurier Silhouette: Sammy33), 132-133 (Catmando), 133ul (Silhouette Mensch: AnyaPL), 135ml (Silhouette Mensch: AnyaPL), 136ul (Silhouette Mensch: AnyaPL), 136-137 (freestyle images), 137or (Mr. Aekalak Chiamcharoen), 138ol (Daniel Eskridge), 139ur (Silhouette Mensch: AnyaPL), 139u (Pachycephalosaurus: Daniel Eskridge), 140-141u (Catmando), 141ol (Silhouette Mensch: AnyaPL), 141or (Elenarts), 142-143Hg. (freestyle images), 143ul (Silhouette Mensch: AnyaPL), 143ur (Herschel Hoffmeyer), 145ol (T.rex: Matis75), 145om (Ankylosaurus: Ralf Juergen Kraft), 146-147Hg. (Daniel Eskridge), 148-149u (Dotted Yeti), 150o (Nicolas Primola), 151ur (Martin Pelanek), 154mr (DM7), 154o (Dotted Yeti), 155o (Daniel Eskridge), 155u (SciePro), 157m (Straußenei und Hühnerei: Inveru), 158o (Martin Leber), 162l (Warpaint), 163or (Elenarts), 167ol (Silhouette Mensch: AnyaPL), 169u (Warpaint), 170ol (YuRi Photolife), 171m (Küken: Valentina Razumova), 171ur (Warpaint), 171ul (Walnuss: Peter Hermes Furian), 171om (Dino-Torte: JFunk), 172or (Gorodenkoff), 172um (Warpaint), 173om (Ekaterina Glazkova), 173mr (Vector Tradition), 173ul (stocksolutions), 174-175 (serpeblu), 178-179o (Limbitech), 180um (Silhouette Mensch: AnyaPL), 180ol (Warpaint), 181o (Warpaint), 182ul (Junge: Africa Studio), 182ul (Huhn: Aksenova Natalya), 184m (solarseven), 184um (Rudmer Zwerver), 185or (SARANS), 185ul (Glass and Nature), 185mr (Vlad G), 186-187or (NicoElNino), 190ul (Herschel Hoffmeyer);
Wikipedia: 10ol (CC BY-SA 4.0/MBq/Senckenberg-Naturkundemuseum, Frankfurt), 16ul (CC BY-SA 4.0/Ezequielvera), 17or (CC BY-SA 2.5/EvaK/Senckenberg Museum, Frankfurt/Main), 17ul (CC BY-SA 3.0/Durbed), 28u (CC BY 4.0/MARUM – Zentrum für Marine Umweltwissenschaften, Universität Bremen), 34or (CC BY-SA 3.0/Pavel Riha), 36ml (CC BY 3.0/John A. Cunningham, Kelly Vargas, Zongjun Yin, Stefan Bengtson and Philip C. J. Donoghue), 37u (CC BY 4.0/ALol88), 39ol (CC BY-SA 4.0/Masahiro miyasaka), 39or (CC BY 2.5/Smith609 in der Wikipedia auf Englisch), 39Hg. (CC BY-SA 2.0/Ryan Somma/Diorama of Ediacaran sealife displayed at the Smithsonian Institution), 40ol (CC BY-SA 3.0/Matteo De Stefano/MUSE), 43om (CC BY-SA 4.0/Prehistorica), 43ul (CC BY-SA 4.0/Nobu Tamura (http://spinops.blogspot.ca)), 44ul (CC BY-SA 3.0/Matteo De Stefano/MUSE), 46ur (CC BY-SA 2.0/Ashley Dace/From geograph.org.uk), 49mm (CC BY-SA 3.0/Dr. Günter Bechly/Staatlichen Museum für Naturkunde in Stuttgart), 50u (CC BY-SA 4.0/Пётр Меньшиков), 52o (CC BY-SA 4.0/Werner Kraus), 52ul (CC BY 2.5/Wikipedia Loves Art participant "The_Wookies"/Houston Museum of Natural Science), 55or (PD/ДиБгд in der Wikipedia auf Russisch), 56ml (PD/Daderot), 78ul (PD/National Oceanic and Atmospheric Administration (NOAA)), 79om (PD/Zina Deretsky, National Science Foundation), 81ml (CC BY-SA 4.0/Mario Lanzas), 90ml (CC BY-SA 4.0/Mario Lanzas), 91or (CC BY-SA 3.0/Ghedoghedo), 91mr (CC BY-SA 3.0/Ghedoghedo), 91ur (CC0), 124u (CC BY-SA 4.0/Пётр Меньшиков), 125ol (CC BY 2.0/HARRY NGUYEN - PREHISTORIC AGE 3 Uploaded by FunkMonk), 126ul (CC BY 4.0/PaleoNeolitic), 131o (CC BY-SA 3.0/Woudloper), 149or (CC BY 2.0/Royal Tyrrell Museum/Mike Beauregard/Canada), 157o (CC BY-SA 4.0/Etemenanki3/Museum of Ancient Life, Utah), 166or (CC BY 4.0/Olivia Plateau & Christian Foth)

Umschlagfotos: Shutterstock: U1 (Warpaint), U4 (Daniel Eskridge)

Burgschmietstraße 2–4,
90419 Nürnberg
www.tessloff.com

ISBN 978-3-7886-2119-3

Die Reihe wird fortgesetzt.